文知馨语

首届海峡两岸青少年共享阅读活动作品集

主　编：申显杨
副主编：陈炳泉
　　　　郑婷文

厦门大学出版社
XIAMEN UNIVERSITY PRESS
国家一级出版社
全国百佳图书出版单位

图书在版编目(CIP)数据

文知馨语:首届海峡两岸青少年共享阅读活动作品集/申显杨主编.—厦门:厦门大学出版社,2017.9

ISBN 978-7-5615-6667-1

Ⅰ.①文… Ⅱ.①申… Ⅲ.①海峡两岸-青少年-读书活动-文集 Ⅳ.①G252.17-53

中国版本图书馆CIP数据核字(2017)第232593号

出版发行 厦门大学出版社
社　　址 厦门市软件园二期望海路39号
邮政编码 361008
总 编 办 0592-2182177　0592-2181406(传真)
营销中心 0592-2184458　0592-2181365
网　　址 http://www.xmupress.com
邮　　箱 xmup@xmupress.com
印　　刷 厦门市金玺彩印有限公司

开本 787mm×1092mm　1/16
印张 16.25
字数 316千字
版次 2017年9月第1版
印次 2017年9月第1次印刷
定价 68.00元

厦门大学出版社
微信二维码

厦门大学出版社
微博二维码

本书编委会

主　编：申显杨

副主编：陈炳泉　郑婷文

编　委：陈忠坤　潘丽珠　张新波

　　　　黄资颖　邹燕芝　汪　凯

◆ 6月18日，海峡两岸共享阅读活动启动仪式在厦门举行，国家新闻出版广电总局进口管理司副巡视员王华，台湾中华青年交流协会理事长张昌吉向两岸青少年代表授旗

◆ 6月18日，海峡两岸共享阅读活动启动仪式，小朋友们表演儿童情景歌曲《读唐诗》

◆ 福建省新闻出版广电局张明生副局长亲切看望参加活动的两岸青少年代表

◆ 福建省新闻出版广电局张明生副局长（右）颁布荣誉证书

◆ 7月15日，台湾中华青年交流协会带领台湾青少年抵达厦门五通码头

◆ 7月15日，参访沙坡尾文创园区，聆听送王船『非遗』讲解

◆ 7月15日，两岸青少年参观胡里山炮台

◆ 胡里山炮台

◆ 两岸青少年漫步厦大校园

◆厦门大学学生讲解芙蓉隧道的故事

◆讲解员向学生们讲解鼓浪屿上的各国领事馆

◆7月16日，第一组同学与指导老师在鼓浪屿外图书店合影

◆第二组全体同学与指导老师在鼓浪屿外图书店合影

◆第三组同学与指导老师在鼓浪屿外图书店合影

◆第四组同学与指导老师在鼓浪屿外图书店合影

◆ 讲解员为学生介绍厦门老市区镇邦路

◆ 讲解员为学生介绍厦门中山路老市区

◆ 在鼓浪屿外图书店汲取知识

◆ 参观鼓浪屿钢琴博物馆

◆ 7月17日福建南靖土楼前合影

◆ 参访塔下村

◆ 土楼讲解员讲解『东歪西斜裕昌楼』的设计原理

◆ 7月18日，少年参访清净寺

◆ 参访泉州开元寺

泉州开元寺

7 月 19 日，参访闽台缘博物馆

◆参访泉州博物馆

◆7月20日，参观中国船政文化博物馆

◆讲解员向学生们讲解三坊七巷的历史来源

◆ 两岸青少年参访三坊七巷

◆ 学生们在中国船政文化博物馆内学习

◆ 中国船政文化博物馆前合影

◆ 泉州讲解员给学生讲解开元寺历史

◆ 自我介绍

◆ 厦大朱水涌教授给两岸学生授课

◆ 余秋雨作品《寻觅中华》读书分享会

《寻觅中华》阅读分享会上同学们一起讨论

7 月 16 日读书分享会第一组

读书分享会第二组

读书分享会第三组

读书分享会第四组

叶嘉莹《人间词话七讲》读书分享会

◆ 泉州市文化广电新闻出版局党组成员戴源水向台湾中华青年交流协会赠送《泉州文化系列丛书》

◆ 潘丽珠教授为两岸青少年学生授课

◆ 张新波老师与学生分享阅读心得

◆ 大学生组《人间词话七讲》的研讨

◆ 陈珠琼老师向学生分享对《人间词话七讲》的见解

◆ 认真聆听

高中组文章创作交流会上大家踊跃发言

文章创作研讨会

◆ 叶嘉莹《人间词话七讲》读书会

◆ 叶嘉莹《人间词话七讲》读书会高中组交流会

◆ 充满欢声笑语的交流晚会

◆记者采访

◆记者采访

◆记者采访

◆ 离别前的叮咛嘱咐

目录

教师寄语

大学组

中学组

教师寄语

阅读经典，照亮美好未来

□ 张新波　独立作家

2017 年 7 月 15 至 21 日，我以“指导教师”的身份，参加由国家新闻出版广电总局和福建省人民政府主办的海峡两岸青少年共享阅读活动，从厦门出发至漳州、泉州和福州再回到厦门，计七天时间。

这七天，我与两岸青少年朋友们一起阅读，一起行走，朝夕相处。所闻所见，切身感受到了两岸一家亲的热烈氛围和植根于中华民族源远流长文化的一脉相承。阅读经典，共筑中国梦。它深层次的意义不仅是对书本的阅读，更关乎纵览中华大好山河，万千气象，令人赞叹中华文化之厚重。

此次活动的指定阅读书为著名文化学者余秋雨先生的《寻觅中华》和中国古典文学专家叶嘉莹先生的《人间词话七讲》。作为对中华文化经典深入浅出的解读，这两部大作都堪称一流。余先生秋雨从早年间的《文化苦旅》开始，便踏上了一条寻觅中华源远流长文化的漫漫长路，深邃的思想和厚重的人文情怀，不仅使其作品的魅力经久不衰，更令其著作超越了“畅销书”的概念而成为名副其实的“常销书”。在《人间词话七讲》中，叶嘉莹先生将王国维大师的“境界”说，豁然开朗地提炼出美的质感和亮点，非但是对莘莘学子读书方法的点拨，尤在于对读书意境营造得体察透彻。

当今世界资讯发达，网上浏览天下风景成为可能。然而平面上的巡游毕竟无法与身临其境相提并论。所以，此次共享阅读活动选择了边读、边走、边看的形式，实质上不知不觉地以行为艺术注解了其深远的意义。

谁说过的，一个人可以走得很快，一群人可以走得很远。这一回海峡两岸青少年共享阅读活动尽管时间略显仓促，但是这一群青年人终于走得很远，那是对中华文化的深入探寻，人与人之间心心相印，也因此更加亲密无间。

大多数台湾青少年对祖国大陆的印象相对生疏，但是随着“共享阅读”活动逐步深入，他们对中华民族文化的认知，也一定如余先生秋雨所亲身经历的文化苦旅的积淀，继而体验到叶先生嘉莹所诠释的治学境界。那是两岸一脉相承、血浓于水的自然亲和，这一点我们也从同学们最后自编自导自演的关于“归家”的文艺演出中得到了印证。

美好、文学和梦想，是福建省新闻出版广电局张明生副局长为这次两岸青少年共享阅读活动精准提炼的三个关键词。他指出，通过这次活动，我们增长了见识，增进了友谊。从相见、互学到相知，给人生留下充满阳光味道的回忆，这便是美好。

相聚是短暂的，保持好我们良好的心情，保鲜好我们鲜活的友谊，保留好我们中华文化经典在心中的神圣位置。经典就像一盏灯，灯在光明就在。光明属于未来，也属于我们如夏花般的情怀。文学是一种精神建筑，是区别于其他人的存在。

我们每个人都有梦想，期待照亮一个美好的灿烂的未来，当大家的梦想在此相遇，就会筑起中华民族伟大复兴的中国梦。阅读经典，照亮美好未来，这也是我们共享阅读活动的意义所在。

两岸共享阅读活动之我见

□ 潘丽珠　台湾师范大学教授

经过从学历经历、阅读经验、写作表现等条件的综合评比筛选，中华青年交流协会选拔出十一位台湾的大学生、十位高中生，一起参加了海峡两岸青少年共享阅读活动。两岸四十二位大、中学生共聚一堂，走访了厦门大学、沙坡尾、鼓浪屿、漳州土楼、泉州开元寺、福州三坊七巷等文化处所。

此次活动期望两岸学生通过预先阅读叶嘉莹教授《人间词话七讲》和余秋雨先生《新文化苦旅》两本书，再加上走读活动的亲身体验，以及共同上课增进鉴赏能力，分组讨论预先阅读的书本内容，借此培养学生的文化意识，提升对于境界概念的理解，了解创意写作的技巧，促进海峡两岸青少年情感交流，在活动结束之后，每个学生写出一篇散文，结集出版，以飨读者。

创新的构想，以及活动的设计安排，是跨时代的进步思维——阅读与写作齐步走，更是两岸学子共同阅读、共同踏察、共同写作竞赛的创举！也是同文同种的真挚情性联谊！

六夜七天的活动，我与学生形影不离。笔者观察，学生由腼腆生疏到熟稔热情，再到水乳交融，有许多值得称道之处：第一，即使腼腆也尝试着沟通，尝试着多认识朋友。第二，即便天气很热，走路很多，但海峡两岸的学生几乎没有人喊累，没有人面露不悦。第三，年轻真好，当学生渐渐熟悉，有不少人在晚上查房之后，揪朋聚会继续促膝长谈，隔天仍不见疲倦之色。第四，台湾的学生相对旅行经验较多、准备物品较充分，乐意拿出来给需要的人分享；福建的学生对当地较熟，不时补充说明走读地景的点点滴滴。第五，关于预先阅读的两本著作，即使不甚熟悉也愿意倾听，愿意思考，愿意分享彼此的认知和感想。以上所述，都是两岸学生在浅层面的积极表现。

亲身带队参与，备感主办方在住宿、饮食、参观、活动地点的安排等方面煞费苦心，深深肯定，学子们的反应、回馈也都很好。而从活动设计的深层意义上思考，也显现出以下特点：

第一，所挑选的预读著作，无论内容，或是分量，都极丰硕。两本书都是重量级的好书：《人间词话》是古典经典，叶嘉莹教授是全球知名的学者，她对古典诗词的诠释，十分权威，富有魅力，受到许许多多人士的喜爱。对学生来说，能够在高中、大学时期就接触她的作品，可以开阔同学们古典诗作、词作的视野，提升同学们“人生境界”的思想深度，对于未来的生涯发展，必定具有积累人文素养的内化关键。

第二，《新文化苦旅》（又名《寻觅中华》）无论内容还是篇幅都极为厚重，学生势必得花费较多时间消化余秋雨先生的文化历史灼见，由此可以训练学生的长文阅读能力，也可以经由主办单位安排的课程要点，摸索文化、历史、文学如何透过写作而结合成创作艺术；尤其此书“连缀式”的篇篇相扣，隐含着连续性的脉络，关乎中华历史文化发展，使同学们在文学阅读中相对轻松地吸收知识、思考问题。而且因为要求预先阅读，同学们对于书中内容即可先行了解预设的讨论重点或方向。

第三，如果说阅读是静态的活动设计，那么，走读参访就是动态的阅读体会。文化意涵是抽象的，文字符号也是抽象的，但眼见的具象建筑、文物、景观，耳听的语言、音乐、山水天籁，却是活生生的体验，非常有助于学生顺利地深化阅读书本和创意写作的思维。主办与协办单位的此次活动安排、设计，无疑是一大亮点！

总体而言，此次“首届海峡两岸青少年共享阅读活动”是两岸青少年众多活动中的创举，对于两岸所有参与的学生而言，在文化体验、阅读理解、写作认知与情感交流方面，都具有划时代的积极意义！风生水起，衷心期盼：两岸青少年共享阅读活动能够持续举办下去，蔚为长江大河！

大学组

诗意寻舟

□ 杨祖望　集美大学中文系

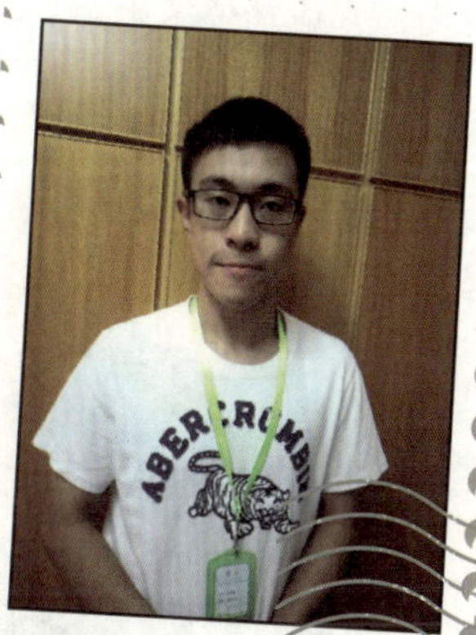

福建于我之印象，乃是舟船与诗意。

七日旅行中，沿途水路众多，无论江河还是湖海，都可见行舟。其中有各式的青溪画舫，各样的走舸楼船，虽大小不一，却担负着共同的使命：承载行客，渡往彼岸。

然而，当我正坐船中，听得耳畔浮生百态，见得眼前熙熙攘攘，便不禁要想：这些船上所载的，难道仅仅是过往行客吗？我觉得，在船上必然还有另一份承重，细心体察便不难发现，这里同样也承载着欲渡之人的一身诗意，或许是他们对此岸的依依不舍，或许是他们对彼岸的心心所念，又或许是一段关于行经两岸的动人故事。

见船如见人，见人如见诗，因此，我会在行经路上多去留意与船有关的人和事，留意从时光上游乘桴而来的诗意。渐渐地，我发觉，在各地所领略的情致不一，所收获的诗意也不尽相同。

◎决心

日光岩下方，一座郑成功的雕像高耸入云，雕像俯瞰之处，正有一片向内凹陷的天然良港。可以想见，若当波涛翻涌之时，有千百船只泊于此地，并随潮涨潮落而一起一伏，那将会是何等壮观。

但由于多年海波不兴，即便偶有三两帆影掠过，上述的宏阔景象却已再难见到了。唯有雕像仍旧伫立于此，久久凝望风平浪静的水面，任由风吹日晒，依然不改脸上坚毅的神情。

我仰望着雕像，心下暗想：这神态是他在世人眼中的样子，还是他希望世人看到的样子？然而，真正的他必定也如世人一般，怀揣自己的喜怒哀乐。

想到此处，我的思绪便顺随历史长河逆流而上，回到1661年的那个晚上。

夜色如磬，星光替鼓浪屿披上一件薄如蝉翼的轻衣，波涛按照固定的节奏拍击着礁石，港口内停泊的千百艘船只，正随宏阔的海潮而上下起伏。

郑成功独自站在日光岩外，时而远眺大海，时而回首港内，神色略带惶然。

这次出征会不会太冒险？敌人会怎样防守？我的计划又是否正确？种种疑虑最终汇合成一个问题：我们会不会胜利？

尽管郑成功已经对将士们许下必胜的承诺，可在他自己心中，却因前途未卜而感到困惑。他只好紧握腰间佩剑，沿着日光岩缓缓踱步。

不知不觉中，天地又经历了一轮阴阳交替，星辰渐落，东方隐隐浮现出鱼肚白，郑成功停下脚步，转而注视这瑰丽的日出。

心得感悟，认真记录

他良久不语，因他面对此情此景，忽然想起了夸父。

失败，又如何？自有夸父以来，我们就一直追逐着日出的方向，即便可能失败，也不曾畏怯，不曾妥协。神话时代传承至今的子孙们，又怎能丢失夸父般的决心呢？

太阳越升越高，映照出一幅全新的江山图景，郑成功知道，这是属于他的诗意画卷，将由他亲自书写。

他走下日光岩，登上了自己的座舰，将握住佩剑的手缓缓松开，随即扬手一挥，下令挂帆起航。

船帆在波光粼粼的海面上撒下斑驳的倒影，郑成功目视前方，神色平静，因为他已下定了决心。

这一刻，潮平两岸阔，风正一帆悬。

◎乡情

闽台缘博物馆的陈列柜里，安静地躺着几十枚生锈的清代铜钱，在它周边，还放置有香料、兽骨等物的残骸。

一系列展品，共同构成了“商贸交通”主题展区。据一旁资料介绍，这些物件已在海底沉睡百年，直到对在台湾海峡中遭遇事故的闽商沉船进行发掘打捞，它们才得以重见天日。

我略感震惊，不料清澈碧蓝的大海竟也蕴藏着这般怒涛狂澜的危险，当时的人们对于这种危险，一定比我了解更深。

可转念一想，既然沉船中的部分货物，都已如此丰富，那么贸易的频繁程度，也当可管窥。触摸玻璃展柜，丝丝凉意传到我的指尖，与此同时，诗意和想象也顺随而来：那是一个千帆竞逐的年代，有一支支闽商船队络绎不绝地往来于海峡之间，将他们辛勤的汗水挥洒在两岸的土地上，又满载着喜悦与收获回到家乡——这是多么令人神往的画面。

我不禁要问：是什么让闽商们不顾艰难险阻毅然出海远航？

我臆想了一个先入为主的答案，并颇感自得：想来，闽商的这般冒险精神，应该来源于他们对富贵的强烈渴望，一如脍炙人口的闽南语歌曲《爱拼才会赢》所唱的那般。

带着这个略有铜臭味的既定答案，我加快脚步继续观览。但当我相继走过“文脉相承”“诸神同祀”“风俗相通”等几个展区后，才发觉，自己似乎谬以千里了。

在这些资料里，我看到了海峡两岸的共同文化，看到了一衣带水的血脉相亲——他们操着同样的语言，信仰同样的神灵，拥有同样的祖先……而这些，无疑与商贸交通相辅相成。贸易往来固然增进了两地的交融，然而不可否认的是，两地的交融也引导了众多的贸易往来。

商人逐利，是谁也无法否认的本性，可单以此论，却显得以偏概全。我相信，对于闽商来说，驱使他们向东远航的不竭动力中，无疑也包含着对海峡那头的向往与思念，因为那里有他们所爱的乡土、所爱的民俗，以及所爱的人。

不难想见，当闽商船队乘风破浪越过海峡的时候，宝岛台湾的海岸上一定排满了等候多时的人们，他们远眺海面，直到隐隐望见那熟悉的帆影，便向船队热情地挥舞起双臂，随即用闽南乡音呼喊出一个又一个熟悉的名字。

这场面，正可谓“天际识归舟，云中辨江树”。

◎聚散

五通码头内的祝愿与道别之声不绝于耳，相互的握手或是拥抱也正此起彼伏，天下无不散之宴席，七日短暂的结伴观览于此画上句号，可我却感觉这萍水相逢的情谊，在我心中时时萦怀，好似播下了某些种子，以待日后生根发芽。

我忽而觉得，我们很幸运，能在这个芳华正盛的时间结识彼此；又忽而觉得，我们很感慨，要在这个少不更事的年岁互诉离别。

登船口的队伍蜿蜒曲折，台湾朋友们渐次行进，直至走进了码头海关，走到了我视野未及之地，我只好不舍地回头，来到码头外，来到远处，从远处眺望一碧万顷的大海。

一艘客轮恰行驶在海上，我虽心知朋友们应还未出港，却情不自禁地把此船当作他们所乘。

看着它扬起阵阵水纹，向一片茫茫的水天相接处远去，我不由顿生“我昔放舟从此出”的观感；下一瞬，脑海里却浮现了在分别之际，我们曾略显天真地拉手，约定日后会将彼此永记于心。一念及此，我不由莞尔——是了，

向潘教授请教诗词疑惑

未来太远，承诺太轻，但我仍然心怀希望，希望我们记忆中这福建的一草一木，这萍水相逢的彼此，能是“春风回首三十年，至今认得山头月”。

悠然邂逅，聚散有时，这便是属于我们的诗意。我在这趟诗意寻舟中不断寻找与船相关的人和事，殊不知，我一直以来的汲汲所寻，其实就在身边。

朝彼岸远去的船只逐渐缩小，终于化为天际一个小小的点，劈波斩浪的航路也逐渐变窄，只剩一条宛若游丝般的细线。浪漫的诗意化为我的翅膀，视野在这一刻腾升向上，直上到远至天外，再无拘束，于是俯视之下，我似能看见，那个小点正沿着细线，缓缓向外延伸开去。

在它的周边，还有许多同样的航路，也即是许多如出一辙的细线，它们所向不一，穿梭如织，有如慈母手中线，不辞辛劳地来回缝合，一心想为游子制作一件合适的身上衣。结合旅途的几日所见，我意识到，这般细致的针线活，不仅在空间上进行着，同时也在时间上进行着——从郑成功的决心，从闽商的乡情，一直到载着台湾朋友们的渡船驶向茫茫大海，慈母已反复地缝合了几百年，因之，她将手中线的东头与西头、大陆与海岛，缝得越来越紧，也将自己与海外游子的心，缝得越来越紧。

这样说来，我虽在各地领略不一，但所收获的诗意却终是相同的，那些看似纷繁各异的华彩藻饰，实则共同汇聚成了“慈母手中线，游子身上衣”这朴实无华的一句轻声呢喃。

如是，我豁然开朗，遂轻叩键盘，为我所向往的福建印象，为这段以行舟而始、以行舟而终的旅途，写下自己的诗意。

鼓浪旧事

□ 陈思企　福州大学厦门工艺美术学院美术系

海峡两岸共享阅读活动的第二天，我们来到了鼓浪屿。这个我自小生活了十几年的地方，是我这个大路痴唯一不会迷路的地方。再次站在四十四桥上吹着海风，我很难去设想当年林尔嘉的菽庄吟社是如此一般盛景，却突然忆起和祖父在天微微亮的时候站在四十四桥边上的场景，那是日常的晨间散步，海的那边有初升的太阳和偶尔跃起的白海豚，海风微凉，我趴在桥柱上，听着海浪拍打礁石的隆隆声……

一

顺着漳州路的斜坡一路前行，穿过道路左侧一个窄窄的小巷子，便来到了廖家大院。八十年代初，祖父平反复职后为了方便工作，一家人便一直生活在这里。这条窄窄的小巷并不觉有多长，一眼望到尽头，成年人迈开步子行走不到半分钟，整个院落便可落入眼中。然而小的时候却觉得这条路特别长，尤其是夏日的夜晚，若是晚归，走在黑漆漆的巷子里总是担心会突然冒出一只《山海经》里的妖魔鬼怪。

从小巷入院的路口，有一口早已废弃的圆井。听说二十世纪五六十年代，井边还有一个假山鱼池，然而打我记事起便不曾见过。这口井的半径不过四五十厘米，秀气可爱，最初上方覆盖着一个网状井盖，炎热的夏季，院中的猫儿常常蹲坐在那儿小憩，半眯着眼，若是有人前去逗它，它顶多傲娇地应付性地喵一声，然后便舔舔自己的小掌，脑袋一歪，又呼呼大睡起来……

走入院中，正对面挂着一方“立人斋”牌匾的房子便是我家，而右手边那栋拱券回廊英式别墅则是著名的林语堂故居，林家长女林如斯便诞生于此。我爸戏谑林语堂生了三个千金，如今时隔半个多世纪的廖家大院依旧是小姑娘多，看来这廖家大院有生女儿的风水。然而这仅是笑谈，毕竟 1904 年出生于廖家大院的林俊卿与家中其余四个兄弟“五子登科”，一时传为佳话。

屋外的光线甚好，有时候我会搬张小板凳坐在“立人斋”的牌匾底下

合个影，留纪念

看看小人书，饿了剥一颗大白兔奶糖解解馋。看得甚欢之时，冷不丁会跑来几个游客，一抬头便会对着你咔咔咔拍几张照片，声称自己是林语堂的“铁粉”，《京华烟云》的书迷，接着便问一大堆问题。最常见的问题便是：“小朋友，你是不是林家后人啊？”“小朋友可不可以让我参观一下林老的屋子？”此时我只好无奈地用手指了指左边，告诉他们林语堂故居在那边。现在想想自己从小到大就不会怕生，想必是应付的游客多了的缘故。

廖家大院的林语堂故居，其实是林太太廖翠凤的嫁妆。二人在此生活的日子并不多，之后生活在这座带花园的英式建筑里的主要是廖家的后人。大院中有两棵大玉兰树荫盖着廖宅的院落，每到玉兰花盛开的季节，常常落花满院，四处弥漫的都是沁心迷人的花香。我小的时候，住在廖家别墅里的是廖翠凤的侄子廖爷爷以及他的夫人吴奶奶，二老彼时已年逾八十。廖爷爷是土生土长的鼓浪屿人，以前是大学里的体育老师，生得高大威猛，满头漂亮的银发，退休后回到祖宅养老。他童年的“壮举”便是把衣服脱了个精光顶在大脑门上，然后横渡鹭江，从鼓浪屿游到厦门岛。廖爷爷平日里不怎么爱笑，话很少，因为腿脚不利索便不常出门，大多数时间待在他的小花园里消磨时光，高大的玉兰树下有他的秘密花园，种满了整大片整大片的万年青。有时候我坐在家门口看他被围绕在一片翡翠一样玲珑剔透万年青中，满头的银发一闪一闪，争相呼应，特别应景。相较廖爷爷，吴奶奶则是个爱说话的老奶奶，我常常惊叹她瘦小的身躯里是如何爆发如此洪亮的声音，她常常会在厨房忙活的时候，朝着窗户外对院子里摆弄花草的老头子唠叨一番，廖爷爷通常不语，自顾自地忙活，末了嘟囔一句“hou 啦（好啦）”，算是对老太太的回应。

前两年回去的时候，廖爷爷已经走了，只剩吴奶奶一人独居。看到我的时候她特别开心，用手比画着说我以前那么小，现在怎么长这么高这么大了。一会儿摸摸我的手，一会儿摸摸我的脸，然后她让我坐下，端出了一大盘糖果和饼干。“老头子死咯，就剩我一个了，没人听我唠叨……这人哪，拥有的繁华最终也会幻灭。”她哽咽着，却不忘往塑料袋里装着饼干和糖果，走的时候非要我带走。

吴奶奶轻抚过的手上有一种遥远却又熟悉的味道，仔细想了想，那应该是记忆里雪花膏的香味，然而就像这逝去的故人一般，很快便消散在夏日的空气之中。

隔了一年再去，吴奶奶也走了。故人已去，剩下的就只有这一栋屹立不倒的斑驳老宅。

二

鼓浪屿的人口不多，走在路上没几步路就可能遇到熟人，岛上又没有机动车，所以家长们很少担心孩子的安全。大概幼儿园中班的时候，偶尔我也会一个人去上学。那时候我有一个红色的小书包，我特别喜爱它，管它叫小太阳，没事总背着它。那时爸妈一定以为我喜欢上幼儿园念书，其实我是怕我的小太阳孤单。

海天堂构正对面的黄荣远堂似乎是小岛上最不甘寂寞的建筑，历经一个世纪，马不停蹄地用作各种场所。二十世纪八十年代这里变成了幼儿园，也是我曾经就读的学校。那时候每一天迎接我的就是别墅前两株巨大的圆叶蒲葵，我曾一度好奇为何它们会长得如此高大。每日进园的常规，便是迈开步子爬上高高的石阶，伸出双手让站在罗马廊柱旁的老师检查指甲，若是干净整洁，便可得到一个绿色的塑料小牌。

一日，趁着老师走出教室的空当，不知是哪一位小朋友突然兴起拍起了桌子，于是一个跟着一个，所有的小朋友都开始拍桌子。伴随着咯咯的笑声，原本安静的教室便炸开了锅。我一开始只是个观望者，看到大家都拍得那么开心，心中便蠢蠢欲动。等我开始践行我的拍打计划时，班上却慢慢安静了下来，然而在兴头上的我却浑然不知，直至被进来的老师杀一儆百，拎到大门口罚站。我倚靠在花岗岩雕石的廊柱旁，扬起脑袋盯着门口圆叶蒲葵瘦长枝干上的“绿帽子”，杞人忧天，担心它们是否会被突然而来的风儿刮走，然瞠目坚持不了一会，一个踉跄，整个身体便往后倒，一屁股坐在了地上。显然我达不到沈复童稚时能张目对日、明察秋毫的境界。

庭院正中本设有水池和假山。依稀记得当年水池的地方是供小朋友娱乐的场所，建有铁质的滑滑梯和跷跷板。如今这些设施早已被移除，恢复原有的水池。两亭一榭隐藏在假山云墙之后，长大之后再看，这苏州园林式的亭榭确实有曲径通幽、修竹婆娑之妙。然而对于幼儿园的小朋友而言，那里是不可靠近的“禁地”，每每有低年级的小朋友想往上爬，总会有高年级的小朋友横在路口挡道，一副认真脸告诫闯入者里面“闹鬼”。现在再想想不免有些啼笑皆非，然而这样的传言显然对胆小怕事的小孩子有神奇的效果，降低了爬高跌落的概率。由于畏惧，每每经过那里，小朋友们总要迈开步子，快速地跑开。

三

小的时候，觉得时间特别漫长。在鼓浪屿这个小岛上，时间似乎都是静止的。夏日周末的午后，一个午觉睡到昏天黑地，在电风扇咯咯的声响中迷迷糊糊地被妈妈摇醒，总觉得自己已经睡了一个世纪，半眯着眼问妈妈，自己是不是已经睡了好多年？妈妈笑言自己生了一个呆瓜：“你下床照照镜子看看自己有没有长高？”我慢慢挪到床的边缘，从床上滑了下来，一屁股坐在拖鞋上，身体威震，头脑醒了大半，可身体还是睡着的。软软站起了身，扭头望了望穿衣镜中的自己，除了半边脸上一道道草席印，自己一点都没有变化，心中不由有些失落，那个年纪的惆怅，竟是为何不能一夜长大。只是年少的时候却不曾料到，有朝一日长大成人，时间便不可控制般地运转开来了。

同学们在闽台缘博物馆看泉州绣画

四

这一次共享阅读活动，我们去了很多地方。厦门的鼓浪屿、泉州的开元寺、漳州的土楼、福州的三坊七巷等地。作为一个福建人，很多地方对于我而言已不再陌生。然而每一次重游都带给我不一样的感受。站在菽庄花园里的四十四桥上，我看着熟悉而又陌生的小岛，不由得追忆起童年的一些旧时光。

生长在九十年代初期的我，只是一个有幸生长在这个美丽小岛上的普通人，不曾经历过小岛上最姹紫嫣红、华灯璀璨的年代，我只从外祖母的口中，从那些隐藏在绿叶葱葱之下斑驳老宅中寻觅些零碎的线索，屈辱与荣耀。然而我却见证了她从一个默默无闻的睡美人被撩拨苏醒之后的春心荡漾。也许有人说，鼓浪屿已不再是当年的鼓浪屿了，然而回头想想这一个多世纪，变化似乎是这个小岛的常态。成长难免付出代价，旧时光也未必都是美好。我想，我还是一个乐观者，当然遇到离别的时候，那丝惆怅依旧逃脱不掉。不管是对童年挥手告别还是眼前这些朝夕相处一周的大小伙伴们。

还记得共享阅读两岸成员的第一次会面是在饭局上。也许是刚刚经历人生第一次与家人分别，遇到了陌生的朋友，高中组的小伙伴们都有一些少年的羞涩。而我们大学组这一桌的"老江湖们"早已开启了称兄道弟模式，炸开锅般地谈笑甚欢；另外，为了实践我发明的三步剥虾法，一只小明虾，我们从厦门剥到了漳州、泉州，又从泉州剥到了福州，最后又从福州剥回了厦门，一只小虾见证了我们的友谊。当然，随着几日的朝夕相处，高中组的小伙伴们很快便展露出他们羞涩外表下的热情，继我们大学组的"剥虾小分队"之后便诞生了高中组的"土笋冻家族"。纵然欢声笑语，到最后离别的伤感却无人幸免。

我们在五通码头挥手再见，可再见，更待何时？

感谢一路的相伴，也感谢重拾的美好时光。怀旧是个好东西，它会让你活得更明白，也让你更看清眼前的路。

船

□ 陈旻道　中兴大学中国文学系

“我的心中藏着一艘船。”我拨开你的长发说。

那时我们坐在大学图书馆里，你的脸靠在我的手臂上，温柔地望着我，眼神平静，所以我想把心中的秘密告诉你。

我时常看到一艘船，尤其在人群中孤单逆行时。我不喜欢这样，于是把脑筋动到眼镜上。我像做学术研究一样，研究镜片的焦点、光学、凹凸，并试着找出能让那艘船消失的办法，重建我一个人的孤岛。我曾在淘宝狠下心花了极多运费，从你的家乡购到一副古典又时尚的眼镜，拆开包装，我旋即发现只是一个普通甚至丑陋的廉价物。当我换上新的眼镜时，你的脸仍一次次浮现，我就会五指插入头发，靠在落地窗前沮丧一整天。

经过多次实验，我奇妙地发现有一种晒到太阳就会变色的眼镜最适合，当我走在拥挤却陌生的人群中，我会把它戴在鼻梁上，它如同鼓浪屿的望远镜一样，能把身后的杂色滤除，眼前只剩窄小的放大。我能清楚看见那艘船的甲板颜色，并尝试将看见的事物写给你，那种观望方式如同我们早晨从床上醒来，朦胧一片，然后事物才会渐渐从时间的海中被我们捞出固定。当我在台北街道行走，我能听见船在我身后缓慢地移动，但我不想回头，只有入睡前，船会突然破浪冲出，好像在警告我压抑自己太久，它还要在我梦中航行。

很多时候，我提不起勇气跟别人说这艘船的事。每当我在入睡前饱受巨大的浪花惊吓时，我就会在眼皮下的黑暗中，认真观察这艘船的样貌。随着梦的节奏，船的上下起伏也异常吓人，时常，我会感觉自己被台北挤到海峡的边缘，与幻觉进行搏斗。

我想知道船为何出现，所以我必须创作。

一次次的创作，是我对幻觉中的船的负责，我用键盘敲出船上那些木板拼贴的深色线条，上面或许还有尖锐的甲壳生物寄生，我攀附落差中，脚底

板的鲜血与海水是文学的密码。有时我很怀疑，在文学的海行走，创作本身对我来说，只是减缓船对我的压力还是最终也成为我生命不平的一部分。但是，因为创作，我确实更能接受船与我的特殊关系。

当我把脸埋进你的发香时，我能慢慢领悟，爱和创作间存在特殊关系。怕我焦虑，你从松山机场下来时在口袋里紧握我的手。我们肩并肩不发一语走在灰亮的机场地板，言语删除，它被搁置在某种纯洁的温度内。当我在黑暗中惊醒，你轻微的呼吸声令我心安，我会抱住你顺着你的脊椎吻下。你离开后，眼镜便陪我睡觉，即使处在梦中我仍戴着它，由于压坏太多只，你从福建邮寄厂号相同，标榜航太材质的眼镜到台北，第三天我兴奋地在家签收快递，从此不必入睡前胆战心惊。

我时常做噩梦，我害怕睡，但必须睡。晚上你梳洗完，当你背对我专注整理内衣裤时，我看见灯光和音乐爬梭在你年轻又光滑的肌肤。隔着沉默，我说，我希望你能永远陪我，我们终究隔一个海的距离，然后泪水如雨，因为你的关系，我感觉庞大的船几乎要迎头撞碎我。

当船又要航行，我直觉畏惧地闭紧双眼。

你搭机离台后，整座城市没有因此少了什么，我也没有因此乱了节奏：我在同一块窄小的土地行走、梳洗、填饱自己，然后让时间带领我看见航行的船。有时，我会对镜子中苍白的脸自嘲，没有什么东西能让这城市暂停，所以别再在意什么船了。

归纳行李那几天，除了不时浮出的幻觉，还开始增加一种疼痛，像带刺的浪花。我到精神科挂号，在女医生面前陈述那艘斑驳、沧桑、飘忽不定的船在各种天气下的各种角度，冰冷的问诊间中，梦砌成一道道神秘的墙，我又听见你说：“你的作品太过悲伤，我不想待在里面。”

突然我怀疑，船，是否也是庞大的梦的一部分，而我已经溺下去了。女医生低头在屏幕上打出一串串无感情的英文术语，我安静等待她的专业总结，她摇摇头只说一句：“年轻人把离别看太重了。”

自医院走出，我迅速搭捷运往转运站，整栋转运站大楼弥漫着各种焦虑的广播：往宜兰花东请在A月台、南下乘客请在B月台。所有人都表情漠然，安静地忍受广播的指挥，他们把呼吸的起伏都交给一个精准的控制，突然我停下脚步，身边擦过一名喋喋不休的妇女。

这就是船存在的原因吧？

当我在屏幕前敲下一个又一个关于这趟旅行的文字，我多么渴望能精准掌握船所散发的美学象征，并加以模拟，那些躲在土楼、三坊七巷、中国船

政文化博物馆的深刻的人和感情线条。慢慢地我明白，创作即使无法完整解释幻觉，我仍然可以尝试去诠释，因为只有真的打下那些实在的字，它们才会带着我，去了解每次梦中的失落情绪。

有次我在机场买完机票回家，脑中思索“小三通”细节和福建天气时，转运站里那些凌乱的回忆突然失控，我又看到一艘古老的船迎面朝我开来，我的脑子里甚至有海风在刮的痛觉。我仓皇避向人较少处，凝神和幻觉搏斗，突然有个黑影坠落眼前，我以为黑影也是幻觉，后来我才发现是一只蛾，张着华丽梦般的冷蓝穿梭低空，在男人黑色西装裤、女人优美的小腿、孩子的布鞋间游走，最后一跃而上，轻盈地消逝在这嘈杂昏暗的城市天光。

船依然在我的眼前。

在这栋人潮众多实际冷漠的新颖机场，有着太多太多艘船。蛾，或许就是借这些行驶的船刮起的海风飞上天际。我为一只蛾停下，是因为身处在连绵的船阵内。也许，我不该再专注一切，只需在杂乱的幻觉中，记住自己的脸。

而你如蛾，自由地穿梭两座城市，你飞行的时速和路线不是我能控制的，均由文字诠释，也由文字终结。无论旅行前的陌生、旅行中的欢笑、旅行后的承诺，终将消逝于这片混浊如海的天空。我站在机场的落地窗前，望着蛾消逝的深远方向，两旁是温柔的路人絮语，各国语言广播不止，张开眼，缓缓地，我看见船消逝在我眼前。

许多年后，我想我仍会记得这两座对望的城市，那么琐碎，那么温柔。

楼 屋

□ 张庭玮　台北教育大学语文与创作学系

漳州土楼，拥有许多神秘的传说，从前设计建造的人们，听到必定会啼笑皆非吧。当年胼手胝足，只为盖一个家，一座让家人好好生活的堡垒，而节俭和顽强的生命力，就那样留在客家人的血液里了。

裕昌楼看起来并不歪，巨大浑圆地伫立在河边。楼前小河的水浅而清澈，可以清楚看见水下圆润的小石子。“东歪西斜楼”招牌旁是楼的入口，斑驳脱落的夯土墙镶着现代化的红字，两旁悬挂的红灯笼，让人联想到某个画质不佳的怀旧电影。一群人并排显得入口很窄，长廊挤满了人，逆着光，面孔都看不清。我伸手摸了摸身旁的土墙，离奇粗糙，土灰黏在指尖，涩涩的，难以相信七百年来，一直有人在这里生活。

走入楼内，远远看见土楼中心祖堂里的祭祀牌位和蜡烛，柱子上贴着几副红色对联。地面是凹凸不平的石板，不好走，石头细缝里有些积水，山区总是任性地下起雨来。一楼住着五十四户人家，每户门口摆着许多小玩意儿，卖给来来去去的游客。

一位驼着背带着亲切笑容的阿姨邀请我进屋。灰黑的头发扎成不整齐的马尾，晾在背后，摇摇晃晃领着我，指向屋子一角被木板盖住的圆孔。井口没有想象中大，不是可以容纳一人的宽度，也不像绘本里那样高，木板看起来很旧，边缘泛黄而稍微蜷曲变形，和井口没有密切贴合，有些摇晃。

阿姨坐在矮小的竹椅上，泡了一壶茶，倒入白色的小瓷杯，递给我。茶很香，瓷杯烫手，我用食指和大拇指轻轻捏着杯缘，不断嗅闻窄小土楼里的空气，混着淡淡茶香和一点雨后的霉味。木头架子上堆着大大小小的茶叶罐和塑料袋，角落杂物叠得歪斜，竹椅矮小让人无法把脚伸直，挨着小桌。

门敞开着，长方形的阳光落在地板上，是屋里唯一的光亮。

阿姨背对着门，背光的脸变成一抹黑影子，看着看着，几乎成了另一个人，那个台湾三重小巷里的阿姨。

阿姨的老公走了以后，除了初中时我陪她度过的几个暑假，她就独自窝在三重小巷中，一栋几十年的楼里。

第一次和母亲走进三重小巷阿姨的楼里，看见她佝偻着背，面无表情地看着解析度差、色彩奇怪的电视，手不停剥着花生，机械地送进嘴里，甚至没发现门被打开，昏暗的灯光下，好像深山洞穴里啃食小孩手指的巫婆。

母亲点点我的肩膀，我知道她是要我打招呼，可是我张着嘴，却发不出一点声音。她斜着眼看过来，只点了点头，母亲含糊说些麻烦了辛苦了之类的话，把我的换洗衣物与玩具放在沙发上，就在成堆发黑的水果和回收物的旁边，之后，推门离开。

“吃饱没？”母亲走后，我不知所措地站在门边，沙发没有位子让我坐下，我也不愿意坐在满是灰和杂物的地板。几分钟过去，她用尖锐的声音问我。我摇了摇头，不过其实我很想说我已经吃饱了，因为曾经从母亲口中听过许多关于她可怕的厨艺的故事，以及过于节俭，导致食物总是过期或发霉等事迹，但那时已接近晚上九时，我饿得想抢她手上的花生来吃。

她站起来，搓了搓手，试图抖落黏在指缝中的花生皮屑，转身走到后面，我跟在她身后，停在厨房门口。厨房里只有一颗巍巍颤颤吊着的黄色灯泡，她把手伸进塞爆的冰箱，勉强地捞了捞，拉出一袋装着菜的塑料袋，倒在砧板上，熟练地切段。她不像母亲会挑掉冻伤或发黑的地方，而是全部丢入滚水里，还下了一坨面、一个鸡蛋。

她端着白色大碗到茶几上，我随意一坐，呼噜吃起面，蒸气在我的眼镜上酝起雾气。她坐回电视机前的位子，继续剥花生。电视机的画面不断跳跃，颜色变来变去，我看得眼花，干脆不看了，只盯着她忙碌的手：无名指上金色的婚戒嵌进肉里，手背上的青筋明显，加上深深浅浅的斑，小拇指指甲留得很长，末端残留一些桃色指甲油。

那晚，她没再说什么，默默替我在双人床上多加一个枕头。关灯后，我挨在她身边，闻着她衣服上樟脑丸的气味，听着她的呼声如雷，我难以入睡。

她的楼总是拥挤。

客厅中央脱了线的沙发椅上东西堆得老高，从水果到家电玩具都有，只留下她一人可以坐下的空间。正对着黑色边框电视，玻璃茶几上摆着一副不精致的茶具，杯缘甚至有些缺角，旁边散落一小堆广告传单。她常常一边折纸盒一边看八点档连续剧，声音调得很大，二楼都可以听见。电视机两旁一包包二手衣饰、小物，新台币十元二十元的价钱，是她的生活乐趣。

厨房里，瓦斯炉上的锅碗，总有一两块洗不掉的污渍，水槽里堆着还没洗的碗，上头的油渍颜色深了一层，砧板上残留零星的菜叶或大蒜皮，橱柜里的调味料大半是过期或被遗忘的，粉末黏在瓶盖上，油腻腻的。黄色的灯光昏暗，走道里纸箱和瓶罐堆得很高，厨房没有门，煮饭时客厅里充满食物和浓浓油烟的气味。

一楼的卧室很小，里头只有一张床和一个衣橱，双人床上的草席缺了好几角，棉被褪色，几乎看不清上面的图案，衣柜里的衣服全沾上浓烈的樟脑丸的气味，床头柜的细缝时常钻出几只又大又肥的蟑螂，她习惯了，不怕，可以在我的尖叫声里，徒手甚至用脚指夹住飞行中的它们，扔进垃圾桶，然后低声碎念我的反应过度。墙壁上挂着的老旧冷气机还不是遥控的，吹送的凉风杂着灰尘和霉味，时常耍性子罢工。

二楼是从前她儿女居住的房间，她领我进去看过，在积着灰尘的木头小桌上，看见母亲小名的刻记，我用食指轻轻抚触细小的凹痕，试图感受她替母亲刻下时的温柔与耐心。书柜上整齐列着许多泛黄斑驳的散文和小说，她站在我身后小声叨念，女孩子读这么多书做什么，不如多做一点家事，但我偷偷看过她一个特别的抽屉，放满儿女的奖状，上面没有染一点尘。

三楼是佛堂，整栋楼最干净的地方。她每天早晨都会上去，摆放新鲜的水果，烧两炷香，一炷给菩萨，一炷给她的老公。年迈的黑猫最喜欢窝在佛堂，长长的尾巴蹭着佛桌，发出呼噜声。

狭长的楼梯窄而陡，堆满叫不出名字的东西，还有各式各样的大铁盆、柜子和废弃的电器。我不止一次踩空跌倒，她总会夸张地大叫，一边嫌我粗心又麻烦，一边到衣橱的深处拿紫药水，皱着眉头粗鲁地给我上药。

她不太擅长打理一个家。

她总是很粗心。

忘记喂那只上了年纪的黑猫，忘了爬上顶楼替植物浇水，忘了洗碗槽里上一餐带着油渍的碗盘，忘记茶几上纸盒里堆满剥下的花生壳，忘记哪件衣服是脏的、哪件是干净的，忘记修理总是吱吱叫的电风扇，忘记冰箱里快要过期的饮料和罐头。

她也总是很细心。

记得留下洗澡水冲马桶，记得将过期的梅子封罐酿酒，记得剪下破裤的扣子收进铁盒，记得在我睡着后爬起来关掉有霉味的冷气，记得每日清晨到佛堂烧香和放上新鲜水果，记得在市场里杀价到满意为止，记得在特价时囤积超过她需要的物品。

我从好几位亲戚口中，断断续续听过她的故事，例如她是如何透过说媒，十八岁从高雄美浓淳朴的客家村，嫁给大她二十五岁的外省男人，从什么都不会的清瘦姑娘，到可以张罗一家五口吃食的强悍母亲。

从前家里穷，她开豆浆店撑起家计，又卖二手衣物、家电，爱杀价并不是贪小便宜，而是不得不如此的生活方式。流淌在血液的节俭和顽强，常被解释为客家人的吝啬性格，水果和食物总是因为舍不得吃而过期。

楼里长年累月堆积的，都是她觉得“还能用，丢了可惜”的物品，无止境地积攒成为她对于生活的安全感，她尝试堆砌一座坚固的，可以让家人安身的堡垒。

她便是我的外婆，我妈妈的母亲。

她生活在一个穷到怕了的年代，那个时代里，每个人都有各自的身不由己。她尽了毕生的努力，在那栋被压力和窘迫遮住光亮，歪斜又拥挤的楼里，低调地守护她爱的家。

初中后的暑假学校要上课，便不再去她那儿了。

没几年，她的儿子娶了媳妇，打算回去和她住，但他们受不了那栋脏乱的楼，花了半年全部打掉，重建成五层的独栋小楼，白花花的壁砖和家具，成为整条巷子最美的楼。

她拥有一楼的厨房和客厅，以及二楼的套房。

一楼客厅中央已经不是那台令人眼花的电视，而是薄薄的液晶屏幕，色彩鲜丽，地板光滑而明亮；硕大的冰箱整齐排着没过期的饮料；开放式厨房，不再有昏黄的灯和浓浓油烟；淋浴的莲蓬头，取代浴室里她习惯储存洗澡水的大浴缸；套房里是最新型的变频冷气空调，双人床更大，再没有细缝中钻出的褐色大蟑螂，虽然她还是习惯在衣柜里摆樟脑丸，也改不掉乱堆东西的习惯。

某次过年，我要去找她，先打了电话，她的语气别扭，反复要我不要浪费时间真麻烦。抵达时，铁门是半掩的，我从细细的缝向里望，宽敞客厅中央的玻璃茶几是新的，桌面透亮而没有污渍，上面铺着一张月历纸，她有些巨大的身子在桌前弯着腰，左手捧着饺子皮，右手熟练地放入肉馅，再捏出整齐的折线。

我叫了她一声，她回头看我，只小声地吐出一句：“吃饱没？”

长方形的阳光拉得更长了，几乎延伸到井边，井口的木板立在旁边，我的记忆回到眼前，阿姨已不在竹椅上，晃去屋外摆满木捶酥小摊前的板凳，轻轻摇起纸扇。

走出屋内，我沿着中心祖堂绕了土楼一圈。

这栋被称为“东歪西斜楼”的传奇土楼，关于那歪得刚好的角度，有各种不同版本的传说，我喜欢那些善意的故事，无论荒诞还是俏皮，都是美好的解释，后人尝试去理解，七百年前建造裕昌楼的人，基于何种理由，将这里建得歪斜，同时又稳固。

客家语中的“楼屋”一词，指两层以上的屋子。

一幢楼屋就是一个家，就算充满歪斜和误解，终究坚固而踏实。

走回入口，人依旧多，忽然下起丝般的雨，空气中充满潮湿的气味，踏出门槛前，我回头看向昏暗的长廊，几位老人坐在矮凳上，摇着拨浪鼓和小小的童玩，脚边的小灯照射到土墙上，他们成为一个个驼着背的黑影子。

我突然想念起那栋又挤又脏的楼，充满霉味的冷气，塞爆的冰箱，没有位子坐的沙发，不断变换色彩的电视。她坐在满是污渍的茶几旁，静静折着纸盒。

叶嘉莹《人间词话七讲》读书会

我的海峡情缘

□ 陈杰　中国文化大学资讯管理学系

七月，太阳在用尽全力微笑，云彩薄如蝉翼，通透的蓝天下有一片蔚蓝的大海连着祖国大陆和宝岛台湾。一群素不相识的海峡两岸学子，共同品读余秋雨先生的《寻觅中华》、叶嘉莹女士的《人间词话七讲》两部名著，因缘际会在舒适宜人的东南沿海城市，一同起居，一同读书，讨论文化经典，结伴畅游闽南、闽中大地，在大城小巷中留下弥足珍贵的足迹。领略了厦门文艺气息的四溢，品味了泉州文化古城的味道，瞻仰了榕城福州的壮阔，在一场犹如蒙太奇的时光交错变幻中，经历中华传统文化的洗礼，思想激烈碰撞的火花洋溢着民族文化的自信以及两岸一家亲的情怀。

在参加海峡两岸青少年共享阅读活动的同学朋友中，我可能是一个比较特别的学生，换句话说，我是一个对台湾有特别情缘的大陆青年学生。

我爷爷有三个兄弟，他排行老三，早年从泉州老家乘木帆船到台湾谋生。1947 年，爷爷奉父母之命回祖国大陆老家料理家事，之后就不能再去台湾了。从此，爷爷与在台湾的两个哥哥断了音信，只能隔海相望，明月寄相思了，一别就是人生最重要的三十多年。直到八十年代开放两岸探亲，二伯公途经香港辗转来到大陆老家，后又带大伯公及两家人多次往返大陆探望他们的弟弟，兄弟三家及子子孙孙又开始相互往来，尽享天伦之乐。

也许是耳闻目睹长辈的悲欢离合，从小台湾就是我挥之不去的一个情结。上中学以后，我就滋生了长大后踏上祖国宝岛去看一看的向往之情。在爸爸的鼓励下，两年前我参加全国高考，顺利地考上了台湾的大学，开始了我的海峡学涯。

两年来，我带着满腔热情和无限的好奇，走遍台湾的大小县市知名景点，深入了解台湾这个一往情深的地方。走过台湾的山清水秀，看过古色古香的殿堂庙宇，吃过唇齿留香的临海美食，甚至领略比屋而封的风土人情，所到所感都给我一种似曾相识的感觉。

在中国船政文化博物馆观看历史藏品

从厦门鼓浪屿郑成功纪念馆走到台南的安平古堡，我仿佛看到民族英雄郑成功屯兵鼓浪屿，辛苦操练水师 15 年，出兵横渡台湾海峡，一举收复被荷兰殖民者占领了 38 年之久的台湾岛。此后，郑成功成了永垂不朽而又高大的人格典范，成为两岸共同敬奉的伟大民族英雄，成为守护土地的象征。

说到敬奉，就不得不提到两岸的宗教信仰。我奶奶是忠诚的佛教信徒，今年 85 岁了，几十年来，她天天到泉州老家附近的寺庙拜拜祈祷，记得我小的时候曾经好奇地问奶奶，在拜拜时默默念着什么，她说在祈求神明庇佑家人平安健康、邻里和睦、国泰民安。在台湾，到处都有寺庙，密度比闽南还要大很多，而且一个比一个金碧辉煌，信众络绎不绝。当我们来到泉州开元寺、关岳庙这些香火旺盛、传闻有求必应的古老寺庙时，台湾的带队老师和两岸同学们也在菩提树下放松心灵，在神像前双手合十虔诚参拜。我想，他们除了祈求学业有成、阖家幸福外，可能还会祈盼两岸和平、祖国富强吧，我打心里更加清楚理解到两岸宗教文化同出一脉、源远流长的道理。

想起刚去台湾读书的时候，遇到一些想法比较激进的台湾同学，初来乍到，我束手无策，有一种哑巴吃黄连的感觉，只好硬着头皮慢慢相处。日子长了，我与那些同学也可以敞开心扉，互相接纳，我们可以在阳明山上赏夜景嘬着小啤酒，可以倚靠落日余晖在球场上并肩作战，渐渐地，哪怕谈论到一些两岸的敏感问题也不再那么尴尬，也能开始倾听对方的不同看法。直到有一天他们对我说：“你和我们所认识的大陆人不一样”，“你让我们对大陆的认识有所改观了”。那一个瞬间我心潮腾涌，就像一平如镜的湖泊泛起层层的微波，很难用文字形容。

两年的台湾求学生活，我结识了很多良师益友，我们一起畅谈理想，规划未来的人生。有时与台湾同学虽然因为观念不同争得面红耳赤，现在也能和好如初亲如兄弟。参加这次共享阅读活动，我又认识了一批台湾同学和大陆朋友，进一步感受来自两岸同学的友好，甚是愉悦。闽南是我的成长地，台湾是我的成熟地，我就像横跨海峡两岸的一座人形桥梁，为朋友们介绍两岸，心情无比激动。

我们翻越了崇山峻岭，历经意想不到的暴雨断路风险，进入南靖土楼建筑群，只见群山环抱，秀色可餐，映入眼帘的是一幅古朴、恬静的闽南古村水墨画——“四菜一汤”。我们漫步其间，不禁赞叹古人建筑工艺的精致，轻轻地抚摸用黏土搭建的墙壁，切身感受到这里的祖祖辈辈过人的智慧，内心不免为我们的祖先而感到骄傲！土楼在百年岁月的摧残下，虽历经风霜，却傲骨长存，从每一柱楹联的文字和雕刻中，便可读出弥漫山村浓浓的中华民族文化气息。

步行在榕城的三坊七巷，一砖一瓦都在向我们述说古老的故事。从大门造型细阅官衔等级，从颜色品味气氛，从雕刻欣赏信仰，漫步其中就好像体验现代与古时相互交织，完美碰撞。规模不大的三坊七巷是当时社会的一个缩影，精致而又充满韵味。在其中，更是卧虎藏龙，严复、林则徐、沈葆桢等伟人辈出。印象最深的当是冰心故居，青石铺地，树木相依，小小的房间，却有着竹影相衬，假山点缀，显现了冰心女士心志的寄托，和对这个住所的浓浓爱恋。

踏入闽台缘博物馆，我感到两岸更是血脉相连，唇齿相依。“台湾在籍汉民族乡贯别调查”显示，台湾居民中属于泉州府籍的占45.4%，属于漳州府籍的占35.2%，客家人占台湾汉民族居民的15%。详细观看博物馆展示的文物和文字记载，聆听解说员叙述的一个又一个动人故事，大陆与台湾割不舍、挥不去的历史渊源更加清晰可见。在木帆船时代，大陆居民跨越海峡迁徙台湾那一幕幕催人泪下的场景，让我浮想联翩，仿佛看到了大伯公、二伯公及长辈亲人们历经两天

两夜从泉州湾到台中港的悲壮行程。小时候听奶奶讲，有一个姑婆（我爷爷的妹妹）在一起去台湾的船上不幸掉入海中就再也没有回来了，这是长辈们一辈子的痛。突然，我觉得在博物馆每踩下去的一步，都是两岸悠久的历史印迹和民间沧海桑田的动人故事。

七天的时间，我们每日都在繁华的现代都市与斑驳的历史古迹中转换漫步，轻抚过去，着眼未来，细细品味古老建筑的人文底蕴，慢慢品尝闽南古城的独特味道，去感受、去理解这些遗留在城市中最为年迈却最有分量的气息。难道我们就不懂深深体会脚下这片浩瀚的中华大地五千年来所演绎的动人故事和不朽文化经久不衰越发博大的原因？古人为子孙后代留下这么多极其宝贵的精神财富，我心中的敬畏油然而生。

感恩这次震撼心灵的旅程，我们一行青年人收获了满满的友谊，静阅了历史，展望了未来，也更加懂得现在的生活来之不易，我们不能只懂得研究过去撰写成文，应该要像余秋雨先生说的“不仅对中国传统有深刻的了解，也需要对西方理论有清楚的认识”。中华民族文化我们要了解，并且理解其中的深刻道理，牢记于心，也要更加多元了解世界，不能故步自封，才能在这个“物竞天择，适者生存”的现实社会中，找到适合自己的定位，为社会为中国甚至为人类，做出有价值的贡献，找到自己人生的意义。

在福州返回厦门的路上，车窗外，一座座好山好水、一栋栋高楼大厦、一幕幕欢歌笑语一闪而过，眼前仿佛掠过中国的动车高铁驶向全球、量子卫星傲视太空、航空母舰巡弋太平洋显耀国威，祖国现代化建设全面腾飞的雄伟壮举！今天，我们两岸的青年学生都生活在祥和的年代，是无数的先烈和英雄用生命换来的。这来之不易的幸福生活也是祖辈们苦苦追寻和梦寐以求的，我们更应该加倍珍惜。

我们有理由坚信，未来的世纪是属于中国人的世纪，我们青年人肩负着历史的重任。过去的历史刻骨铭心，我们不应该忘却。未来的道路不会一帆风顺，我们应当勇往直前。“水千条山万重我们曾走过，每一次相逢和笑脸都彼此铭刻，在阳光灿烂欢乐的日子里，我们手拉手想说的太多……”但愿两岸同学携手同心，海峡扬帆，共创辉煌！

走进福建，情念两岸

□ 杨宝仪　中国文化大学大众传播学系

◎相见恨晚

确实，有些路只能一个人走，但是想要走远，那就得一群人走。初见的激动，陌生的脸孔，熟悉的感觉，难以言表的兴奋，慢慢冗杂成我深深的期待。我的身份挺特殊的，我在台湾上大学，却是个土生土长的大陆人，对于海峡的两岸，我都有着非常特殊的情感。在台湾读书短短三年，我像是打开了新的世界，宛若一只小鸟自由飞翔在蓝天白云间。但是，人是念旧的，故乡就是我无穷无尽思念的源泉。祖国的大地我没去过多少地方，这是我第一次来福建，对我来说，福建从前只是一个在电视上耳熟能详的名字，加上两岸小伙伴的结伴同行，这次的旅程真的让我憧憬。

嬉笑间，彼此自我介绍时，大家的心渐渐拉近。有人说："一顿饭能真切地认识一个人。"我们的相识相知也是从一碗四果汤开始的。清凉的四果汤沁人心脾，正好解了这酷暑的燥气。经过一番饭桌上的"吵闹"，我们都收起了来时的害羞和紧张，开始轻松自在地交谈，聊的话题即便是平日里鸡毛蒜皮的事，大家一起分享也是让人欢喜。有些人，一见如故，那便是缘分，见面，就注定了相逢是一场快乐的记忆。看着这群可爱的人们，想必，这趟旅程一定十分愉快。

◎迷屿

经过一段八分钟的轮渡，我们终于踏上了这片迷人的土地。怀揣着一份好奇的心，期待着与这座神秘岛屿的会面。

鼓浪屿神秘而伟大，一花一草，一砖一瓦，处处不着痕迹地渗透着它的沧桑岁月。尽管经历了现代的修葺，整个岛屿还是留下来不少古老的印记。

哥特式建筑风格的领事馆旧址，崎岖不平的石板路，还有那一棵棵百年大榕树……这座小岛，到底留下了多少故事，留下了多少难以忘怀的过往，又留下了多少扣人心弦的曾经。那段清政府软弱无能的历史，那段晦暗的时期，万国建筑集一身的鼓浪屿，承载着无穷无尽的沉重与隐忍。2017 年 7 月 8 日，世界遗产大会审定“鼓浪屿：历史国际社区”列入世界文化遗产名录，让这座迷屿又有了新的开始。

我继续走着路，身旁经过不少工人推着板车，行色匆忙地赶往某处，估计还有很多历史并未完全显露在众人的面前吧。想着想着，我不禁感到这座小岛真的格外深邃和坚强。

导游的旗子停住了，同行的小伙伴也开始聚集在一扇门前，前面几位刚认识的小伙伴向我招了招手，示意我赶紧上前，我跑上前去，门匾上“菽庄”二字赫然醒目。原来是它，菽庄花园。“园在海上，海在园中”的特色设计花园以及钢琴博物馆而闻名的私家园林呈现在眼前，我迫不及待地冲到前面，生怕落下任何一处细小的美景。

“藏海”与“海阔天空”的设计让人眼前一亮，似乎走进菽庄花园就像开启了一段拆礼物的游戏，处处有惊喜。走过黄墙，一览无际的海景真是大饱眼福，往远处看，日光岩也毫无保留地展现在眼前。鼓浪屿的最高点日光岩如战士般傲然挺立，守护这片神圣的土地，这时我不由得想起英雄郑成功也曾在此处眺望远方，调兵遣将，威风凛凛。

穿梭在弯弯曲曲的小板桥上，看着桥下激荡的海浪与身旁的大礁石，感觉自己如同行走在海上，紧张又兴奋。“峰回路转”的转身，石山的背后竟然藏着一片湖，湖水平静，与海浪形成鲜明的对比。来不及细细感慨，我的脚步跟不上我的眼睛，因为我知道还有好几十台百年钢琴在等我观赏，心不禁躁动起来，目光早已锁定了那不远处的钢琴博物馆。

“克莱门蒂”“科尔门”“贝克斯坦”“威尔坦”“科勒德”，一个个名字赋予了一架架钢琴如同人的灵性。走过它们身边，似乎耳畔响起那行云流水、含蓄沉郁的钢琴声。一架古钢琴，多少代钢琴家的故事，多少个不同情感的倾注。一首《鼓浪屿之波》带我走进了收藏家胡友义先生思念母亲、思念故土的迷思当中，琴声缓缓如细沙渐行渐远地飘至远方直至消失得无影无踪。此时，我才发觉，我的参观到此结束了。与钢琴们道了个别，带着一份沉重的心情，我走出了博物馆。

烈日当空，却不热，似乎菽庄花园的那份寂寞与思念的冷把我给感染了。这时，看着身旁来自台湾的朋友，心中萌生了一种不太合理的比喻，感慨台湾何曾不是另外一座迷失的岛屿呢？台湾在 1895 年迷失在历史的漩涡中，《马关条约》的悲痛，让所有中国人咬牙切齿，所幸，所有历经风霜都不是毫无价值的，两岸的人民将永远铭记着这段屈辱的历史。1945 年的光复，让两岸人民再一次紧紧相拥。真希望以后不会再迷路了，不会再分开了，我紧紧抓住身旁台湾朋友的手，暖暖的……

◎最美的风景，最难走的路

晨起，蝉还没开始鸣叫，我们却早已坐上大巴车。伴随着发动机的热气，车缓缓向着南靖土楼开去，山路十八弯，崎岖不平，我们倒是欣喜若狂，像是去探寻什么新奇的宝藏。

一路上风云变幻，时而大雨，时而天晴，不料车快开往目的地的时候，司机大哥突然发现前方的路塌方了，匆忙叫我们下车。大伙在路边的小瓦房下站着，一个个神情紧张、愁眉苦脸的，我却觉好奇，兴致勃勃地拿出手机拍下他们的样子。突然，身旁几个女学生开始尖叫起来，猛地向车倒退的地方看去，那正是一片长满柚子树的悬崖。车来来回回地在悬崖边徘徊，每倒退一次，心就悬一次，好几次车轮子已经悬空一半了又转回去，虽说刺激但也是个冒冷汗的经历。往人群中看去，好几团人彼此手拉着手，满眼紧张兮兮地注视着车轮子。看着同伴们紧张担心的脸，这时我想，人的一生就算微小短暂，倘若有人担心你，不曾忘记你，即便离去也是种幸福吧。其实有时感动莫非来自于一瞬间的触动，心之所系，情之所向，如同两岸的我们，来自不同的地域，却一样有着对彼此关怀备至的心。有一种情怀叫相见恨晚，有一种无法割舍的民族精神叫骨肉相亲。深深地，慢慢地，这种情感在发酵，即便只是认识短短几天，但那种深入骨髓的感情却是无法磨灭的。

有惊无险，凭借司机高超的倒车技术，我们又开始朝着心心念念的南靖土楼出发了。都说患难见真情，在车上，来自海峡两岸的青少年似乎因为共同经历了一次险境，感情越发浓厚了，在车上吵闹地说笑起来，这一路，感觉时间过得很快，不一会儿就到达目的地了。

因为南靖县地势险窄，我们换上了两辆观光小巴车继续向前，车只开了一小段路，就看到了那传说中的“四菜一汤”，都说土楼上看一朵花，下看布达拉，而当我正式远眺时，却感觉土楼宛如大地的纽扣，金灿灿地镶嵌在绿林之中。当我与它们仅是触手可及的距离时，才发现原来它们竟是那般有人情味。

南靖土楼始于宋代，以生土掺上竹片、石灰、细沙等构成墙身，墙身有一米多厚，奇特的造型，聚族而居的生活功能，难怪土楼历经百年风吹日晒，至今还能完好地呈现在世人的面前。土楼世代相传，几十户人家，几百号人相互依傍，形成土楼热热闹闹的大家族，这种生活方式与现代城市冷漠的居住环境相比，真是天壤之别。一对联一门户，一井一家人，我与几名同伴一起被当地热情的居民邀请到他们家中做客喝茶，那看似窄小的空间却异常宽广，我们一边喝茶一边听着女主人介绍自己的家族历史。原来五十几户刘姓人家世代住在裕昌楼中，不论贫富，和睦共处，每家每户都认真地钻研他们的小手艺，木槌酥、竹筒、编织袋……琳琅满目，一个土楼就像一个小集市那般热闹，那般丰富多彩。正中央的小礼堂，红白喜事兼办，生与死在他们看来都是尘归黄土、落叶归根的平常事，这种习俗，这种心态，也像是土楼以圆为建筑轮廓那般，具有强大的包容之心吧。

依山傍水的小日子，浓浓的亲情味，让来自两岸的我们，觉得这趟旅程更具有意义。

◎同源，同根，同心

躺着要像洛阳桥，站着要像东西塔。袈裟的缘，成就了千年的历史痕迹。东西塔的伫立，犹如灯塔照亮着泉州大地。

我们一行人穿过繁华的小街道，突然展现在眼前的是两座威仪的石塔。拔地而起的石塔，耸立天际，散下来的太阳光照在石片上，更是衬托了它的精致壮丽。

天气炎热得很，身旁几位朋友早已汗流浃背，太阳伞下的阴凉似乎也无法缓解那般炽痛的炎热。但是他们却十分有兴致，一边听着导游的讲解，一边记录着有趣的故事桥段。这时，我的耳朵也不由自主地凑上去，聆听着那些缘起的故事。

“紫云”的门匾，白莲的传说，给开元寺笼罩了千年的神秘色彩，弘一法师传奇的一生更是让人产生万分敬仰之意。他常言道：“一粥一饭皆来之不易，惜衣惜食非惜财，乃为人间惜福耳。”这种境界，这种精神，真是超凡脱俗。

来到东西塔，我们嬉闹着按照传说中绕塔走三圈许愿的礼数，开始纷纷迈开腿走起来。我恭恭敬敬地走了三圈，却不是为了求什么，只是觉得来到宝地，需要尽一份对弘一法师的诚心。

大伙走得挺快，三圈过后，塔附近只有少许几个同行的伙伴还与我一起，踏下塔的小高台，发现一块有趣的石头，上面刻着一个“心”字，有趣的是，此“心”并非完整的“心”，中间的一点放置在它的下方，看上去另有禅意。我看了它几眼，便匆匆跟上了队伍。我边走边揣摩这其中的深意。在我看来，中间一点莫非指的是人性、情感，倘若人无诚心，无实意，则心不完整，无法成就禅意，这是我胡乱猜测。

“这和台北的龙山寺、行

天宫也太像了吧。”台湾朋友对我说。于是，我们开始围绕着两岸烧香拜佛的传统习俗滔滔不绝，原来两岸的佛教文化也是极其相似的。聊着聊着，越觉得不可思议，但内心却是满满的充盈，同源同根生的我们，当然同心。

细数着佛教的传承，观摩着两岸那有着异曲同工之妙的佛教文化，才惊觉两岸有着同是一脉的文化沉淀。两岸的佛教文明血脉相承，恰恰印证着同一个中国的文明历史，虽然隔着一道宽宽的海峡，有了距离，反而成就了别具一格的美丽。相信两岸同心，并蒂彩莲必定更加缤纷。

◎古街，老巷，人情

连续高温，福州迎来了可怕的三十九摄氏度。看着这几天走过了大街小巷的鞋子，感觉鞋底要融化了。炎阳炙人，我摇摇欲坠时，忽然感觉一丝凉意，转过头，才发现一位来自台湾的朋友为我打了伞，相视一笑后，我们开始吐槽这恐怖的大太阳。殊不知，此刻的我其实不再介意天气的炎热，只觉能认识这些心善的朋友真是幸运。

亭台楼阁，中西合璧，三坊七巷的主干道上，文化冲击的震撼感迎面而来，三个坊七条巷，看似错综复杂却隐藏着更深的内涵。碧瓦朱檐，层楼叠榭，即便加入了不少新的文化风格，但作为福州文化源泉、历史之脉的三坊七巷仍旧蕴含着它独特的味道——“杏花烟，梨花月，谁与晕开春色”。

我们走过一条小巷，跨过一个院子，来到各种名人名士的旧址大宅院，真是奇妙。林则徐故居、严复故居、沈葆桢故居……造访诸多文人雅士、祖国英雄、历史先驱等故居，微妙的雄心壮志油然而生。来到他们曾经居住过的地方，想起他们一生的奉献，似乎与他们有了灵魂的对话。然而即便他们并非全都交集在同一个时代，但在他们身上其实有一个共同点——都拥有一颗熊熊燃烧的爱国之心。林则徐燃起火把，守护祖国人民；严复的大智大勇，给祖国打开了一条革新之路；沈葆桢驾驶军舰，乘风破浪，忘不了那汽笛长鸣的蓬勃气势……

每走过一个宅子，每听到其主人一生的故事，像是收藏了一份重重的感情，而这份感情更是对宝岛同胞的守护，对祖国的热爱。相亲相爱一家人，唯有情，能撼动天地；唯有爱，能感化世间。然而亲情，是万物的灵魂，是神圣不可侵犯的眷念。

对酒当歌，人生几何？离别的前一天晚上，我们一行来自两岸的学生围坐在一起，以茶代酒，畅谈着这一周的所见所闻。同根生的兄弟姐妹，因海相隔，却因这次活动有缘相聚一起，不谈政见，不谈世俗，牵手共读，彼此互相照应，一起玩乐。一周虽短，却是永恒的记忆，茶杯相互碰撞的时刻，不舍的心也在激荡。

次日正午的太阳虽仍旧灿烂，却不如我们两岸学子彼此拥抱离别的场面炽热，挥挥手，暂别，抹去眼角欲滴的泪水，愿百里之外依旧不忘我们对你们的想念。既是一家人，怎会不再见。道一声珍重，不诉别离。

在七月的夜晚，我们翻越山峦

□ 段立文　厦门大学中文系戏剧影视文学专业

再一次睁开眼睛是夜里八时四十二分，窗外氤氲着雾气，车子浸没在黑暗中便如同被掷在一块巨型琼脂凝胶里面。路灯间或探出个脑袋，几乎一辆别的车也无，只听得空调运作的嗡嗡低鸣。这个夜晚是分外安静的，不知道为何，无法安睡的我心中却很兴奋甚而躁动，似乎隐隐期待着什么；也幻想着会在下一秒钟，突然出现一座隐没在山谷中灯火璀璨灼人眼球的城池。

舍友昱安就坐在左手边，此刻她的上下眼皮也打开了，还没清醒。又过了一会儿，她怔怔地还在发呆，我说：“很久没坐大巴车走这么长的路了。”

真的有很久很久了。那么上一次是什么时候？

去年？去年七月，我从上海出发去往拉萨，四十八个小时的行程，走到西安遇上大雨，火车耽误了一晚，可那晚回忆起来却没什么印象。只记得因此过唐古拉山口时，正好是午夜。实在没想到有如此艰难，事实上人类绝无可能仅通过一些工业时代的器械产物就能轻易征服大自然，更没有理由沾沾自喜。能通铁路又怎么样？高原反应还不是以变化无穷的方式几乎打败了我们全部。

后来，在一个漫长的下午我从拉萨出发，过藏北草原。藏北和青海的草原不同，和内蒙古也相异，我甚至觉得那是我曾见过的最美的草原，美丽来自震撼。在这里，天地和时光一样漫长，不愿看到尽头，也没有尽头。云很厚，仿佛下一秒便从蓝天上坠落，直直地扑入土地里，而草显示出饱和度最高的深绿和嫩黄色。在离铁轨不远的地方，有一条公路曲折延伸，突然一辆大卡车出现，车尾拉起大片黄色烟尘。卡车跟不上我，于是我就不能再看见它，只好猜想着开车的人是一个脸膛黝黑、身材如一座小山般健壮的藏族汉子。而他，又该多么沉迷于这片土地。

若再向前数一年，前年的夏天我仍在拉萨，七月和八月过得有如冬季。此前从没见过彩虹，而彼时的情景：雨水刚一结束，太阳就出现了，然后是

讲解员向学生们讲解清净寺旧址的历史故事

漂亮的虹。运气好的话可见双彩虹挂在天空，或呈圈状散在太阳周围，如同日晕。支教的日子里，我们将堆放杂物的房间改造成宿舍，没有自来水，一天两次自己去提水。吃糌粑，吃牦牛肉，喝酥油茶，这些食物让我胃病加重、消化不良。很少有蔬菜水果，也会有很少几次想念城市光阴。

从拉萨市区前往当雄县要乘坐很久的大巴车，一百四十公里走了近四个小时，但不是夜里。那种公路，无法想象夜间该如何行车。当下一刻这种对于夜间行车的熟悉感与激动之情，究竟所从何来？我不知道。或许就像我在期待的那座远古城池一样，在人类最原始的基因里，在那些我们以为已经跟随进化而丢失的部分，对于旅途的渴望和远方的热情，早已镌刻下了最诱人的那串密码。

若以每年的七月为起点，过去的三百六十五天这天我几乎没有旅行。十月去了一趟潮汕，在拥挤的人群中真切触摸到了带着浓郁油脂气的老城。剩下的时间在读书，却不走路。对旅途有了敬畏，更多的却是一种恐惧。当“我执”加重，放不下自己，远行听起来是令人担忧的。前路意味着不确定，意味着离开舒适的环境、抛弃既成的生活习惯，甚至远离城市文明，自我的身份不再被外界重视。于是你和我都龟缩一隅，拒绝出走。

好在总有这样一个机会出现，撕破了厚厚的茧。我又重新上了路，管它天气如何、晒黑几度。把那些东西全部忽视，就在此刻夜间的长途车上，颠簸而未知的远方带来最大快感。

昨天去了鼓浪屿，前天是沙坡尾、胡里山炮台然后返回学校。去鼓浪屿之前我处在一种焦躁之中，四十摄氏度和骄阳似火几乎让我跪地求饶，想过各种方式中途放弃。好在团队能带来力量，几乎是被拉扯着、裹挟着，我不断前进。而随着行走的深入，我被烤熟了晒透了或者晒没了，身体在鼓浪屿的小小街巷中步步迷失，随之彻底抛弃的还有心理上那种畏首畏尾的讨厌状态。

离开厦门的清早，有些雨。一路上阴着天，人是要睡要醒的，厚厚的云层有如天公低垂的眼皮，遮挡住其瞳仁里的灼热光辉，天也要睡要醒的了。几小时后大巴车驶离高速公路，所踏上的第一寸漳州土地便是平和县。只见公路两旁全是修建整齐的三层小楼，火柴盒子状，门面是窄的，显得那三层好像更高。我从没来过漳州，虽然在福建读书已过三年，舍友之一便是漳州平和县人。对此地的所有印象就是秋天里水盈盈的蜜柚和初夏酸甜多汁的橙子，那是舍友母亲自己种植出来并挑选给女儿的最佳品种，每一次迫不及待地剥开果皮后吮吸到的，总是大地母亲给其儿女最甘甜丰沛的乳汁。拥抱着福建最大的平原，早于一万年前就有先民繁衍生息的漳州，是一座被肥鱼香米和鲜嫩花果包围起来的城市，这里有片仔癀和水仙花，有土楼和云水谣，闽南传统和客家文化伴着先民远古的历史记忆，在山峦和泥土之间静默地发酵与沉淀。

又打了个瞌睡的功夫，乡村小镇就消失无踪了，好像从没出现过。“平和县”伴随不清晰的旅途破碎梦境混合在一起，于我的世界而言已如同幻象。我们在山上行走着，反复择路、回头，一时不知身在何处。山间盘旋的土路，因为下了雨而更加泥泞不堪。原本仅容两车并行，我们的车又太大了，此时若迎面来另一辆车，估计互相都会很难堪。

前面塌方，必须绕一大段路程调头重新来过。接近中午十二时，午饭变成遥遥不可期。车上的伙伴都下来步行，只留司机师傅在一条小路上极危险地倒车。路边孤零零建了三四间低矮的土坯房。最远的地方是杂货间，之后是锁起来的一间，有一间门大开着，门边放着一张床，一个男孩子坐在床边，屋里太昏暗，剩下的全都看不清。离车最近的是厨房，一个瘦瘦的矮小人影在里面晃着，第一眼分不清是男是女。那人手里捧着碗，面对桌子站立，难道是没有就餐的桌椅而只能这样解决三餐？如此多年都一直这么度过吗？我问老师：“这地方能通电吗？”老师指了指外面的电线杆，示意大概是有电的。我还想问些什么，如这样的地方能有……却问不出来。在真正远离城市的大山里，需要有什么、缺乏了什么，本来就不存在所谓量化或标准。

若按照我们中大多数习惯的生活方式来讲，这里什么都没有，简直活不下去。而仅仅这样想，便已是对他们辛苦生活的极大不尊重。阴雨不断的这一天，哪怕中午时分，房间里一样阴暗、闷热潮湿，说不定老鼠和蟑螂们光明正大地在黑暗中聚会狂欢着。可他们在此地积极生存，手捧着饭碗，脸对着灶台，一口一口将生活的甜蜜或苦难嚼碎了吞下去。大自然向我们提供了这样的事实：淀粉没有甜味，因此米饭没有味道，用多昂贵的锅煮多圆润的米都是如此。可如果一直嚼一直嚼，淀粉就变成麦芽糖，很甜。只要有耐心，再便宜的大米都会在口腔中绽放出香甜的味道，即使没有餐桌站在灶台边也照样品尝得到。

我们将上车时，一只大黄狗从房子里冲出来，绕着人群转。昱安伸手摸着黄狗的毛，还碰碰它的黑嘴巴。我当即大叫着制止她，我说这种狗很脏不能碰。可当坐回座位上，狗在视野里消失，这三四间完全是计划之外的土坯房突然出现又渐渐消失，我心里难免有点异样——狗狗若能听懂我大吼着说它很脏，会不会难过？可它真的脏吗？能有多肮脏呢？

恍惚支撑着，终于见到了餐馆。在漳州的中饭和晚饭，就餐地卫生状况都不佳，却真的是这七天的旅程中吃得最多最香甜的两顿。中饭时间迟，大家饿得菜上桌后懒得多讲什么话，又想到下午还要继续赶路，晚餐实属未知。旅途的不确定性带来些微恐慌感并激发出属于行者的本能：在能吃的时候一定要多吃一点。

菜的口味偏咸，想来也是大山原始和自然的脾性。没有过多肉类，笋、根茎类和叶菜丰富。在厦门两天，大鱼大肉成了夏天里不受待见的食物，无法调动胃口。我们这一代人，终究是真不觉得闪闪发光的油脂和入口即化的一大块动物蛋白多么有吸引力了。

很有趣的事情——同餐桌的朋友们大多是米饭爱好者。北方人讲“吃饭”，指吃某一顿饭，而南方人特指吃米饭这种食物。上卤面还不好，甜饭也不行，一定要结结实实把一碗白饭吃下去，胃里才熨帖，方能称得上“吃了饭”。我一直认为，对食物口味的选择与人的性格关系很大，因为口味的养成是环境作用的直接结果，且密切联系着童年的味觉印象。我原本是一个最不喜欢吃米饭的人，准确地说对米面类主食都没有兴趣，嫌弃它们无味道。我爱甜点，或沾满了汤汁的面条，或深入加工的八宝饭粽子之类，总之很不愿意接受一碗寡淡的米饭。

这趟旅行分明给我带来了诸多变化，对米饭的态度是其中之一。当大鱼大肉按一日三餐的分量大盆端上，到最后实在连拿起筷子的兴致都没了，一餐之中唯一期待的，是那一小盘青菜，但也油水过大；因此竟知道米饭的很多好处。也要学着南方的朋友们，一小碗米饭，一口口咀嚼，到嘴巴里充盈着一种很淡而踏实的甜味，胃里刚好满足而不过分饱足，人也是有力量的。

一行人放下碗筷就上了车。身处大山的坑谷处，四下环顾，满眼都是将要滴下的绿色。在去往土楼的漫长曲折的盘山路上，我在车厢中被甩来甩去，东倒西歪如同脱了藤的葫芦。看到了结满青黄皮柚子的大果树，看到了河里谷里茂密的苇子丛，看到此地土壤呈砖红色，而植物格外青翠。是不是它们用根系，把土壤中关于绿的一切元素都强有力地吸收了并化为己用，才会留下这么红的土，生长如此绿的叶。我的思想神游四方，形体也毫不落后，从谷底出发，一直走啊走，直至车和人，浸没在山顶的漫天云海里。

若有所思

终于见到那座土楼——东歪西斜裕昌楼。它建于1308年，是福建现存最古老的土楼。作为最早期股份制的产物，由刘、罗、张、唐、范五姓族人共事出资建造，共有五层，两百七十间房子，密密麻麻。全楼有五部楼梯，分成五大块，底层厨房内有多达二十二口井，是福建土楼中水井数量的顶点。楼内天井中心建有单层的圆形祖堂，堂前用卵石铺成一个阴阳八卦。裕昌楼柱子东倒西歪，最大倾斜度十五度，看起来摇摇欲坠，但经受七百年风雨侵蚀和无数次地震的考验后，至今依然如故，有惊无险。我突然想象晚上在山间行路，意外邂逅她的样子。那该是何其震撼与惊喜，仿佛神的奇迹。我知道，这毫无疑问就是我期待的在旷野之中被时光遗忘的城堡。

我们一路跨过山峦和大海来觐见的七百岁的她，我们的祖先，今天最终要从内部开始崩坏了。进楼时正巧遇见两家商户吵架，矮小的中年男人和肥胖的中年女人，都处在一生中为了生计最着急也最庸俗无聊的年纪。他们使用客家话或者闽南语，反正我一句都听不懂，那些气势十足连续不断的语句，毫无疑问是对我耳朵的强暴。可他们并不是游客而是商户，能这么拉下脸来吵架的原因，是因为这里对他们而言不过是用以谋生的手段，还是真能彻底不在乎老祖宗的教训和颜面，彻底不顾惜自己的体面？土楼修建的原意是抵御外敌、团结族人，甚至联合外姓为一家，在这荒山野岭间谋求更好发展。如今此地早已不再荒僻，我却不知道是否依然精神荒蛮。浩浩然两三百间房子，究竟还有没有一间住着当时土楼建造者的真正后人吗？如果真的有，如果他此时在场，看到自己从内到外布满疮孔的祖屋，看到祖宗以血以汗留下来的珍宝，被糟蹋和崩塌成这般模样，又该做何感想？

我劝自己说，事不关己，还是消气。便去卖茶处喝了两杯茶，铁观音香气动人，舌头和胃都得到了极大的满足。但心跟我抗议：不对，你还要找别的东西。于是我离开熙攘的茶水间，来到一处所在。这家偏偏卖的是油画，生意十分冷清。我问店主可不可以喝一口井水。店主也是极淡漠的，他在门外吸烟，指了指井台边上放置的大红色塑料水瓢。我便顾不上脏还是净，舀了大半瓢水，痛饮了个肚圆，心里立刻踏实起来。

井水清凉略带着甜味，我想起家乡济南黑虎泉里的水。只记得也是冰冰凉的有丝丝甜味，两者的不同在何处呢？想不清楚了。还是早一点回去，再喝一碗黑虎泉的水吧。就这样我走出门来，隔壁老板娘喊我品尝木槌酥糖。我笑笑，觉得足够了，就拒绝了。

隔天又到泉州，接着看了看福州。也不知道怎么回事，七天的时间竟然要过完了。其实所有像我一样很难快速融入集体的人，在投入之后也一定很难舍。可我们毕竟还给自己贴上所谓“大学生”的标签，小心翼翼地冷着一张脸。高中的弟弟妹妹们举起酒杯高喊“笋冻家族永远在一起”时，大学生伸出筷子夹了一片肉，麻木地塞进嘴巴里，食而不知味；大学生面带不屑嘲笑他们不懂什么叫永远，可又在心里狠狠地挖苦自己，连讲“永远”的勇气也消亡殆尽。

亨哥的《安静》唱到最后，脑海中呈现出大片空白，感觉全世界都随着熟悉的旋律而渐次安静；高中组又唱起歌时我似乎是哭了。我会忘记那首歌的名字，事实上现在已经完全想不起来。只有灯光下那一张张可爱的严肃的慈祥的认真的脸孔，叫不上名字或很熟悉的人儿，笑着和唱着的，安静了就在记忆里愈发清晰。

那个凌晨我们坐在房间里的地板上，围成一圈喝酒吃肉聊天。没有等到日出，留下太多太多话语。如你所知的，酒有尽头，旅途有尽头，海峡亦有尽头。可我却从不曾想过，会用短短七天时间，渡过了这样深的海，融化了如此冷的冰。我们曾在夜里九时半，溜出宾馆去买一大杯奶茶还边走边喝，一起罪恶地嚼着珍珠和红豆，享受高热量食物带来的最简单满足感，路上随意讲起平凡的日子里有趣或乏味的种种，拉着手过马路之际心中饱满又温暖。

多日过后你我仿佛多年老友。

后来，是在你离开之后，八月初的某一个下午，我在济南写下这些字。这天窗外下着雨，济南温度很低，空气不好。遥远的中国南端，一千七百公里以外的地方，双台风刚过境，不知是否高温依旧，而蓝天和白云一定不离不弃地守护在那里了。我合上电脑，躺在地板上做了一个梦，梦中听得海浪和波涛的清脆歌声连绵不绝。我在等一张明信片，它将会从大陆对面一个从前陌生、此后熟悉的地址，漂洋过海而来。

杂记福建

□ 耿黛如　高雄应用科技大学国际企业系

一

今年夏天十分有幸过了甄选，得以参访福建七日，对我这个爱玩又没钱的准毕业生，简直是中乐透，立马乐颠颠地收行李，从高雄滚到台北搭“小三通”。

踏上福建之后，每天都有人被抓去给记者采访。我是不大喜欢的，因为这几天天气太热，还有人说高温三十九摄氏度。我的妆整个花了，汗滴滴答答地流入领口，湿得像刚从水里捞出来。每每离开景点上游览车，等待冷气重新充盈车内，才感觉自己从炼狱回到了人间。

有次工作人员替记者在车上问：“有没有台湾同学的祖籍在福建啊？”台湾同学面面相觑，二十个人里要有一个祖籍福建，得要多巧才能遇到？我看工作人员喊得辛苦，心有不忍，微信里问妈我家爷奶从哪来，一个浙江一个江苏，不管是离泉州、福州还是厦门，显然很遥远。

我问隔壁的大陆友人小 D 祖籍何处，她说自己幼时在鼓浪屿长大，后来搬来搬去，哪都待过。我又追问：“所以祖籍到底是哪？”她迟疑地说：“最多说我爸爸是浦东人。”她好像说了爸爸祖籍是哪，但我忘了，我就只记得她对自己的祖籍也答不太出来。

祖籍这件事很有趣。维基百科写道：祖籍指一个家族族群以父系共同认定的一位祖先的生长地。若我要追溯，显然已去世的爷爷不能给我任何资料，家里的族谱也早就失传，大陆同学根据族谱而命名的原则，我们这一代几乎没有。即便是郑成功昔日将领的冈山刘姓大家，开枝散叶到现在，居然是用算名的方式取了我男友的名。

而不管有没有族谱，我又要怎么断定真伪呢？我的祖先迁移了多少地方，是富是穷会不会有所影响，又要追溯到哪一个人才算完整呢？

作为一个平权主义者，我也难免要问一句：那我的妈妈呢？我的奶奶呢？为什么祖籍以男性为中心呢？既然对男权社会愤愤不平，显然就更不会把祖籍当回事了。零碎的往昔追溯起来也许很有意思，看一代又一代的人如何翻山越岭，开疆辟土，想象的先人与实际的先人也许一致，也许又大相径庭，宛如在看一条历史长河。正如我想象已逝去的爷爷相貌，想象他如何被构陷贪污后熬过不公义的审判，想象那封寄给远在美国的儿子的家书，又想象那本摆在书房里，满布灰尘的“六法全书”。

我的生命迎来他的死去。新旧交接，归于尘土。我对他的好奇，便是凝视一张钉在布告板的老旧照片，窥伺徘徊在老房子的幽灵的来历。

看大陆博物馆不断地追寻古人的前世今朝，看余秋雨的文章在纸上不停地回溯，若非要为我们这代下个严酷的注解，大约只有数典忘祖吧。

二

厦门很美。

大片的绿化植物，满街的凤凰木，一望无际的海，白色细腻的沙滩。鹭江道的高楼大厦和鼓浪屿的各国领事馆旧址，隔着一片波光粼粼相望。一件件景观装饰引来无数拍婚纱的新人，想找个遮阳的地方，还得先避过摄影师的镜头。

我们来厦门的第二天便去了鼓浪屿，那天它刚被列入世界文化遗产。清末民初的公共租界有二，一为上海，二为鼓浪屿，共有十三个国家先后在岛上设立领事馆。岛上别墅多为欧陆风格，就连日本领事馆也是仿英式建筑，却有中式寺庙藏身其中，又不显凌乱。

那天很热，满街尽是各色洋伞和熙攘的游客。因为岛上不能用麦克风，我们每人都发了一个语音导览机，听导游在耳边卖力讲解。然而天气太热，没听一会儿就恍神，只想着站哪可以最大限度地遮太阳，常专心致志地走在墙下阴影。

岛上的路崎岖复杂，又窄又小，斑驳树影映在墙上，随风摇曳。

我忍不住问自小在鼓浪屿长大的小 D：“你小时候就禁车了吗？”

“从我有记忆以来，都是用走的，应该很早就禁了。”

我不得不佩服鼓浪屿人的脚力。无车之岛的鼓浪屿，连脚踏车不也准，只有特殊情况下才允许，比如载游客的电瓶车和邮差的脚踏车。我不免想到，如果房子失火或是有人需要医疗资源，这弯弯绕绕的小路，能够第一时间救援吗？

“这里以前是幼儿园，我在这里念过。”穿过几个街口便遇到黄荣远堂，小 D 说。“你们这里不会还有大学吧？”我忍不住开玩笑。鼓浪屿这么小，怎么可能？

小 D 说：“有，那边是福州大学美术学院。”

面积只有台湾兰屿百分之三大小的鼓浪屿，什么都有，五脏俱全；风景

跨越海峡的同框

和建筑发展，和兰屿却是天差地别，两者唯一的共同点，就是被美景引来的大批游客。

导游说，鼓浪屿是钢琴之岛，家家户户都会弹琴，又因为有美术学院，常有人在街头写生。她所说的画面，确实令人心生向往。然而炙热阳光下，却只见街上游客来来往往。岛上多是大排档和文艺小店，满街尽是开蚌取珠。

走在其中，我突然有一种很怪异的违和感——每栋建筑物都非常精美，几乎没什么岁月的痕迹，游客济济，仿佛置身于一个精致美丽的样品岛。

从雕花铁门里窥见古老优美的黄远荣堂，却见满院的漫漫荒草。

“岛上人口外移严重，我念的幼儿园后来就关了。现在岛上很多人都不是原住民，很多是从安徽来做生意的。”长大后便离开鼓浪屿的小 D 说道。

从导游嘴里听闻的鼓浪屿，与现今的它是两个面貌，只有岛上万国建筑还隐约带有当年的轮廓。但钢琴之岛已不闻钢琴声，只剩钢琴博物馆里游客人声鼎沸。

坐上渡轮离开时，我忍不住回望鼓浪屿，远远就能看见码头挂着恭贺申遗成功的布条，鲜红抢眼。

离家远游的鼓浪屿人总有一天会回家，他们心里想什么呢？

三

说来也奇怪，明明我是一个无神论者，福建七日游里最触动我的，不是刚刚申遗成功的鼓浪屿，也非漳州南靖独特的土楼群，更不是福州三坊七巷各家名士的故居，而是世界宗教荟萃的泉州。

台湾虽说宗教多元，然而我幼时家里正好分两派，见过基督教徒和佛教徒针锋相对的一面，双方都不愿踏入对方的领地，一方见偶像崇拜就不舒服，一方见十字架就厌恶。

更不要提在台湾几乎隐形的伊斯兰教。直到近年印尼工人数渐多，包着头巾的他们才引起台湾注意。我对伊斯兰教的印象也完全来自媒体报道，完全没有接触过任何一个穆斯林。

我上大学后才有比较多机会和外籍生往来，因此交到了第一个外国朋友，一位来自印尼的穆斯林，那时才知道穆斯林在台湾生活得不易。我在深圳杂货店买个羊奶片当零嘴吃，背面都能有清真认证。因为教徒人口数多，清真认证做得较完善，清真的兰州拉面也是随处可见。但在台湾想找一家清真料理，却是难上加难，更不要讲台北以外的地方。

生活在台湾的穆斯林多是去清真寺附近的特定店家购买肉品，我曾有幸受邀去过高雄的清真寺。在受邀之前，我完全不知道高雄有清真寺。

泉州清净寺则是我人生中见到的第二座清真寺。和高雄清真寺不同，这座千余年的历史古迹，远远望去，城墙垛口如一座中东堡垒，大门楼巍峨壮观，平常人站在它的跟前，渺小如蝼蚁。

穿过刻有古兰经文的大门，便是只剩九根柱子的奉天坛，屋盖早已在明朝倒塌，仅存斑驳破败的古墙。清净寺西北角的明善堂，则以中国传统建筑风格为主，大门前还摆着一个香炉，当日我们到访时，里头还有烧尽的线香。

清净寺再往下便是通淮关岳庙、天后宫，往上走则是承天寺、玄妙观、开元寺，甚至还有基督教泉南堂会。短短的几条街，百家宗教争鸣，却无任何喧嚣吵闹。

树影摇曳在不大的路上，行人悠闲地经过各家宗教之地，周遭建筑尽是燕尾马鞍脊。路过雄伟高耸的清净寺，绕过开元寺的东西两塔，穿过神圣庄严的大雄宝殿，最后摸到通淮关岳庙石雕一手的香灰。

香炉烟火袅袅，往来香客向软枕一跪，虔诚地叩拜面目熏烟火燎的各家神佛。

我远远看着，想描述这一切，却又不知从何说起。

泉州的寺庙和台湾的并无太大不同，也和鼓浪屿一样是走在历史遗迹里，为何这日的心境却不一样？

我想了半天，终究找不到适合的言语。

福建七日参访，眨眼就到了尾声。

搭上飞机坐过船，终于踩上台湾土地，坐上回高雄的高铁。我却还没回过神，只觉自己做了一场为期七天的大梦。直到看到玻璃窗上倒映的自己，才恍然黄粱梦醒。

回首这七天，脑海里浮现的，却是旅途中意外的插曲。

那是在从南靖往泉州的高速公路上，我从未见过的奇异景色。

高速公路上几乎没有路灯，只有车辆的远光灯照着两侧的野草，才能看得更远些，只这一片深沉乌黑的夜色。大巴高速移动，一下又一下深入隧道，过后又亮出大片荒草。

车上一片寂静，只有窗外的呼啸声，和偶有的小声交谈。

身旁的人睡得恬静，我却刚醒来。

越过人高的野草，途经一座大山。不知哪里来的光，从另一侧照来，打在大山的背面，令它的轮廓隐隐从深夜中现出。熹微火光燎过它的边角，如山沐于大火，巍峨雄伟地立于远方，在漆黑长夜中，冷冷注视着往来的车辆。

宛如西奈山领受十诫的一刻，神圣庄严，不可侵犯。

我从未见过这类奇异景象，急急地翻找手机想记录这瞬间，大巴却倏然没入灯火通明的隧道。待光明退去归于黑暗，不论我如何朝窗外探看，再穿过多少隧道，都找不到那座大山。

光影在车内来来回回，隧道最后一盏灯越来越远，最终只剩高铁车厢玻璃窗上的我自己，和其他低头玩手机的乘客。

我突然明白了。

时间线上发生的每一刻，在未回过神时便已成为历史，在岁月长河中一奔不复返。那便是窗外一刹那的西奈山，刹那显现，刹那消失，不给人第二眼的机会。

正如站在杂草丛生的奉天坛，走在吵吵嚷嚷的鼓浪屿上。

风挟着年月从人群中飞掠而过，没入石砖瓦墙，消失无踪。不论我们如何循着蛛丝马迹苦苦追寻，终究要承认，新旧交替，历史匆匆而过不可得。

建得再美的建筑，人去便楼空；华美的宗寺也不能永久，神像也有倾塌之刻。

只有凡人的香火隐入百姓家，不分昼夜，烧过千万世。

我好似抓到了点头绪，还想再思考，眼皮却渐渐沉重。

蒙眬间，只见车厢窗外，是远方渐渐亮起的零星灯火，越来越近的百姓人家。

我终于不敌睡意，沉沉睡去。

在行走中丈量历史

□ 黄伟虹　厦门理工学院汉语国际教育系

如果你想走得快，就一个人走；如果你想走得远，就一群人走。参加海峡两岸青少年共享阅读活动的老师和同学们选择一起走，因为我们都喜欢阅读，都渴望在行走中与历史进行一场心灵对话，获得属于自己的感悟。在七天里，我们一起用脚步来丈量每一段历史的长度，从中寻找传统文化的精髓，收获属于自己的文化自信与历史归属感。

◎左手传统，右手潮流

“城在海上，海在城中”，厦门是一座风光旖旎的“海上花园”。大海、小岛、大学、书店、咖啡馆交相辉映，为厦门抹上一层浓重的文艺色彩。在本次共享阅读活动中，我们首站游览了厦门的各大特色景点，充分感受到这座新潮都市中传统与现代碰撞的激情。

沙坡尾是老厦门港的避风坞，也是老厦门渔民的聚居地。根据闽南文化研究者陈复授先生整理的资料可知，作为避风港，它的历史可以追溯到明代以前。因其原为一处呈月牙形的弧形海湾，金色的沙滩连成一片，故有“玉沙坡”的美称。沧海桑田，几经变异，“玉沙坡”的景象早已不再，但那留存在周边街巷里的“南溪仔乾”“关刀河”等古老地名，那一条条乌黑斑驳的旧石板路，都在诉说着这里曾经发生的种种往事。现在，作为厦门文创产业发展的新阵地，一家家或古雅或清奇的文艺小店，隐身于一扇扇古旧的门窗里。三五成群、络绎不绝的游客尽管带来了一阵阵喧嚣与搅扰，但那一份来自于悠远历史的宁静仍然能让每一个到访者感同身受。这里既传统又不失现代。

鼓浪屿，1840 年之后因众所周知的原因，成了“万国建筑博物馆”。触目所及，俄式、日式、欧式、美式风情建筑比比皆是。它还曾是闻名遐迩的“钢琴之岛”，其曾经拥有的钢琴密度位居全国之冠。徜徉于岛上，不时会听到各别墅、庭院里飘出的悠扬琴声。这里也曾生活着汉语拼音的鼻祖卢戆章、学贯中西的林语堂和当代著名女诗人舒婷等众多文化名人。作为中外文化的汇聚之地，鼓浪屿的人文气息与底蕴历来为世人所赞誉，加上其迷人的阳光、海浪、沙滩，“不游鼓浪屿，枉费厦门行”不胫而走、口口相传。在旅游业兴旺发展的今天，岛上日日上演游人如织、嘈杂喧嚣的盛况，曾经的领事馆被改造为民宿、餐厅、咖啡馆等特色小店，传统与现代在这里迎头相遇。如何在商业开发与文化保护中寻求平衡，是鼓浪屿成功列入世界文化遗产名录之后仍然要做的头等大事。

此外，胡里山炮台的威武霸气，中山路的骑楼与汹涌人潮……都在显示着厦门这座城市的现代化个性与独特的历史积淀。一手传统一手潮流，漫步在鹭岛的大街小巷中，不时会邂逅它的古雅和现代、文艺与沧桑。

◎小城故事多

“此地古称佛国，满街皆圣人”，这是南宋时朱熹对泉州的褒扬。作为海上丝绸之路的起点，泉州素有“宗教圣地”“世界宗教博物馆”之誉。无奈的是，因其邻居厦门的名声过于响亮，它只能一直不温不火，混迹于深闺之中。一位同行的高中生甚至认为泉州市区就是个城中村。我不怪他，因为泉州实在太低调了。

来到开元寺，我首先去探望我的老友——那棵老榕树。它依然敞开怀抱站立着，为炎炎夏日里的人们带来一方阴凉。默默地看了它两眼，我转身回到主殿。当导游生动地讲述开元寺的种种传说，同学们露出惊叹的眼神时，一股自豪感在我的心底油然而生。的确，开元寺的故事太多太多了，无论是唐朝的黄守恭捐地建庙，还是东西塔上的浮雕，以及随处可见的石敢当，都是令人爱听的种种历史过往。其中，我尤其对东西塔的传说念念不忘。泉州又叫“鲤城”，百里之遥的永春桃城像一张大渔网，为刺破该网，撑起“鲤鱼”的一片生天，东西塔应势而起。当地民谚有“做人站着像东西塔，躺着像洛阳桥”的说法，足见其在泉州人心目中的分量。在我心中，它是泉州老城区神一样的存在物，是一代代泉州人敢于拼搏、努力追求美好生活的精神象征。

清净寺遗址，花岗石和辉绿石建造的阿拉伯风格的雄伟门楼，依然在诉说着宋元时期“东方第一大港”的盛世辉煌。那一堵堵历经风雨洗礼的石墙，那一棵棵苍翠挺拔的老树，和那一口布满苍苔的老井，无不饱含着泉州与海洋、泉州与阿拉伯的久远往事。

出了清净寺，我们来到与之毗邻的关岳庙。它是泉州最大的一个主祀关帝的庙宇，也是一个民间信仰的圣地。虽然已是傍晚时分，但里面的香客仍然接踵而至，各怀心事虔诚地对庄严的神像顶礼膜拜，丝毫不因夜晚的到来而有所慌乱。关帝的神通在泉州是广为流传的，他能治病除灾、驱邪避恶、巡视冥司、招财进宝、佑考试与功名等，成了普通百姓心中有求必应的庇护神。同行的同学在了解到关帝的种种神迹之后，也纷纷抱着一颗虔诚的心去拜拜，祈求心想事成。

一边是佛教，一边是伊斯兰教，还有许许多多道教与民间信仰的庙宇，如奉祀玉皇大帝的天公庙、敬拜妈祖的天后宫等，充斥在城里的各个街区。涂门街就是典型的“宗教一条街”，分布着清净寺、关岳庙和文庙等代表不同文化信仰的建筑，是儒释道与域外文化多元融合的集中体现。之前在网上看到有人抱怨泉州的迷信气息太重，但在我看来并非那样，泉州的宗教文化之所以如此兴盛，是当地人胸襟开阔、兼容并包心理的体现，它是一座名副其实的信仰之城！

西街，是老城区的记忆，也是市民文化的长廊。从1000多年前风尘仆仆走来，留下了一处处文物胜迹，洒落着一个个名贤逸事、民间传说。如今，这里依旧风华、依旧上演着留给后人叙说的故事。它是泉州最早开发的街区，是古泉州繁荣的象征，保存着最完整的宋元古街和大量历史风貌建筑，是一个鲜活的建筑博物馆。吃过晚饭，闲散地走在大街小巷里，看看曾井巷南宋宰相曾从龙的府邸，瞧瞧甲第巷泉州科甲第一人欧阳詹的故宅，遛遛北宋宰相留正连续三朝为相的三朝巷，逛逛明万历相国李廷机相府所在的甘棠巷，探探孝感巷明朝著名理学家蔡清的故居，访访旧馆驿内朱熹当年的讲学处——“香吟别馆”……在这里，古人也鲜润起来了，仿佛他们一个个都在眼前，那一颦一笑、一举一动都不曾离去。

国家地理中文网上有一篇名为《泉州：一座充满文化自信的城》的文章中写着：“泉州仿佛有比其他地方更强的记录和讲述自身历史的能力。历史在这里不仅是一种过去的存在，而是通过家族和庙宇的祭祀活动，与每个人缔结了血肉的关系。走进泉州，便如置身在历史之流与生动的文化脉络中。”的确，这就是泉州的魅力所在。正是因为拥有丰厚的历史底蕴，它穿越千年，作为海上丝绸之路的起点至今为人所缅怀和赞叹。

“小城故事多，充满喜和乐，若是你到小城来，收获特别多，看似一幅画，听像一首歌。”小城是唱不完的歌，而泉州的历史则是道不尽的故事。

◎有福之州——榕城

北宋时期，太守张伯玉倡导“编户植榕”，令“榕荫满城，暑不张盖”，福州这座城市从此绿意盎然起来，有了“榕城”的美誉。我们去的这个时令正是太阳放肆地炙烤着大地、榕树顽强地为人们撑起一方阴凉的时节。行走在大街小巷的榕荫底下，福州城的历史起伏变迁在我的眼前逐渐清晰起来。

2200多年前，汉武帝在这里设立治县，这是福州乃至福建正式纳入中央政权管辖版图的开始。晚唐五代，黄巢部下王审知率领农民起义军来到这个有福之州，再也舍不得离开，在这里建立闽国，拉开了包含福州在内的闽东大开发的序幕。此后，一代代福州人生生不息于此，努力奋斗。于此，铸就了闽地首府的一个个历史辉煌：宋元时期中国东南沿海重要的贸易港口和海上丝绸之路的重要门户，近代中国最早开放的五个通商口岸之一，近代中国海军的摇篮和船政文化的发祥地……在这里，一不小心就会与历史撞个满怀。

三坊七巷，喧闹中飘荡着缕缕的历史清幽。“谁知五柳孤松客，却住三坊七巷间”，冰心在《我的故乡》里写道：“我们这所房子，有好几个院子，但它不像北方的‘四合院’的院子，只是在一排或一进屋子的前面，有一个长方形的‘天井’，每个‘天井’里都有一口井，这几乎是福州房子的特点。这所大房里，除了住人的以外，就是客室和书房。几乎所有的厅堂和客室、书房的柱子上墙壁上都贴着或挂着书画。”如今，冰心故居的院子、天井、厅堂、客室和书房依旧，墙上泛黄的书画依稀映照着生活在里面的每一个人的影子。在这里，林则徐、沈葆桢、严复、林觉民、林徽因等人的身影由远而近走来，笼罩着一层层淡淡的历史光晕。是他们，谱写着中国近现代化进程的部分篇章；是他们，铺垫了三坊七巷的历史厚重感；是他们，使有福之州更加天下名扬。有人说，透过三坊七巷，可以阅读和思考近代一百多年来中国社会所走过的曲折历史。是的，行走在这里的青石板路上，任由沿街商铺肆意喧哗，随意拐进某条小巷，走进一处旧居，便可邂逅一片宁静，与前人来一场心灵对话，感受着祖国曾经的屈辱和今日盛世的荣光。

中国船政文化博物馆邻近马江海战烈士墓地（福州昭忠祠）。我想，这样的安排应该是为了让后人能够铭记那一段段不堪回首的历史。那年，英国以坚船利炮轰开清廷闭关自守的大门，中国从此一步步沦为半封建半殖民地社会；那年，为自救图强，以李鸿章为首的洋务派倡导的马尾船政局成立，奠定了中国近代海军发展的基础；那年，中法马尾海战以中方舰毁兵亡告终……弱国无强兵，血的历史教训告诉我们，唯有祖国强大起来，才能免受他国侮辱，进而屹立于世界强国之林！在船政博物馆里，我的脚步是凝重的，我感佩于一代代先人为民族自强所做的不懈努力；在烈士墓旁，我的神情是庄严的，因为墓碑上阵亡将士的名字直撼人心，他们与三坊七巷里走出的名人一道，都是福州激励后人奋发进取的一座座精神丰碑！

历经沧桑的一棵棵老榕，依然在行道旁、房屋边、公园里伸展着虬曲的枝干，独木成林，绿荫蔽日，遮出烈日下的一片片凉意。人们在树下打拳、下棋、闲谈，处处荡漾着幸福日子带来的欢乐情绪。榕树见证了福州的发展历史，见证了生活在这里的一代代先人们为营造有福之地所付出的努力。而今，榕城，有福之州，实至名归。

时光荏苒，七天的行程匆匆而过。厦门、漳州、泉州、福州，各有各的历史积淀与文化脉络。一时的脚步量不尽，一段的言语说不完，那就继续行走吧。本次海峡两岸青少年共享阅读活动尽管已经结束，我的心却没有停止下来。我决心在今后的时光里尽可能多出去走走，多出去看看，用不停的脚步继续丈量历史，与历史对话，做传承传统文化的有心人。最后，也要非常感谢参加本次活动的老师和同学们，相信与你们在一起行走的日子将会是我终生难忘的一段快乐旅程！

大学组交流会

学生向张新波老师提出自己在写作上的疑惑

文化寻思

□ 林政年　台湾大学物理学系

◎前言

踏上飞机机舱的登机板，炎热的太阳使周围的空气躁动，内心的情绪掺杂了期待与不安，如气体分子剧烈地振动。机身稍微倾斜上扬代表我们已离开台湾这片土地，即将遇到新的朋友，展开一场文学的旅游——福建。

坐在飞机椅座上眺望窗外的景色，底下的城市建筑随着距离的升高而渐渐模糊。我回想起昨日匆忙地准备行李，以及为了这趟旅程准备了不少必要文件的辛苦，眼前的蓝天白云消除了我的一些焦虑忧愁。

虽然大学生活也过了一年，也习惯了台北的生活步调，然而在飞机上不知为何却突然挂念爸妈、家乡，或者是那一片陪伴我成长十九年的台湾土地，而让我感到不安，但血液里好胜自负的因子却又鼓舞我去探索未知的大陆，毕竟当初报名的初衷就是希望能体验不同的生活，认识福建各地的名胜古迹，以及与大陆同学做些文学的交流。

因此，我撇下了所有不必要的顾虑，让心情如松散的白云飘浮在半空中，开始了这趟旅程。

◎南靖土楼

车身在崎岖不平的山路颠簸，窗外的天空带点灰色，空气中弥漫着湿气，路边的红色土壤令我忆起高中地理课本的内容：福建等华南地区因纬度较低，气候高温多雨，土壤层中的铁氧化使得外观是红色。随着以前的记忆逐渐变得清晰，土楼的照片仿佛浮现在眼前，突然想到了“读万卷书，不如行万里路”这句话，心头有些感触，虽然书本、网络上的照片琳琅满目，解析度也比以前好很多，但是有些景点唯有近距离接触，才会有很深刻的印象与内心的震撼。

“四菜一汤”这个命名颇有意思，建造的过程融入了阴阳五行的原理，从观景台往下俯瞰这几道“料理”，还贴心地附上一双“筷子”，让人大饱眼福，也很钦佩先民们设计的巧思。

真正近距离欣赏的是“东歪西斜”裕昌楼，三、四、五层回廊支柱不同的倾斜方向应用了力学原理，虽然导游讲解这建筑背后的故事时有些夸大，但以当时的技术与资源，能有如此特殊的风貌也实属不易。土楼内虽然住户不多，而且收入大部分是来自游客的观光消费，但仍然可以看到住家内的井，以及有多种功能的祖堂。离开土楼时，看着斑驳有些松落的外墙，能感受到岁月无情的侵蚀，然而土楼能不依赖钢筋水泥而坚固地屹立着，内部结构全是土壤与石头，对比于城市高楼大厦的耸立，土楼的建筑概念更能落实与自然和谐共处，这也是身处现代忙碌生活的我们值得去思考的。

◎林则徐纪念馆

倒数第二天的行程是参观福州的三坊七巷，以及许多名人的故居，如冰心、林觉民等，最让我印象深刻的是林则徐纪念馆。记得在高中历史课时读中国现代史，对于鸦片战争到辛亥革命这一段的史事非常感兴趣，大一甚至还修了相关的通识课。非常敬佩林则徐，他就像屈原一样，在“众人皆醉”的昏暗时代，能够挺身而出向皇帝劝谏，虽然虎门销烟的行为在后人看来有些仓促，最后还被皇帝贬谪到新疆。但这场战争的失败不该全然归咎于林则徐当初做的决定，与当时清朝衰弱的国力以及社会、政治局势有很大的关联，他却不幸地被当作战败后的代罪羔羊；他勇敢的行为对于近代中国仍然有很大的影响，甚至促进日后的改革变法。

纪念馆里的资料与历史背景大部分都不陌生，看到保存良好的文献资料以及林则徐的画像，仍然会对这一段历史感到有些怅惘与遗憾，同行的室友对这段史事也颇有兴趣，分享了林则徐“苟利国家生死以，岂因祸福避趋之”这句话给我，相较于个人的利益，林则徐更重视国家的存亡与否，让我联想到宋代文天祥高尚的气节，这些历史伟人总能置个人生死于度外，为国捐躯也在所不惜，在这个重视个人主义的时代，他们的精神仍然值得流传千古，让后人时时警惕省思。

◎闽南文化

在这趟福建之旅中，闽南文化是参访的重点之一。同样是闽南地区，福建与台湾在语言、文化、信仰有很多相似之处，因此，初次来大陆的我，在生活习惯方面并不会觉得太陌生，甚至感到非常熟悉亲切，像香火鼎盛的庙宇有许多虔诚的信众在参拜，或民间的风俗习惯，这些都是闽南文化多元的元素之一。

心得感悟，认真记录

三坊七巷讲解员为学生们讲解严复的故居及生平事迹

闽台缘博物馆除了记录先民们来台的种种事迹，对于不同省份的展品都分别展出，收藏传统的衣物、花灯以及皮影戏偶等，甚至介绍了闽南话在不同省份的不同发音。然而，身为一个道地的彰化人，因为平时不太习惯讲闽南话，虽然有看布袋戏的习惯，但在沟通表达上还是不太顺口，自己心里会感到羞愧，毕竟闽南文化是我们自身的文化，但是我却对它不甚了解，以为偶尔去庙宇拜拜，就是了解我们的文化，然而先人留下的智慧精髓，我却未曾细心品味。

除了参观博物馆外，闽南菜也令我印象深刻，原先以为福建的菜肴会不太习惯，然而初到大陆的第一顿午餐就是令人熟悉的闽南菜，并且多了些道地的特色，如仙草汤上会加一些西瓜丁，而这几天的餐点也因地区而有不同的特色。最令我难忘的是厦门的土笋冻，听到“吃虫”总会令不少人毛骨悚然，对我而言则是个初体验，以生物学的观点来看，对人体不会有什么危害，搭配不甜的土笋胶质，几口就能快速吃下肚，酱油的辅佐个人是觉得多余，但凭个人的喜好来增添。除了土笋冻外，鸡蛋豆腐、梅干扣肉、笋干等都是这几天常见的菜肴。

以前对饮食并没有太深入的考究，然而这次与大陆同学的交流，他们会分享家乡特色的食物，如贵州的老干妈、泉州的海鲜料理、漳州土楼的野菜山猪肉等。然而，对于台湾道地的餐点，若要我举出几项有些困难，难道是因为台湾地域狭小食物普遍相似吗？还是外国餐厅纷纷入驻街角巷口的原因，习惯了美式汉堡、意大利面、印度咖喱，吃腻了卤肉饭、肉圆、碗粿？我想，这些都是欺骗自己的借口，我不曾认真看待家乡的小吃，总以为吃饭只不过是个生活惯例，但碗盘中的一菜一肉又何尝不是令人垂涎的珍馐呢？

◎后文

回到台湾，继续暑假忙碌的生活。福建的种种景点，现在回想起来，似乎只不过是那几天步行过的地方，在那拍照，在那观赏，在异乡的土地上残存一些回忆，庙宇建筑的外观随着时间而渐渐模糊，还有点印象的大概只剩下人与人间的交流谈话，以及几张随手拍下的风景照片。

七天的旅程在人生的蓝图上只不过是小小的一点，回忆也会随着时间而渐渐淡忘，对福建的印象或许能用几个关键字去概括，但真正去回想这段时间发生的点点滴滴，大陆的朋友、晚会的表演，以及餐桌上的菜肴等，这些生活的片段才是构成这趟旅程的元素，零碎的回忆才会令人印象深刻。以后有机会还是会来大陆参观，但希望是少数人的自由行，才能细细地去品味每一个驻足的景点。

正是闽地好风景

□ 蔡淑琳　集美大学汉语言文学系

那是一场忽然间的相遇。

脚下是烟云涌动，四周是苍翠欲滴，耳边是百川赴海，头顶是浩瀚苍穹。

风从千年前的云端呼啸而下，盘旋化成瑰丽薄透的蝶，轻巧合翅停在她肩上。

乌发如瀑汇漫长岁月，明眸善睐聚万千星辰，制八山青碧以为衣兮，集一水澄蓝以为裳。

“吾名闽。”她手执山花，粲然一笑。

“于此待君久矣。”

人生天地，远行其间，本不问因由，不言结果。

“君既来，可愿同看吾乡之景？”

然此情却不知所以而起，一往情深。

“……好。”

于是解下行囊，身随叶去，平地风起，以不言不语草木之身，携温暖和煦八闽之风，经春夏秋冬四时轮转，且绘这福建印象之卷。

◎春日·孩童·闽厝

一片叶子穿过开元寺山门，晃悠悠地落在其后开阔的拜庭里。

石雕的赑屃闲闲静卧，螭头龟足，身上未见驼负高大石碑，背甲上却斑驳残存几度历史的故垒寒流，再加上小舍利塔与古经幢林立周遭，两旁古榕苍劲有力，筋骨暗藏，枝干盘虬交错织盖如云，愈显这佛教古刹的清净幽深。

榕荫下，上了年纪的阿嬷用本地话对着自己的小孙子絮絮地念叨着。

“阿嬷跟你姨婆去拜拜，你就自己先在这里转一转，不要走太远，一定不要跑到外面车路上面去，知道不知道？”

“知啦知啦——”

尾音随着男孩的一溜跑远而被无限拉长抻细，最终淡入了袅袅抖起的香烟里。

阿嬷直起腰，笑着摇摇头，转身提起放在地上的香果供品，向等在一旁的姐妹伸手打招呼："走吧，我们从这边过去……"

小男孩跑出拜庭，穿过长廊，途经两侧绿意葱茏，古朴雄浑的东塔巍然立在路的尽头，与不远处的西塔遥相呼应。

之前来过几次都只是在远处看看就走，而他今日终于决心登一回塔，要一圈圈地绕上去。

第一圈，随着人们双掌合十举在胸前，静默而行。

第二圈，求佛祖保佑全家都心想事成，万事如意。

第三圈，哎，这里居然有个鸽子窝？

小男孩一层层往上，心思飘忽得如同翩飞的蝶，微微振着绚丽的彩翅，从这边东塔的八角攒尖顶扇到那边开过白莲的千年古桑，自大雄宝殿斗拱上的妙音鸟再落到佛前拜垫上的针脚纹路。

终于到了最后一级台阶，他欢快的脚步兀自停下。

不能够再往上了，他已经登到塔顶。

像乐曲终章打出的休止符，四散的思绪像池塘上浮着的水蚊子一样，倏地收起了细长的腿缩成一团，骤然掉下，发出哐当一声实响。

所有晃动在他心中的斑斓画面如肥皂泡般破开，现出眼前风化模糊的浮雕与结着白灰垢的石塔顶来。

登了塔，好像也就这样嘛。

小男孩有些莫名的失落，略踌躇会，还是礼貌地面朝门龛旁的各路神明说了声再见，转身就要往下走。

没什么好玩的，也就不用待太久了，阿嬷和姨婆一会出来找不到人会急的呢。

扑啦啦——

忽然间，无数只翅膀扇起的风刮过他那刚剃的泛着青灰的后脑勺，暂时止住了他向下的脚步，也让小男孩好奇且随意地回头一望。

双眼却在那一瞬间猛然睁大！

近处是极其肃穆典雅却稍嫌寡淡的灰白石塔，塔壁上浮雕精美绝伦却饱经岁月侵蚀剥离，历史厚重，时间无情，如今所见近乎一片素色茫茫。

而远处却是夕阳半坠，残照如血，暮霭沉沉遮挡不住熔金落日，万千霞光奔泻而出，肆意张扬，瞬间染了尽半苍穹作橙红金黄。

青颈灰身的鸽子成群绕塔而飞，几近与塔相融时又结队绕塔而出，飞向远处那半天霞光，霞光温柔拥之入怀，将其翅羽覆上彤色的光，又在其回转之时随之而行，款款而来，为万物蒙上绚丽轻纱，包括那出砖入石的墙，两头弯翘的燕尾屋脊，纵向延伸的手巾寮厝，当然也包括这安静古朴的石塔。

素雅与明艳，历史与现实，动与静，相互碰撞，古塔上的铜铎霎时间晃荡作响！

"好漂亮啊……"男孩喃喃自语。

漫天云霞与灿金夕阳亦映入其眸中。

交汇这一切的鸽群再度而返，一个俯冲掠过拜庭，地上的落叶被翅膀扇起，又在风中席卷而上，轻轻地离开了这充满闽南神韵的梵刹园亭。

◎夏夜·少年·闽俗

"阿姊你看！刚才掉在我头上的叶子！"

"看到了，你走快些，不然一会去晚了找不到地方坐。"

她拉着妹妹的手一路紧赶慢赶，等到了戏台前边水泥地的时候，开场鞭炮才刚放完，空气中弥散着硝烟的味道，弦箫锣鼓声中，身态婀娜的旦角与样貌俊俏的小生相继出场，厚底的戏靴踩过散碎的红炮纸，在富有地域特色的闽南语语白与南音唱腔中演绎着人生的喜笑悲啼。

台下原摆着的位置早坐满了人，里头有老也有少，几个年纪不大的顽皮孩子穿梭打闹在人群中间，热闹得很，她兜转寻了几处，最后和一位邻居婶婶挤着坐了同张条凳。

脸上涂着白色豆干块的丑角出来赚了回满堂大笑，颠颠地又转回幕布里头去了。

稍稍安静的间隙中，她忽听见有人叫自己的名字，应声看去，居然是个同班的男生，站在不远处向她挥着手，脸上笑容灿烂。

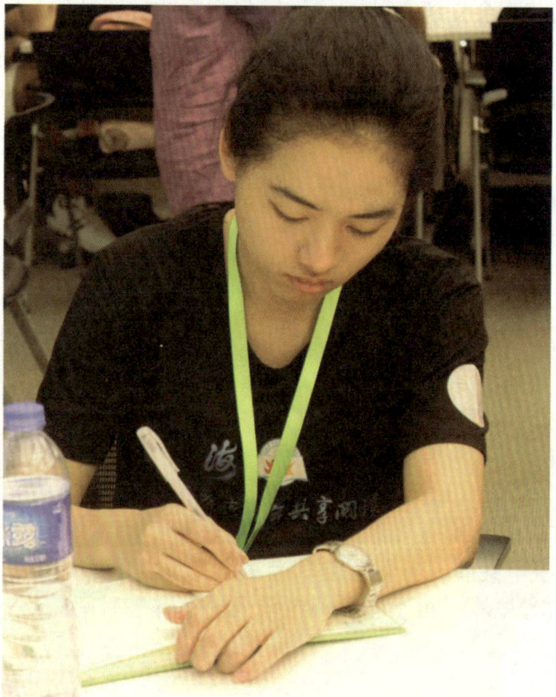

看惯了各自穿着校服的样子，这下换上自己的衣服，陌生裹着熟悉，相互聊了几句后就陷入了安静，彼此间的打量都带着一点稀奇与羞涩。

她脸上有点烧，飞快移开目光，伸手摸了摸耳朵上夹着的半开含笑花，她正准备随便找个话题，他却先开了口。

"我们去那边买海蛎饼吧！"

老板动作很麻利，左手举匙在桶里舀了掺着韭菜叶的地瓜粉浆放入右手握着的长柄浅口铁勺，略略抖平后往上铺新鲜牡蛎和五香肉馅，完了再盖上一匙浆就伸进油锅里炸。

沸油滚滚，圆鼓的海蛎饼很快就带着香味浮了上来，被老板长筷夹了码在铁架上沥油。

她早扯了一团碱水面摊在手里等着，让老板挑了个不那么烫的放上来，淋些蒜蓉甜辣酱，两手一合，用面再把它一裹。

两人举饼吃着，又陷入了沉默，她抬眼望戏台上，书生已经考中了状元，一身红袍加身，正领着凤冠霞帔的小姐拜祠堂。

迎面忽然传来声口哨响，来人对他们挤眉弄眼地甩了一句话："约会啊？"

她与他皆一愣，不约而同转头对视了一眼。

视线从彼此的眉目落到带着细微绒毛的年轻脸庞，再落到手中吃了一半的碱水面包海蛎饼。

像暂时被阻挡的溪流终于越过山石继续前行，像微薄的雾气消弭在升起的朝阳之下，朦朦胧胧的心思尚未成型就已散去，少男少女的心渐渐敞亮起来。

她忽然扑哧一声，他也咧开了嘴，两人哈哈大笑，倒把对面的人笑了个莫名其妙。

合个影，留纪念

“你们吃了含笑半步癫啊？”

陌上谁家年少，足风流。

微笑间的怦然心动，瞬间的喜欢与释然，那些不需要清楚与明白的年少懵懂心绪，都在这个夏日夜里随风飘去，化作满天星斗，在深蓝色的夜幕中耀眼灿烂，恍若人间灯火。

◎秋冬·青年·闽侨

满山红花尽谢，遍野碧草皆黄，萧飒金气自西南而来，荡开天幕层叠云烟。

一片不知来处的黄叶在空中打了个旋，缓缓地落在侨批民信局的台阶下。

侨批是一种特殊的时代产物，“批”音同福建方言“信”，侨批即侨信，是海外华侨寄给故乡亲人的家书与汇款。侨批原本由来往海内外的生意人转送，称之“水客”。后随着侨批数目的日益庞大，单凭水客已然不能满足市场需求，专门为华侨通信汇款服务的侨批民信局应运而生。

此时街上店铺尚有许多上着锁，位于拐角处的侨批局却早早就开了门。

最新的批包昨天下午就已经在邮局打完了邮戳，核了批封数目无甚错漏后就给运回了侨批局里盖章分拣。

司账把外汇同人民币的比率列了表格挂在了墙上，批局里众人据表把批银数额折成人民币写在各自拣好的批封上，待大家写完后，司库恰好也从银行提回现金，于是众人马不停蹄，依据方才折的数额一一把现钱同对应侨银用纸带捆在一起按投递线路放好。

待分拆现金完毕，司账同经理核对批银总额。

“错了，两头数额不对等，差了些。”

差的数额并不大，但本已装进派送袋的批封却仍被全部取出，所有现金重新清点，确定总数额没错后再度重复之前的挑拣分拆与捆扎装袋，直至无一丝错方才算是完成了。

此时已是月上中天，批局里的众人却无任何怨言。

原因无它，一言以蔽之，诚实笃信乃立身之本。

隔天天方亮，批封同现银就已分至各地侨批站，由等候在那里的派送员逐家投递。

一时间，家家户户，庭内院外，尽皆是拆信读信之声——

“母亲大人：尊前膝下敬禀之……”

“贤内助李氏：见字如晤……”

“敬启者，数月未有批信，不孝之罪大矣……”

“自离乡以来，诸事尚称顺手，又蒙叔父母推爱，命在外账帮管钱项出入……”

“千万听阿姊嘱咐，勿荒废学业……”

“嫂自己费用外，可主裁酌给邻右贫寒亲众……”

许多人读着读着就落了泪，朦胧间看见这样一群勇敢的福建儿女们，他们辞别亲友远渡他乡，吃苦耐劳扎根异国，奋勇拼搏开拓未来，途中许有时遭逢时局动荡，天灾人祸，却始终不曾气馁退缩，而是站起来拍拍身上尘土，再度昂首向前。

三分天注定，剩下的七分，便由我们自己打拼赢来！

而当云开月明、功成名就之时，他们便反哺乡人，泽被邻里，始终未忘根之所在——他们之所以能不惧不怕奋勇前行，何尝不是因为背后投注的目光殷殷？

信纸纤薄，载思念厚重。

侨批一封，传情深意长。

“……叩别至今将十年矣，每念千里远隔，未尝不悬系于心近想。”

“言长纸短，余言后叙。福体康强为祝。”

◎尾声

“且陪君至此。”她笑得眉眼弯弯，放开了手。

于是屏翳收风，悄然叶落，神女整衣敛容作别礼，转身化蝶翩跹逝兮虚空。

入目是接天碧海浪涌，码头上行人如云如织。

行囊再度背在肩上，景色已镌刻在心头，怀揣着尚未离开就已蔓延的思念，是时候开始去往下一站的旅行。

不远处的大巴车上下来了一群人，烈日炎炎，他们相互拥抱着告别。

少年们抓着自己的行李箱，用力朝自己的同伴挥手，笑中带着泪，声音远远传来。

平地忽又风起，枝头再绽新芽，抽展而绿，又于这个夏天结成浓荫一片，予人清凉。

“再见！再见啊！”

相 遇

王辅晨　台中教育大学语文教育学系

我有一本新买的牛皮色记事本。封面写着“do it now”，是用来鼓励不勇敢的自己，以实践的方式取代空怀理想。

旅行于我而言，多半是在忙乱的生活中腾出来不易的时光，摆脱现实去思考生命，试图与自己对话。我喜欢带着本子、拾起铅笔，让石墨流连于看似空白的笔记本上，或许未来的某日，当我再次读起，还能找回启程的意义。

◎相遇福建

这是我第一次搭飞机，我们透过“小三通”的方式前往厦门。其实在生命里“第一次”都拥有存在的意义，亦留下最深刻的感受：面临大考压力时，想勇敢展翅翱翔，却生怕一蹶不振，畏惧的情怀；尝试考取驾照时，在笔试与路考之间来回演练，妄想骑车游玩，迎风的惬意；填写这次活动报名表时，对于生命的憧憬、理想的追逐，寻觅自己的信念。“第一次”总是充满遐想，令人向往却又牵挂。

从台湾到金门的天空，或许对于飞行多次的人是稀松平常的，但当系上安全带，飞机急急起飞，机舱缓缓颤动，心跳扑通扑通，于我而言是新的感受。看着窗外的风景，我才渐渐明白，当天与海合二为一，那是迷途之时最为温暖的转瞬，轻轻地俯视，好似能轻易揽住，或许再混浊的心，皆有清澈纯粹之时，因为我们明白——我们都有故事。我拿起记事本，提笔写下：

喜欢飞翔的时刻
带着既紧张却期盼之心
你可曾想望
在如同蔚蓝之梦境里
看见那一舟
关乎于渴求的意志

我想与你一同
跳跃——那个梦

来到福建，看见的天与海，虽然初时带点畏惧，但身旁的伙伴用欢笑逐渐稀释我的胆怯，我好似在茫茫大海上的那一叶扁舟，悠然享受生命。

◎相遇故事

故事永远是旧的，也永远是新的。来到福建的七天，多半艳阳高照，路走多了，汗流多了，故事听多了，但能够深刻相遇的，又有多少？

走在鼓浪屿上，红色砖瓦墙上的裂痕，是岁月侵蚀的踪迹；滨海小路上，浪拍打的声响，是礁沙相爱的证据。白皙双手流连于钢琴黑白键上的《鼓浪屿之波》还徘徊在钢琴博物馆里，云海苍苍，难免唤起思念之情。不过我情有独钟的是在角落的钢琴——波德，波德后方的墙上有一幅画，是一对年轻姊妹与波德的画面，姊姊于一旁看着乐谱指导妹妹，妹妹坐在椅上弹奏波德，这模样恰恰被画师留下，然而如今景物依旧，人事全非，波德被收藏于博物馆，那对姊妹以及画师早已离世。如果我是波德，是否会惦记曾经有人弹奏过；如果我是那对姊妹之一，是否会再回想起幼年如此深厚的手足之情；如果我是那位画师，是否会珍惜岁月里能够留下不朽的机会；而我是我自己，是否会牢记住每次相遇。

在南靖县塔下村里的德远堂外，竖立许多石旗杆，多为清代张氏族人考中举人、进士或乡贤所立，但唯独一支杆立的位置特别低，上头刻着兄弟俩人的名字，原来当年这对兄弟同时中举人，但因为家境贫寒，哥哥放弃机会，他选择工作，让弟弟得以学习。后来弟弟衣锦还乡，村里要为弟弟立石旗杆时，弟弟认为应该替哥哥立杆，哥哥却坚持这是弟弟该拥有的荣誉，彼此相互谦让，最后两人选择共享石旗杆，且立在比其他杆低的位置，这根石旗杆又被称为“让贤杆”。生命常有不圆满的地方，但是因为我们能够对心中重要的人付出真爱，即使有缺憾，也可以尽力去弥补。有时我们会为了重要的人，不惜放弃自己的理想，只因为能看见他幸福，我感受到兄弟为了彼此而坚定的心，而恰恰让我听见这勇于付出的故事。

旅途中，确实有许多美好的故事，如果我们静静细听，或许会有出乎意料的发现，正如同波德和“让贤杆”，平凡的外表里有深厚的亲情，当情感发酵，故事便会运转下去。而芙蓉隧道里的“我爱你，再见”亦关乎于尚未升华的爱情，隧道中有多少次的回头，希望再次等到一个回眸，然后彼此灿烂一笑。“我爱你”，是鼓起勇气对你的表白；“再见”，是面对分离对你的不舍。青春里的爱情，就是那么轰轰烈烈、洋洋洒洒。

走的路多了，看见许多未曾接触的事物，无论是岁月所留下的建筑，或藤蔓张牙舞爪的情节，的确都拥有一个属于自己的故事。其实在许多的街道上恍惚能找到关于故乡的影子，或许思念仍旧挂在心头，不过看着新的人事物时，那份欢笑和感动，是稀释的最好方式，美好或许是需要经过一场疲惫的过程。

相遇故事并不困难，困难的是，在未来的某天记忆犹存。

◎相遇等待

等待，无时无刻不存在生命里：等待下课、等待公车、等待放榜、等待梦想……我们往往迫切地想看见结果，却忽略含苞待放时的美丽。旅行的第三天，从厦门开往漳州，再到泉州，当天待在车上的时间多达八小时，天气阴雨绵绵，这是七天旅程唯一的雨天，我拿起记事本，提笔写下：

雨势渐大
拍打车窗的声响
诉诸过大的期盼
看着重重青山
好似一个又一个的想望
渐渐被遗落
许多坐车的时候
总有那么一丝的留恋
想踏好每一步
在回忆里留下最美好的足迹
倘若能轻易捕捉住风儿
失去也会来得少

关于生命，确实有许多我们始终无法看得透彻，而等待渐渐稀释胆怯。那天的旅途，乘车的时间多于行走，其实我们好似期待能到达某个目的地，

与土楼合个影

想一睹风采、感受新事物的气息，正如同追求目标，我们一心勇往直前，冲向所谓的梦，却无心地遗忘了路途所留下的意义。沿着路，睡意确实因为长途而涌现，但许多插曲令人感受到旅行的改变，或许我们无法料想公路维修、山路崩塌……其实很多时候我们无法照着自己的意思行走于理想之上，其中有许多如同生活的情节：遇见挫败或者障碍难行，我们便会担忧，但等待找寻一个出入，期待走回目标，是最美好的。

我犹记因为山路受阻，所以我们下了车，等待司机回转，当时心里忐忑不安，担忧司机、畏惧旅程、害怕错过……不过静下心来等待，或许是最好的方式，尽管无情的细雨落下，一朵朵堪忧的伞绽放，用双眼去看见：郁郁葱葱的花草，岁月遗留的建筑，相伴许久的人们，那叶儿、那裂痕、那脸庞，还值得我们做一个梦。

相遇等待并不困难，困难的是，在未来的某天记忆犹存。

◎相遇人们

旅程最后一天，和身旁的伙伴们相约：有天来到彼此的城市时，一定要带对方走遍各处。看似简单的承诺，其实我们无法预测下次的相遇。我们要怎么叙述一个开始，很多事情都算是偶然吧？偶然相遇，偶然相识，偶然成为……

回程时，我跟伙伴说："如果旅程结束之后，彼此的缘分或许就如同平行线，永不交集，但我们还存在于同一平面之上，对吧？"

同一平面，但永不交集，又能代表什么。我又说："我相信，至少会有一条直线能使我们相交，而且会无限延伸。"

我并没有说明白关于那一条无限延伸的直线，或许无限在旁人眼中是不真实的，但我认为那是彼此怀有的初衷，当我们愿意踏上旅途，或许做的梦不尽相同，文字却是我们熟识最好的证明，我可还记得第一天自我介绍的夜晚，当有人讲起某个片段时，彼此会心一笑的情节。往后的日子，时间确实运转着，生活仍旧平衡着，也许那时的我们正润饰着相同的文字。

游厦门大学芙蓉湖畔时，我以羡慕的神情看着伙伴，我说："如果我的校园有座湖，那么我一定常来这写写字。"然而她说："年轻真好！我像你这个年纪时，还能常常写作，现在每天写论文都来不及了。"其实我相当畏惧岁月，害怕奔波后，到头来写作的时间微乎其微，有时我总想着未来的自己是否仍旧秉持相同的信念写下去，或许会担忧，但我们往往会在尝试的同时明白勇敢。

在开元寺时，我发现鸽群不怕生，当我走近，它们反而朝我走来，我便轻轻蹲下身，和它们对望。前前后后几分钟，一位伙伴拍了下来，她没有多问什么，她只希望我能永远拥有如此简单的快乐。看着动物们纯粹地生活，或许是我如此着迷的原因，生活上有太多因素牵制我们的选择，甚至纷扰我们的价值观，我很庆幸平常能与孩子分享文字，或许童心是岁月遗留予我最棒的礼物，那双眼带我看见遗漏的纯粹，那双手带我拥抱真切的感动，那颗心带我感受朴实的温暖，因为如此我才能遇见更多美好。

逛完泉州西街的那晚，我拿起记事本，提笔写下：

走在喧闹的街道，人来人往，交谈的声音弥漫于空气中，渐渐在情感中找到平衡，许多时刻，我们会迫切地希望一切能够如同自己所愿，但是，顺其自然是跟紧脚步的好方式，欢笑确实甜滋滋如同四果汤，但还是会带点酸，愿珍惜所剩的时光。

或许我还是害怕别离，甚至整夜无法入眠，只想书写足够的祝福给予伙伴，而祝福里，我皆希望彼此拥有最初的模样。在厦门五通码头告别时，看着高中生们为分离而流泪，其实眼泪打湿在我的心里，或许十九岁是一个过渡的岁月，有太多的事，眼泪也说不明白，我只听着那句话："傻孩子，笑一个。"或许微笑能够表达一切。

一趟旅程，七天的故事，四十多人的情缘，倘若虔诚转着仁寿塔许愿，能够实现时光凝结的心愿，或许还能够拥有更多的相片。我记得登船前的那片蓝天，记得离别前伙伴的拥抱，记得这段日子分享的话语。

再见，是为了下次的相遇。

相遇人们并不困难，困难的是，在未来的某天记忆犹存。

◎相遇台湾

这是我第二次搭飞机了，一样透过"小三通"的方式回到台湾。唯一不同的是天空，看着从福建到台湾的风景，我拿起记事本，提笔写下：

每道光亮，
不知道承载多少梦想与希望，
静静翱翔着，
或许我们才能明白，
原来一直以来我从不孤单，
岁月更替，
带给我们成长蜕变，
我想，
倘若能再与你一同点亮星星，
为那些迷茫的人，
寻觅他们的所在，
你会是最美好的。

每个人都有一个梦，或大或小，或复杂或简单，或轻而易举，或困难重重，当我再次俯视，我觉得，我从不孤单，因为有多少人陪我在做梦。来到福建，看见多少历经岁月不屈不挠的梦想，如今旅程画下句点，当我再次提笔写下时，或许曾经相遇的人们正认真地生活，曾经相遇的故事仍继续传诵，曾经相遇的等待成为最好的习惯，这些相遇会深刻在我的心里。

我有一本牛皮色的记事本。里头书写关于福建的回忆，尚有些空白的页面，我似乎找回启程的意义——相遇。

走在福建这方土地上

□ 詹先通　福州大学厦门工艺美术学院工业设计工程系

六年前我想走出这片土地，带着微笑奔跑，让那些尘封心底许久的悲欢离合，都随风而去，踏上旅程奔向远方。六年前我想找到漫山遍野的蒲公英，一重高过一重没入云间的群山，碧蓝如洗的天空，找到如金子一般的日光轨迹，找到从遥远天边跋涉而来的第一缕微光，找到林中溪边嬉戏的明媚生活。六年后重新走进时才发觉，我找寻的一切美好就在这方水土上，梦里执念的风景就在身旁。

◎漫步鼓浪屿

鼓浪屿的风是会跳舞的时间，她带来的任何气息，都有历史的沉淀，我仿佛能感觉到大片大片的时光像云朵一样穿过我向身后行去，清风拂面，在带着点点海腥的微涩气息里，与鼓浪屿的诗情画意撞了个满怀。

漫步在曲折回萦的小巷里，时间仿佛都慢了一些，踏在温润的青石板上，清脆的脚步声与鸟鸣应和着，犹如行走在历史时光之中。抚摸着百年榕树垂悬而下的细密根须，指尖滑过红砖的墙，墙头上挂满各样艳丽的花，穿行在这诗一般的巷子里，不知不觉儿时的记忆布满幽静的小巷。老家就在小巷边上，夏夜里总会和小伙伴在巷子里玩闹，我们匆匆跑过一盏又一盏的灯，我们从一轮圆月跑向了另一轮圆月，嬉笑声久久在巷弄里回荡，儿时的影像一帧一帧闪过，被雕琢在时光底片上的记忆浮现，一幕一幕，真真切切。

钢琴博物馆飘出了《鼓浪屿之波》的旋律，每一个音符都像跳跃的精灵，踏着海浪从对岸朝我奔跑着，从耳旁掠过交织成一曲思乡的歌。琴弦的每一次撞击都在心底里泛起涟漪，涟漪荡漾着使我想起了离开福建这方水土时我心里缺失的那份归属感，彼时思乡情起，孤独感从四面八方袭来，像在洪水中挣扎，像窒息到快要衰亡，世界失了真，心里有个巨大的缺口，没有什么可以填补，只能静静地闭上眼，思念着远方。

◎邂逅土楼

南靖，很早之前就想走进的地方，终于在盛夏的午后，轻踏在这方土地上。刚下过雨，我们的车行驶在蜿蜒山道上，天空颜色深沉得像天鹅绒覆盖在群山之上，云雾在崇山边缘缓缓升起，远眺雾气里耸立着的土楼轮廓，沉淀出往昔峥嵘的剪影。

走近土楼，十几米高的墙体蔚然壮观，敦厚的墙体承载着土楼人家祖祖辈辈的故事，也许他们也未曾想到，那已经被收藏进一间间屋子里的往事，过去的甜蜜、幸福、恋慕和过去的孤独、绝望、泪水，在今天大大方方地打开，迎接远方的宾客。走进土楼即刻感受到了客家人的热情，主人为我递上热腾腾的金线莲茶汤，微苦之后舌尖回甘，几杯之后喉润胃暖、唇齿留香，茶香里弥漫着的安逸像水流一般细密地包裹着我，土楼人家的生活着实令人向往。

走出土楼，沿着小河旁一条干净的小道朝前走，石板路已被游人踩得光亮，水流欢快的音韵仿佛在诉说着土楼的风情。彼时已是黄昏，天色渐暗，主人家的灯火亮起，光线透过雕花木窗打在地上宛若湖面的波光粼粼。倚在石桥边上放眼望去，眼前的黄昏就像一幅水墨画，近处的斑驳老屋、袅袅炊烟，远处的田野暮霭沉沉，被夏天泼溅得深浅不一的绿色逐渐朦胧，水墨般的小镇，在黄昏中归于平和。

离开土楼，远远回望，崇山间星星点点的灯光，好不壮观，长长的路途，我坐在前排的位子上，轻轻地闭上眼，对土楼说晚安。

◎古刹印象

古街无须多言，风华自然绽放。泉州千年的历史文化仿佛凝固在了西街，放眼望去，充满唐宋元明清各式建筑，历经沧桑巨变仍不失往昔的风采。西街熙熙攘攘的人流里，充斥着浓郁的泉州味道，连穿过悠长小巷和古老大厝的街风都带着泉州独有的气息，仿佛在和世人诉说着传统闽南的风情。

古刹开元寺的心跳声依旧如初不停息，轻轻地迈过那道门，脚尖触碰这方净土时仿佛穿越了时空，乳白的佛香袅袅升起，眼前没有了不见天空的城市，没有了高耸入云的大楼，没有了巨幅的广告贴画，绕过紫云屏仰望着大雄宝殿，仿佛置身于冰原之上，浮躁喧嚣的心缓缓沉静了下来。长久以来以追逐理想的名义每日行色匆匆，像困兽一般在城市的某个角落里争斗着，直到有一天，才发现期待有一个地方，那里有绿树和清风。

东西石塔就像泉州的灵魂一般矗立在这里，像饱经风霜的老者，沉默地见证泉州的千年岁月的流转。站立在塔前仰望，塔尖直指苍穹闪烁着坚韧与智慧的光芒，好想安坐在你的塔尖上，和你一起没入云端，看一眼脚下的花儿和人群，听叶子在风里哗啦啦地响。

◎古巷时光

时光如潮，洗刷着千年的古巷，剥落的老墙上长满岁月的痕迹，不断地向巷子深处复制蔓延，厚重的青石板上还回荡着历史车轮轧过的声响。倚在三坊七巷的老街旁，隔着时光的长河回望，此刻巷弄里进进出出晃动着的人影好似先贤故人，他们依旧笑面春风。

三坊七巷的铺首衔环深深地吸引着我，去年曾在巷子里消磨整天的时光，只为记住那些可爱的神兽模样。铺首守候着的安静生活，儿时轻磕的小神兽赠予我的安全感，穿过了岁月的距离在这里与我相遇，多希望长大了你还是这般静静地守候在我生活的心门上，多希望日子可以重复儿时那般安逸，我再偷偷把这份安逸拉得悠长。

三坊七巷已是旅途的最后一站，行走的时光总是太快，像烧红的铁块遇水一般，扑哧一声化为一缕青烟，烟雾散去只在心底留下回忆的时光，时光里我行走在福建的土地上，执念的风景就在身旁。

《寻觅中华》阅读分享会上同学们一起讨论

闽台缘

□ 苏怡兰　台湾师范大学东亚学系

甫下船，阳光刺得我张不开眼，却又急欲探索这块美地。福建和台湾，自古就有着密不可分的关系。

身旁的朋友笑着说："这跟台湾的街景有什么不同？"在沙坡尾，不就如华山文创的市集？逛中山路，被说是三峡老街，天边的晚霞染红整片，远远地望见沙滩，这还是淡水式的落日！来到泉州，满街的U-Bike更有恍然回到台北城之感，驻足关岳庙，还想起龙山寺烟雾缭绕的盛况，虔诚地合掌悄悄许了个愿，愿此行平安，也愿此情长久。

"要想了解一地的文化，就先从当地的建筑开始观起。"起先想着的是闽南式建筑，大厝、园邸、宅院，而厦门却是高楼林立，大片大片的玻璃幕墙折射着阳光，阳光投射在海面，又粼粼闪烁着波光，城市于是四散着耀眼的朝气。大巴愈往岛上开，就愈清晰发觉机车的匿迹，徒留轿车鱼贯前行，多么明亮大气的城市啊！反观台北，潮湿、多云。站在房门外，仍然想着如何让自己看来阳光些，以面对迎接我的厦门室友。笨拙地敲了门，台湾习俗，在进房前要低声说句"不好意思，打扰了"，这是表达对房内的敬意。谁料到室友就这样开了门，我甚至还来不及开口，毫无防备的，干笑，这是我们初次见面。

厦门的第二个大景点，前些日子才申遗成功的鼓浪屿。小小的，岛上巷子错综复杂，又是上坡又陡然直下的，路旁除了民宅，多是可参观的精致古典宅院，让清澈的海环绕着，与世独立般，人潮众多，却依旧不损其风采。整个岛屿给人一种素朴的灰蒙感，石砖铺成，被码头和沙滩圈着，唯一的色彩来自海岸边玩闹嬉戏的孩童们，大粉红的游泳圈、绿色的海滩裤，宁静的视觉突然带来盛夏燥热的鼓动。后来再想想，总觉得小室友挺像鼓浪屿的。她并不是厦门岛上的那种光亮，在人群中我总是很难发现她，身影单薄，起初挺寡言的，到后来断断续续说些心事，时而兴致高涨，时而迂回低落。白天时，她与同组衣着亮丽的好友们相处得甚为融洽，而回到房间，见她在桌上写着卷子，轻薄的衣着，稍稍驼着的身子，台灯的光照在脸庞，思索而懊恼皱眉的眼神，我心底竟感受到一股撼动。渐渐才发觉，动人的事物不一定光彩鲜艳。

从厦门转往漳州，山路蜿蜒，树林蓊郁，车窗外瞥见一颗颗又圆又大的柚子，中秋节似乎快到了。土楼像是根深蒂固地植在山林间，一种就是七百年，光是远远望着都令人赞叹这样形状美好的圆，传统而自然的建筑工法，也是千百年来最引乡愁的圆，地理课本的平面图突然都直挺挺地站起身了。走入裕昌楼，男女大声吆喝着，足达一米的厚墙，自成一格的小型社会，也十足体现在邻近的塔下村。塔下村，临河而居，小桥流水，草坡上成群的小鸡，忍不住被可爱的事物吸引，我定睛望着。导游悠悠走来，说是他们还有分家户，傍晚时分会成群蹦蹦跳跳回家。我笑了，这是漳州印象，单纯、简单、美好。将这比作桃花源，都担心坏了它独有的风采，反而引得游人追寻，失了纯粹。

车程漫漫，沿途望着窗外的夜空，接近午夜终于才抵达泉州。不愧东亚文化之都的美名，在泉州，验证了所有对闽南建筑的想象。开元寺、天后宫，香火缭绕，共同信仰的追寻在异地生根，到哪都有种熟悉的亲切感。同行的人们仰望着拍塔顶、记录建筑，一会儿蹲下，一会儿又爬到哪个阶梯上追逐着光影变化。光芒太刺眼了，我索性站在一旁的菩提树下，手掌大的叶子交错地垂着，逝者已矣，此树就成了人间最美的寄托。

在台湾，总是漳泉漳泉地呼着。漳州移民在中部平原一带落脚；北部盆地则多是泉州移民，是我成长的地方，如今轮我暂且“移”至泉州住个两天，看哪都觉得像在台北。夜晚的泉州西街热闹得很，多的是台湾小吃、茶点。早晨则步入闽台缘博物馆，两层展区的设计特别又引人驻足，总觉得在此待一整天细看都不是问题。完整的文物、气势磅礴的浮雕、精致的蜡像，说故事般地从先民时代，缓缓步入现代，台湾与福建的历史自是源远流长，而此刻我们正是两岸人的交会，竟颇有世代承接之感，特别值得玩味。

愈来愈接近旅途的终点，我们抵达福州。福州的朋友 A 一路碎念着怎么每餐都有福州鱼丸，我们却乐得开心，道地的原汁原味，即便味道与台湾吃来几乎两相无异，心情却雀跃许多。三坊七巷是福州的重点行程，左拐右弯的，似乎每处宅院都是名人故居，我想起上学期修习“民初思想与思想家”的成绩，冷汗直冒，心底不禁开始期盼着下午船政文化博物馆的行程，果然，更多了些意外的收获。朋友 A 说起他祖父曾是此地水师的重要将领，神情里难得的有些得意，与日前饭桌上的低调完全不同，头衔我忘了，总之似乎挺厉害的，我就将他认作地陪，一路拉着问，在博物馆里东看西摸的，离导览的人群愈来愈远，但好像离他近些。看着他一脸的不耐烦，却又耐着性子和我讨论玻璃柜里的文字记录，我暗暗地觉得好笑，好笑的是明明年纪相同，文学程度却仿佛天渊之别，想来都有些惭愧；又笑明明他文学造诣好得多，却总不善用言语表达情感，老是心口不一的。

福州的酒店格外精致，不知道是因为旅途的最后或什么的，管理也格外严谨，朋友笑是国防基地，上个厕所也需要刷房卡，但门禁制度不阻挠大学生的热情，夜里仍然撑着眼皮齐聚一房为隔天的晚会表演做准备。于是到了第五天的夜晚，我才真正认识了所有大学生。回想起头一天自我介绍时，每个人似乎都大有来头，大陆的同学文学底子足，这自然不用多说，随意便能吟诗作曲；台湾同学也不遑多让，口齿伶俐、抱负远大，故事是一个比一个精彩，我处于其中，真的备感幸运。夜里拿起手机，输入了几个朋友的名字，文学奖成为链接，将这些人一个一个串成了好多圈，细细品味着。“以文会友”，说的大概是这种感觉。我渐渐能想象每个人专注提笔书写的模样，也将其与在台上浮夸演出的角色链接，好可爱呀这群人，最后一晚，盖着松软的被子，暖暖地进入梦乡。

绕了一圈，终究还是回到了厦门。六天来被评选为最安静饭桌的我们，午间异常鼓噪，合影、谈笑，其余的行程通通取消了，时间留着好好吃最后一顿饭。饭后被载到了炽热的沙滩，一群人靠在石壁旁的阴影遥望海岸，彼此说着以后谁要到哪里去找谁、谁会准备什么来接待谁，未来好像触手可及，游海洋乐园的小车缓缓开过，吆喝着问我们上不上车，摇头，我们坐上大巴。后头的A还在嘴硬地说着，要不是为了吃最后一餐，他在福州就想回家了。见我回头不屑地瞥了一眼，他改口，淡淡地说：“可惜没多准备几个礼物送给大家。”我也礼貌性地笑着说不用了，然后，我们又陷入一阵沉默。车身摇摇摆摆，心情也随之动荡，但车子停下，才又掀起更大的波澜。码头赠别礼物的时刻，找了好久才看到我的“小鼓浪屿”，临别一抱，仅隔一片海峡，我相信厦门和台湾还是挺近的吧。

就要通关，离别在即，看着高中生们抱成一团，有女孩子悄悄地落泪了。大学生似乎潇洒些，简单地握手拥抱，紧捏着船票，转身就要步入队伍。A突然追了上来，手里握的是他七天不离身的扇子，听说是朋友从日本给他带的礼物，看他格外宝贝。但此时，A却急忙拿出扇子，他说：“没什么礼物能给，这把扇子就送给你吧！”我一直很喜欢他说起话来字正腔圆的口音，但此刻呼吸有些紊乱，我吓到了，连忙伸手将扇子推回去，他眼神急切，我却不敢再抬头，两个人僵持了好一会儿，就在一念之间，我正经了起来，要他留着扇子，等下回吧，等下回我们再来玩，记得带着它来接我们。提着行李登船，手机好像迫不及待地连上了台湾的网络信号，厦门的太阳与来的那天一样张狂，刺眼得不敢回头。我想起闽台缘博物馆，想起关于福建与台湾地缘、血缘、文缘、商缘、法缘皆相关的展区，如今，还多了连绵不断的情缘。

闽台缘啊，我想，这是缘起不灭。

再登鼓浪屿，串联两岸情

□ 李婕雯　厦门大学新闻系

当我第二次踏上这块土地的时候，那一刻，我又开始重复地扪心叩问：时间到底去了哪儿，我还是原来那个我吗，这苍茫人世中，我如何给时间留下我的印记？

时光就像个装了魔法的宝盒，里面载满了我们所有的记忆，我曾以为对于生命中的过往我都久久挥之不去地铭刻在脑海，结果不知是囿于生活的细碎还是因了记忆的长河，很多细碎的片段不能很好地拼接起来。诚如道家所说，万物终归归复到一，身边的日子，一年老一年，一日没一日，一秋又一秋，一辈催一辈，一聚一离别，一喜一伤悲，一榻一身卧，一生一梦里，同样的地方，时时刻刻在提醒着我，我是谁，我从哪里来，该往哪里去！

这句话两年前的这个时候，在北大参加夏令营听过，两年后的今天，在厦门参加两岸共享阅读交流会，又聆听到了。生命中对于人生和阅读的思考，从未停歇，应该说，人生本来就是一场阅读，读万卷书，行万里路，阅人无数。今儿重游鼓浪屿，滔滔浪声中，渴望两岸统一思念故国亲友的钢琴曲再次从岛上传来，对于这句话，又听到了新的扩展性的内容：阅人无数不如高人指路。那么何谓高人？我想，有幸能够参加的这次活动，参加活动中遇到的种种人，海峡那一头来的青少年，那些比我小的高中生，给予了我这样或者那样的震撼，都是我生命中的高人。是你们，让我充实了再一次登上这块岛屿的记忆。

你跋山涉水，
你匆匆而来，
为了这次相遇，
做了多少准备。

房间里放着《漂洋过海来看你》这首歌，由于台湾的学生要转机，经过一番烦琐的手续才能到达这边，作为大陆生中的一员，我比她早到了房间。

未闻人声，
先闻其笑，
手捧小礼物，
脸露温暖意。

一见面，丝毫没有任何违和感和陌生感，我们就像是两个长久没见面的老朋友一样聊起了天来。台湾的学生很有小心思，就像我刚来厦大后体验到的闽南文化那样，重情重义，对于每个相识的人，怀着莫名的感恩和念想。所以一见面，她就给我带来了她从海峡的那一边特地拖来的特产和祈愿挂饰，那一刻，我的喉咙似有千言万语，却发不出任何词语，这种感觉，用多华丽的辞藻，多优美的语句，多精巧的结构，也及不上它瞬间给我的冲击感。

我们相视一笑，也许，缘分早就存在，只是在这个空间，给了我们一个

学生赠词，预祝活动马到成功

文章创作交流会上认真记录心得

交集的机会和平台。

抬头仰望面前的这座小岛，和煦的海风一如两年前那样，只是，它又多了个名号——作为我国第52处世界遗产申遗成功，被列入世界文化遗产名录。是啊，这片神奇的小岛，平和安宁，包容了多元文化，鸦片战争之后，厦门开放为通商口岸，鼓浪屿便逐渐成为西方人的居留地，于是乎它见证了亚洲全球化早期各种价值观念的交汇和融合的过程，如今，我们又在这片神奇的小岛上相会，作为两岸的青少年代表的我们，就在这里相遇相知相谈相长。

城堡式样的建筑，门口摆放着精致的休憩小白桌椅，立着一块“请君到雅阁中读书”的牌子，构成了我们对岛上外图书店的最主要印象。独乐乐不如众乐乐，我们在这里，分享着我们在阅读中得到的体会和感受。在讨论过程中，尤其在台湾同学提出了对于文化交流和融合、强势文化与弱势文化交汇和碰撞的话题的时候，我们对于文化的思考便更加深入了。可以说，就文化的狭义定义来说，每个人都代表着一个世界观，诚如世界上不存在两片相同的叶子那样，交流、包容与尊重方才成世界之大，就像这个面积仅1.88平方公里的小岛，吸收了西方、两岸的多元文化，才成为拥有着多条有机城市肌理的独一无二的小岛，使得中国迈向拥有最多的世界文化遗产的国家的脚步更近了一步，成为文化发展中举重若轻的一笔。

尽管说每个个体具有差异性，可是根却是紧紧相连在一起的。当需要下车步行时，大家互相谦让着让对方先走；当得到对方的帮助时，必定要和他人说谢谢；当看到别人掉了东西时，肯定会捡起来连连叫住前面的人，还给他们；当集体中有人掉了队的时候，一定会等着那个人，直到“一个也不能少”……看过龙应台的文章，看过她写的《孩子你慢慢走》，看过林清玄的散文，看过他写的极为朴实无华的文字，今儿看到面前的这些相聚于海峡这头的人们，想到第一天晚上的自我介绍，尤其是高中的孩子们对于写作和阅读的渴望以及不带功利性的热情，我忽然被深深地感染和感动。当人们被这个快速发展的社会冲击着，大叫着纸媒已死的时候，还有无数涌动着青春的血液想要将生命投入这洪流之中，为我们的文化传承做一些贡献，不得不说，是可喜可贺和欢呼雀跃的。

时间总是在悄无声息中溜走，曲终终会人散，我们早已知道了开头知道了结局，可是还是忍不住伤感和停留，因为这个过程太值得回味和逗留。

如今，坐在室内一隅，点一个香熏，任其芳香四溢，铺一纸素笺，研一砚黑墨，浓得化不开，正如那些弥漫开来的念想，想给浅浅的海峡那边的你们写一封信，告诉你我又读了哪些书，想和你们讨论分享，更想知道的是，你们的境况如何，是否也在思念着这边的我们……

当你老了，
头发白了，
睡意昏沉，
有些事早已记不清，
有些事，
却像珍珠一样，
在记忆的长河中沉淀成了一颗，
一颗光彩夺目的珍珠，
海峡两岸阅读分享会，
就像那一颗颗珍珠一样，
在记忆的长河中弥久不散。

两年前，我曾游历厦门；两年后，许是我们两岸的青少年齐聚这里，类似祥龟的云朵慢慢飘了过来，天气特别明朗。

都嘎雷（到家了）

□ 柯宗沅　世新大学新闻学系

坐在小巴士上随着山路的曲折左右摇摆，车内导游的话闷在空中，倒也不是口音的问题，只是我望向窗外，专注在林木蓊郁间擦身而过的黄褐色土楼，那是比车窗上这一层淡黄的污色，蕴含更深、更多故事的颜色。

我静静地坐着，放任热空气渗透记忆里面。

分不清谁对谁错的那一年，也已经无从问起的那一年，家散了，情淡了，你去了大陆，而她留在了台湾。这些年听多了属于她的哀伤与后悔，却几乎未曾听闻偶尔回来的你说过，任何你的情绪跟理由，你像个永不妥协的浪子，而她却是渴望靠岸的船，你们相遇，然后别离。早些年我没有办法理解你们，但这些年经历的旅途，让我踏上这条你曾走过的路，尝试在理解你们后，原谅你们，也原谅我自己。

“下车啰！”陈杰爽朗的声音从后方传来，小巴士停在弯曲的山道旁。

导游说，土楼当初是为了抵御外敌与筑居的生活而建，拥有血缘关系的一群人共同生活在楼房里，为了安全只设一扇对外的大门，承重后的土墙坚硬厚实，甚至可以抵抗炮弹。而这坐落在半山坡上的土楼群由五个土楼构成，正中间是座方形土楼，外围由三座圆形和一座椭圆形的土楼环抱，从这个观景台俯瞰下去，就好像家常菜里的“四菜一汤”。周遭同行的伙伴们簇拥向前，希望能抢到个好位置拍张照留念，我在后头自顾自地望着这所谓的“四菜一汤”，脑海中响起已经解散的“那我懂你意思了”乐队的《格子城市》的歌词：“渐渐的这城市堆叠成一格一格，格与格之间被另一格连接着，而它恣意的发生，而我们无力选择。”主唱修泽慵懒的嗓音穿透了时光。有一段时间很爱听他们那首《没有人在乎你在乎的事》，大概，是在家里开始不再煮四菜一汤的日子。

在你还没离开的那些年里，每到周末，全家就会一同到超市或市场购物，有时是煮个火锅，有时是烤个烧烤，更多的日子里，你和她两人会在厨房里做你们的拿手好菜。那些惯常的家常菜对你们来说都不是什么难事，偶尔你也会煮上一两道客家菜，那是你的拿手绝活，而我和哥哥一同窝在沙发上，看着电视上热血沸腾的卡通片。煮菜时你们鲜少叫我们帮忙，只在有那道蒜炒豆芽菜的时候，我们才会一同在客厅剥着豆芽尾巴。在你离开后的几年，家里也渐渐不再开伙，多半随便买个外食就填饱肚子，以至于到现在，我拿锅铲还是那么生涩。

跑到下面观景台的心柔大叫我的名字，我的思绪被拉了回来，几个女孩要我帮她们拍张照，按下快门后才发现光圈和快门没搭上，照片暗了些，原本要重拍一张，但她们已经转头专注在土楼群中，于是我将它删去，然后朝土楼看上最后一眼，“应该有道鱼吧”，我低声地喃喃。

我们走回车上，身体再次随着山路的蜿蜒而摇晃。

可能也已经习惯了一个人的旅行，这种跟着团队的旅游总是有些不习惯，在上车下车间，思绪总是被拉到很远很远的地方。刚踏进裕昌楼，一个妇人带着听不懂的口音对着另外一户人大声叫骂，激烈的争吵迎接我们这些初到访的旅客，也不解这是他们平日的相处抑或压抑很久的释放，但既然听不懂，那些悬浮在空中的愤怒也渗不进我们身体里面。

整个裕昌楼里面比外面壮观许多，深褐色木头的墙面与碎石子路，悬挂的红色灯笼与家家户户贴齐的门联，天空被屋顶圈成一个圆形。我试着找到角度与焦距去拍摄整个楼房的壮观与气氛，却总是抓不到合适的画面，在方格的镜头中总是只能捕捉部分建筑，照片拍了又删，后来也就不再尝试。

每户人家都有一口水井，他们免费招待我们这些外地的人进屋喝茶，这是纯然的好客还是商业模式，似乎不是太过重要。楼房中庭建有一栋矮小的祖堂，导游说在过去也是他们的书院，进到里面，恭敬的一个欠身，已经淡掉的花纹碗里插满了香脚，有些看上去仍保有原本的朱红色，对尊敬祖先这样一件事情，大概任何民族都不会有多大差别。

出了这栋矮小的祖堂，踏着碎石子路，慢慢地绕着祖堂走，慢慢地。

你是长子，所以从小家里放了一组神桌，神桌上供俸了神明和祖先牌位，那时家里要照三餐替神桌与祖先上香。小时候做错了事情，总是被叫到神桌前罚站，一站就是好几个小时，虽然名义上是要反省，但实际上不过是和画得栩栩如生的神明对看。祖先倒没有画像，就是一个由透明玻璃罩起来的牌位，没有血没有肉没有形体，却能知道他们真切存在，所以也不敢放肆。

后来你离开去了大陆，久久回来一次，家里也时常没有人在，家族讨论过后决定将祖先牌位迁到庙中，每天都有师父帮忙诵经也不是坏事，只是不能给家里的阿祖知道，自己的祖先不摆在家中对老一辈来说总是觉得不尊敬。那天看着是个好日子，除了阿祖以外，住在北部的亲戚都来到家里，简单地做了些仪式后，长辈就将祖先牌位拿了下来，这是我第一次近距离看到祖先牌位。玻璃罩似乎没有什么灰尘，他们将罩子掀开，木制的祖先牌后方塞了张折叠整齐的红色的纸，将纸打开，上面用黑色的毛笔字写着一个又一个名字，而名字间又用一条条如同血脉的黑线连接在一起，我想，这是我第一次真正看到“祖先”。

但这“祖先”并不如我想象中的多，从阿祖那辈再往上两个名字就到顶了，那大概是阿祖的阿公跟阿嬷了。“再以前的祖先怎么没有写上去？”我问了家里的长辈们。他们相视而笑，解释道：“当初阿祖的阿公阿嬷是私奔来台的，这些过世的祖先是从来台后才开始写下。”

我愣了下。在过去的那个年代，要多少勇气才能为了爱情，义无反顾地离开，是如何执着与坚持，才能舍弃亲情与友情到陌生之地生活，怎样的经历，才能不受千年的世俗伦理约束，这些大概都已经无法知晓，但能够知道的，是当初他们的爱情多么坚定，在无所畏惧的精神下，拥有多么温柔的心灵。

我想你的基因里或许遗传了他们的冒险精神，却失去了他们拥有过的温柔誓言。

后来走往张氏家庙的路上，脑中画面仍然停留在裕昌楼唯一对外的那个大门上，门上贴了“合楼平安”四个字。我不曾真正探究过自己的祖籍在哪，只知道她是闽南人，而你是客家人，过去的家族是不是住在土楼里面？如果是，那阿祖的阿公和阿嬷离开那天，经过这唯一对外的大门时，是带着怎样的心情？环绕而成的土楼，是家族团结的样子，是家庭团圆的象征，我想“四菜一汤”或许也是这样，环而成形，这世上有没有更重要的东西可以让人割舍家庭？想到这里，才发现离大队伍远了，后方压队的颜哥催促着我加快脚步。

如果有天你转头用客家话和我说“都嘎雷”，我想我是听不懂的，就像我身上即使流淌着客家人的血，却连“到家了”都不知道。

刚穿过张氏家庙用红砖砌成的外墙，同行的队伍早已进到家庙中，天空雾雾的，我站在前院，刚在思忖圆滑石子地板上焦黑一圈的地方，约莫是烧纸钱的地方时，站在前门旁的导游就和我们几个队伍后头的人说道：“有传闻绕此一圈能财源广进，绕两圈能状元及第，绕三圈能桃花鼎盛。”几个伙伴带着宁可信其有不可信其无的态度绕了三圈，我伫立在原地，闻到潮湿的气味。

无论他们是为财为名，还是为了缘分，对我似乎都毫无关系，因为不管绕了几圈，没有任何一圈是为家庭，是为圆满，是为幸福。这几年生命的长河带着我离开家里，行走的距离越来越远，绕得一圈比一圈大，心中所祈求的却一个比一个小，就像那年盛夏的徒步环岛之旅，不为财不为名也不为缘分，甚至不真正为了什么。

在他们绕到第二圈时我蹲了下去，将相机贴近地面拍了张照，看了看照片却不再将照片删除，因为我似乎真正理解了什么，却又好像没有，我想即使光圈快门搭上了，焦距构图不再出错，大概还是没办法拍出一张令人满意的照片。

因为终究，只有焦黑的一圈。

瞧，这一对两岸同学

身影交错

□ 陈昱安　成功大学工业与资讯管理学系

◎楔子

人生路漫万千羁绊
有尽人生羁绊无解
如约太难

◎渡海

向东再向西

泉州，
海风吹干一身腻汗，日光把黄沙滩照得璀璨，
载满人的小船要开往台湾。
大家都说，此去，六死三留一回头。
“等我转来。”
船开了，他振臂吼出这句话的时候感觉自己所向披靡。
这句话，他在徒留几卷书的陋室里、在大水淹过的小田中，
都曾对她说过，
其实可以不必再说了，不必害得此时船上目光都往她这里望，
她羞赧得不敢大声应答，于是在此岸
用一生答应。

金门的天空蓝得让人心旷神怡，白云不知道结伴去了哪里，可能被老天爷派下凡来做了我们一行人手中的船票，指尖摩挲着光滑平整的船票，感慨似乎所有美好的形容词都能恰如其分地在它身上找到位置安放，我呵护着它，否则，在它身上留下半角折痕或丁点脏污都难免涌出罪恶感。

愿此行如这张船票。

拖着稍嫌沉重的行李通关，我安慰自己，回来的时候必定轻上许多，行李中装载了花心思准备给朋友的祝福，送出去后就能轻松无比。

艰辛地抵达登船口，几艘灰白色的轮船在我的面前随着海浪上下晃着，

犹如几个雀跃的大孩子，我反复确认亮白的船票上打印着黑字船名“捷安轮”，对应上一艘灰白船身上的深蓝漆字，字字相对的刹那，像是参悟到的道理终于得到了印证，身穿白衬衫的船员检票后把我手中的票撕去了一小块。

登船，大片窗玻璃做了雾面处理所以看不清海景。在凭感觉得知船荡离了港口后，我将双肩背包一卸，离开座位寻找登上甲板的可能，只见有一扇舱门打开，从外面走进一位优哉啜饮着马克杯中饮料的船员，我油然升起希望，然而，当他盯着我反手把舱门关上后，舱门上一条警告标语霸道地横在我面前：行进中禁止出舱。

我走遍船舱，每一扇舱门都写着同样警告，幸好每一扇舱门上留有一面干净清晰的圆窗，由此向外望，就能一窥“黑水沟”。我也许我和当初那些渡恶水而过的人一样年轻，却终没有他们挑战恶水的勇气。

六死三留一回头。

眼见圆窗框起一幅碧海蓝天，我自言自语出这句俗谚，字音太轻，以至于敲在了玻璃窗上送不出去，话音无力地弹落在我耳边嗡嗡鸣响。原来俗滥词语如“碧海蓝天”，此时也能令我感到淡漠无情，如果不淡漠，何以在目送那么多生命消逝后常保蔚蓝，若是不无情，怎能在生饮那么多热血后长年碧绿。

“等我转来。”

要是时空重叠，我想我会在这圆框里看见一艘小船与我们的去向相反。当船上某个青年与我眼神交会，他会讶异于我和他的些许貌似。

一路上我都在想着，如果可以打开舱门大喊，我想要喊些什么他才听得见。

“厦门到了。”有人说着。

舱门一开，门外的世界是白光一片。

◎梦想

失望再希望

台湾，
卧睡街头，他梦到了从前在家乡老是做的梦。
梦里，他牵着一头体格壮硕且皮毛油亮的大黄牛，
立身四面八方与天相连的沃野之中，
头戴一顶竹叶斗笠，肩扛一柄崭新锄头。
当天光罩住他时，他仿佛浑身发光。
还真是天真啊！
被梦里的光亮醒了的他揉按着因睡姿不良而压得酸痛的肩膀失笑，
笑得眼睛一眯，眼泪就挤出来，
眼睛不愿张开了，肚子却空落落的。

等到再睁开眼睛，有一颗暖红色柿子凑到了眼前。
这里有句话：红柿若出头，罗汉脚目屎流。
柿子红，随秋风，秋风过，是寒冬。
今年冬天不知道又有多少渡海来台却流落街头的罗汉脚冻死街头。
他接过，连皮珍惜地咬下一小口，
抬头时看到的是五官深邃、笑得顽皮的异族少年。
“唐山？”
腔调上听得出来尽力模仿仍难掩怪异，
他莞尔，觉得比乡音还亲切。
刚开始都是无须言语，善意就在彼此间流动。

抵达时间迟了，餐馆的午饭预备齐全，所以一道道菜上得紧凑。与初见面的朋友拉近距离最好的方式即先把满桌菜肴视为假想敌，我们的嘴不是忙于用来指挥新上的菜如何排放才能挤得下下一道菜，就是忙于对美食展开唇齿攻击，话说得不多，聊得也不深，值得庆幸的是我们这组拥有整支队伍中最小的圆桌子，借故紧挨彼此的肩。

刚开始都是无须言语，善意就在彼此间流动。

顶着饱胀的肚皮出门，厦门太阳过于热烈地欢迎我们，使得我们不得不汗水淋漓且时刻警惕水分补充，没带伞的我十分幸运，躲进了身材高挑的短发室友伞下，散步同往第一站沙坡尾。一路漫步街上，一家家对我来说陌生的小店在室友三言两语的解说下瞬间风格明晰，犹如一颗颗蒙尘的明珠被随手拂净尘埃，让我记忆尤深的是某家飘香的面包店，店面就是柜台，不像我在台湾见到过的面包店留有供顾客进去参观选购的空间，似乎就只愿以头上的告示板告诉你面包的名字并且不管你凭着名字点了什么都弥足自信要以舌尖的气味纠缠住你。当我室友对不给停留、匆匆而过的行程嘟囔惋惜时，我的鼻尖仿佛嗅到了那间面包店散发出来的自信的气息。

到了避风坞，那是现在“文艺沙坡尾”的原型，本以为无船的港会如无人的家一样缺了神魂，没想到港边铁皮船屋里暗藏一艘华美艳丽的大船。初见这艘船就觉得似曾相识，果然是“王船”，小时候的我曾隔着电视荧幕感受到台湾烧王船之壮丽，不料在此地与王船不期而遇。此船创作者立在王船旁和自己的作品比起来矮小朴素，可是当他身子微微前倾，向我们真挚而略微急切地详述王船历史缘由以及将来这艘船要放入博物馆中供后人铭记传统，他的身形顿时比船更伟岸。

隔着退潮时的一小湾海水，有一排文艺商家，招牌不惹眼，实则有意无意地散发出游人墨客向往的恬淡自如，他们守在这里，守着自己的初心。在沙坡尾，不再烧的王船安然陪着不再接纳船舶的港，船与港同样在寻找不同于以往的功能，造船和守港的人都是未知前路如何的追梦者，至少此时他们的存在使得船与港那样斑斓。

梦里，他牵着一头体格壮硕且皮毛紧实油亮的黄牛，
立身四面八方与天相连的沃野之中，
肩扛一柄在阳光下亮得刺眼的崭新锄头。

为了梦中之地，我的先祖选择背起行囊乘风破浪离乡背井，而这里有人着手以家为店脚踏实地留守保护，在我的心中，他们一样值得敬仰。

离开沙坡尾，赶往胡里山炮台，登上炮台所在的高地，那门世界现存最大的海岸炮，黑洞洞的炮口犹如呆滞的黑色瞳眸，无神地望着海面上消失已久的敌军军舰。此地本有两门炮，刚好凑成一双黑亮的眸子，现在剩下失神一眼，使我不禁幻想没有炮台的胡里山应该会是什么样子——暮色染空，晚风袭人，面朝碧波无垠，情人一起把手伸向大海假装海风吹过的时候会从手臂上生出翅膀，阖家散步将家中细碎琐事慵懒叙说，误会都在海潮起落声间悄悄地被浪卷走。可惜，炮台建好后，能上得了这片高地的只有思念情人与亲人的士兵们。

炮台是一道人类相残留下的疤，只盼游客如织、欢声笑语，疤也终究长了新肉，长新肉难免有些痒痒，偶尔还会去在意，但千万不要再挠成一道新疤了。

第一天来得迟了，安排好的行程一个个接得无缝，一下午走过几个地方，我们的脚忙于盲从大队伍，不能随着初见的朋友们去流浪，不过幸好，太阳很大，伞下很挤。

◎世外

穷时与富时

他成了异族少年的玩伴，渐渐地学会了异族的语言，
与少年在远离乡镇农田的茂密树林中搭设好陷阱，
等猎物上门的空当，他尽力地跟异族少年讲述自己的故乡有多美，
讲到异族少年信了，仿佛猎物也信了所以纷纷往他们周身靠拢。
讲到他自己也信了，忘却痛苦。
当第一次分享猎物，他明白自己出力得少所以拿了一小部分，
异族少年用古怪的眼神看着他，
“我以前以为你们都是坏人。”
他不讶异，有些同胞在争地时耍的手段他来久了也听多了，
凡是异族没有的东西，都可以利用作为欺瞒诈骗的工具，
异族没有文字，地契上的字便可以无关口述的条件；
异族没有丝绸，几匹不入丝绸之流的布就轻易换得好大一片地……
他一直不明白为什么不过就换了个地方打拼，
有些世代务农的同乡却换了一副心肠。

他开始教少年识汉字，帮他辨别货物的优劣价值，
少年学得很快，开始能搅黄骗子的生意，
骗子们恼羞成怒地喝骂追赶，两人拼命地逃，
跑到双脚都不属于自己，笑到弯腰，
灵魂好像飞得好高，飞出世间烦恼。
跑着跑着，跑久了，一条新路自然在眼前展开。

在渡口等船，要坐船前往鼓浪屿的民众怀揣行囊并手牵亲友，挤在锈迹斑斑的铁栅门前引颈盼船，如此场景使我误以为时空穿越回了那个因战火而流离逃窜的动荡年代。

那里自然成为暂时避世的地方。

第二次世界大战期间，仅有的两个公共租界——上海和鼓浪屿，成为难民蜂拥而入的两个地方。战后，上海扛起直刺向天的高楼大厦，车水马龙，而鼓浪屿驮着伏于地表的老旧楼房，禁止车马喧闹。两个收容无数难民的公共租界如今却像在战乱中失散的两个兄弟，逃着逃着，一个奔向了另一种形态的战场，另一个逃进了世外桃花源。

跑着跑着，跑久了，一条新路自然在眼前展开。

不同肤色、发色的人们在此地共度一段暗无天日的岁月，战争结束，各国的领事馆和贸易公司人去楼空，清末不平等条约终在硝烟四起中灰飞烟灭，隔阂、误解被宽容的人们淡忘，留在岛上的人决定带此地脱离战火。

我庆幸把手机忘在了房间里，在鼓浪屿不过短短一日，若我手持着框架不放，以我的摄影技术，框住了景只会放跑了感触，我会着急地捕捉蜿蜒小巷、异国建筑和墙面爬藤，而忘记在当下认真看过它们，仔细看过未尝不是一种拥有。

在菽庄花园的藏海补山以及钢琴博物馆中，畅游园主人所巧思之建筑，观赏名琴，才惊觉原来富人们在生活无忧后是以这样的方式探寻人生意义。在大部分人也有一定生活水平的今日，越来越多人慕鼓浪屿的美而来，我喜欢零星的角落之美、建筑之美，更折服于岛上的富人们雍容的生活质感，深夜在自宅对月观海作曲胜却许多娱乐场所的虚浮华靡。

在厦门外图书店里听张新波老师口述辅以照片来叙谈人生，与潘丽珠老师以及我们小组成员们以讨论余秋雨千年苦旅起头，以一齐向潘老师学唱一首台湾古调作结，我采撷鼓浪屿之美的真谛。

◎成家

也都是离家

少年“精通”汉语的消息很快就在族里传开了，
族中好多人抢着要少年帮着监督买卖，

他与少年并肩同行，收到了族中的各种感谢。
某日，带着两只肥鸭，
少年带他回家，家门一开，是一个美丽而素雅的大眼少女。
一声带点撒娇的叫唤从少年口中蹦出，
少女见有生人，脸上一红，用手势邀他进门，
他盯着眼前一对般配的佳偶发愣片刻，忽然两行清泪流了下来，
他咬牙扭头跑开，
跑到溪涧旁奋力地掬水往脸上拍，
混得了脸上的泪痕，蒙不过心底的遗憾。
多久了，对岸的她应该早就嫁了，
如果当年不离开，他和她不就是眼前的少年和少女吗？
少年和少女循声而来，找到了溪畔的他。
暮色里，三个人在粼粼水光边，
少女哼起了异族的曲调，
“以前阿姐也唱这个哄我，我一下就不哭了。”
少年扯着少女的胳臂弯，
“小时候哄你？”
他忽然察觉自己误会了什么而陷入啼笑皆非的窘境。
少年没看出来，少女眼睛眨了眨，
明白了什么而失笑了，笑出了嘴角浅浅的梨涡。
浅浅的梨涡笑深了，平淡的日子过长了。
最终，少女穿上了本族彩色婚服，
他准备了一杆秤子去揭他特别嘱咐要盖上的红盖头，
揭开了红烛掩映下，五官深邃，大眼含羞。
少女的嫁妆是几亩地，他将在此处落地生根。

去漳州土楼的山路因雨几处塌方，不得不绕道，在游览车上待了大半天，从车窗外望出去，青绿的红心蜜柚顽皮地跟定我们不放，转过一个大弯又见红心蜜柚满山，逼得我回忆柚子的滋味，满口生津。

几次与土楼擦肩而过，以为近在咫尺却又不明所以飘然远去，颠簸受累的不只身子还有悬起又放下的期待。有别于前两日的大好晴天，今天风雨飘摇，不禁让我联想最初搭建起土楼的那批先人是否希望我们也能稍微感受他们当年旅途的困乏，衣冠南渡，他们的故乡在北方的中原，也不知道多少人踏上这条路，又有多少人撑过一路风尘，抵达此地时恐怕不是欢呼，而是先相拥而泣。

什么时候开始，他们有了不再回头的觉悟，要在此地扎根？

浅浅的梨涡笑深了，平淡的日子过长了。

时间默默地改变了他们的归途，从南方到北方变成了从田里到土楼门

口，近得多，回家容易，无须再冒险，北方依旧战乱是事实也恰恰是留下的借口。

换乘小巴士，下了小巴士走了一小段路，始得踏入“东歪西斜”屹立了七百年的裕昌楼，民间巧匠工艺多展现于雕梁画栋方面，可裕昌楼的建筑师选择另辟蹊径开发新的支撑结构。当导览员解说这有可能是学徒要出师时给老师傅品鉴的作品，又或者为符合风水之故，我眼前浮现一位青年神采奕奕地以风水之说来说服楼主给他发挥的空间。

走出裕昌楼，溪涧旁的白鸭子凑在一块儿在溪边沙地上以主人的姿态观望我们这群闹哄哄的人，传说田螺坑的命名由来正是因为鸭子吃了田螺纷纷产下双黄鸭蛋而得名，我想起故乡的葡萄田水渠里也吃田螺却没产双黄蛋的普通鸭子，尽管地位与能为当地命名的鸭子没法儿比，却亲切无比，怕是有些挂念家乡，怀念无忧无虑在乡下由爷爷奶奶抚养长大的童年。现居此地的人口还有多少青壮年呢？那些青壮年离家之后会不会在别处盖一座楼，成一个家？

不远处就是张氏家庙德远堂，雨稀稀落落地下，青石板地砖像是浸了墨汁，刚好还没踏进张氏家庙之前，石坪上长了几根擎天的石旗杆，有些像是毛笔。竖立石旗杆是为表彰有功有德的张家子弟，方才见过的土楼给我们展示了宗族团结的力量足以搭建起庇佑后代七百年的建筑，眼前张氏家庙则告诉我们家族还能以家族荣耀来引导、形塑家族子弟坚毅善良的品格。

晚餐安排在小溪边的饭馆里，饭馆外的座位有竹筒串吊起来的装饰，竹筒随风摆荡，上面有字如是道：“既可朝九晚五，又可浪迹天涯。”据我室友所言，这是一句梦话，我笑了，暗暗许下哪日有了固定的工作能独自流浪至此的愿望。

晚上回房，朝九晚五与浪迹天涯能否并存的问题在我脑海挥之不去。前几天有个女孩晚上来拜访我的室友，三个人聊起电影，那女孩直说我像是新疆来的，说我有一双大眼睛。

眼睛大一点看到些许引起感触的东西难免就小题大做了吧！

◎信仰

合

同一个屋檐下，有他的几炷清香，也有少女的一壶清水，
都是祭拜祖先。
很久以后，一壶清水消失了，每年还是会点香，
再更久以后，连香也不点了，
便双掌合十。

来到泉州，带队的汪凯老师问车上台湾同学有没有祖籍在泉州的人，台

湾的学生几乎陷入沉默，我思索着小学作业问我爷爷我们祖籍在何处时，爷爷说过南安，至于南安在哪里我未曾深问，爷爷也不曾主动提及。车上的有人交流起了祖籍的话题，发现我们在台湾很少说到祖籍，多半谈到的是你家在哪里，而答案理所当然不是自己住的地方，就是父母亲原本住的地方。

汪凯老师不依不饶地挨个询问，听到我带着不安提到南安，他肯定南安就在泉州，直到那一刻，我才后知后觉“我回家了”。

就像漳州土楼的家族不再提起中原何处是祖籍，住在台湾的我们也不记得了。说得如此理直，气却壮不起来，甚至有某种惭愧憋在心中无处宣泄，儿童时期朗朗上口的那首“笑问客从何处来”，我不仅笑不出来，更无法定义我自己究竟从哪里来，在何处是客。

泉州，海上丝绸之路的起点，多少源自不同故乡的信仰皆为心灵的寄托，多少商旅就此以此为家。

后知后觉者如我在未做好心理准备的情况下直面这个曾经为故乡的地方，唯有诚惶诚恐拜访此地才能稍减我心中的愧疚。我手持笔记本与笔，在开元寺的桑莲法界匾额下，听着解说员叙述僧人向桑园主人以袈裟影子取地建庙未果后显神通使桑树开白莲才得地，走入大殿抬头见到飞天乐伎手持各种南音乐器，再往里走，位列三大戒坛之一的甘露戒坛……我振笔疾抄一样又一样的事物，直到我们一位同组组员欢欣鼓舞地介绍起她叨念许多天了的“来开元寺静静”时常去的大榕树下，只见榕树下老人闲坐、孩童玩耍，我才停笔惊觉自己犯了从小抄笔记时老是抄了许多仍抓不到重点的毛病。开元寺乃一座庙宇，庙宇本意供人安神定心，巧工雕琢其中蕴含的意义随意听来趣味横生，轻松赏过赞叹不绝，听过便不用执着，见过就心满意足，作为游客何须如我这般浪费笔墨去二次记述？而白费了亲身走一遭应该要观察的环境和体察的心境？

隔天早上起早了，不想连累室友，一个人偷跑出去想用自己的脚步亲近泉州，离开酒店随兴选了右转，走没几步路就见一扇庙门，门上高悬“步月登天”，我往门内一望，有一条长长石砖道，两位中年妇女正在石砖道上悠然缓步，我被眼前仿若真挚地在“步月登天”的两位妇女逗乐了，不紧不慢地跟上去，失去了解说员的引领，我随我心，一会儿玩弄起门闩上的狮子咬门环，一会儿站在石砖道旁的一列浮屠观察许久，走完应该不到一百米的石砖道，我剩下的时间已然无多，穿过一扇门，坐在通往大殿的小桥边上贪看几只小乌龟在石头上预备好迎接属于这个池塘的曙光。离大殿还有几步路，我看了看手表确定必须折返了，遥遥望向承天寺正殿，目光被几位中老年的虔诚信徒遮挡了，先前走进来的两位妇人早已不知去向。

便双掌合十。

合十罢，从哪里来便回哪里去。比之昨日去的开元寺，在承天寺三十几分钟，我沐浴在晨光中流了一些汗，但走路的速度刚刚好刮起宁和安详的风，走在树荫遮挡而阴凉的石砖道上，汗很快就干了。承天寺中没有人多看我一眼，承天寺晨游，我才真心觉得泉州漂亮，才相信开元寺见到的那副对联“此地本是佛国，满街都是圣人”原来会在无游客惊躁的某时某地再现。

◎情深

不　忘

时光流转，世代交替，
他不在了，少女不在了，少年不在了。
不，
其实都在，
不是在天上，
是在后人的骨髓里、躯干里、血液里。

三坊七巷多是名人故居，那日拜访了冰心、林觉民、严复故居，这些人成名不是为了成名，而是以笔、以枪、以书籍，以自己的方式守护自己的家园。

想起中国船政文化博物馆里目睹手写比印刷还清晰工整的福建船政局学堂考卷，以及一封封家书、一张张船票，他们坚守护家园即使默默无闻。

七天，我们的游览车司机不曾换过，守护我们的安全。

七天，安排行程的汪凯老师、颜亨大哥、小燕姐，守护旅途的秩序。

七天，潘丽珠老师无论遭遇什么困境都先宽慰众人，保持着乐观开朗，守护着旅程中遭遇困难时我们的信心。

七天，张新波老师拿着手机不经意地出现在身旁，守护着旅程中偶显疲惫的我们的青春活力。

七天，王敏萱老师会借由观察提出的问题促进交流，守护着旅程中我们的思辨能力。

七天，陈珠琼老师笑容满面地默默伸出援手，守护着旅程中我们的快乐。

七天，资颖姐帮助我们每天练笔，守护着旅程中我们的创作动力。

七天，我的室友段立文，守护着我每日回房的睡眠品质。

七天，我们第一组成员们，守护着我们一起唱的长干行和一桌桌后厨精心准备的菜肴。

船返金门，落日余晖从船身那些没有雾化处理的玻璃窗中透进来，似乎想尽力地扯住我们不让我们轻易地离开，我们自顾自地一路向东，留给落日一道白而长的浪花。就算时空重叠，这趟向东的航程我知道海上不可能再有那个青年的身影，毕竟他不曾向西再过那条黑水沟，所以我存在。

我的心意送出去了，可通关的时候行李并没有变轻，还沉甸甸的，但我再也不嫌它重了。

等我回来。我对福建这块土地许下承诺。再回来，可能再没有聚齐此次的旅伴的机遇了，不过我想会在熟悉的景点看到相似的身影，毕竟想念。

◎尾声

有尽人生羁绊无解
代代相传羁绊相牵
纵使难以如约
终不忘

嗳呦，爱呀

□ 曾心柔　台湾大学公共卫生学系

关于海 关于你

我们在聊关于海的话题
讨论到海的色彩
你说天蓝所以海蓝
我说嗯
嗯
还想告诉你我心里的海
是海鸥在水面飞翔
就像我抚过洁白的
柔软得像云朵一样的你的肌肤
还有船帆
你只轻叹一口
我就荡呀荡地去了远方

一

“几点？”

“嗯……有点早唉。”

“有点早是多早？”

“七点，松山机场集合。”

你说你一天一定要睡满八小时；你说从永和到松山机场至少也要一小时；你说不知道自己起不起得来，到不到得了；你说了很多，而我只是不断重复“我知道”。其实你不用说那么多，只要你一句“好”，我想我就能高兴得翩翩起舞。然而我终究是没有等到那个肯定的回答，尽管我几乎是用了一天的时间动之以情，晓之以理，诱之以利。

我希望你来送机，我只是想后天能见到你。

二

第一次发现自己有认脸障碍是前年和朋友去新西兰旅行的时候。

事件一：街头。

“唉，你看前面那个男生超帅的耶！”

“哦，有有有，有帅有帅！”

（事隔五秒）

“唉，你看，隔壁这个也好帅，这帅哥的密度也太高了吧。”

“……你傻啊，这个不就是刚才那个！”

“……”

事件二：纪念品店。

“哇，是日本人！来打工度假的吧，好棒，你觉得如果我们去跟他要line他会给吗？”

“你去试试啊。”

家里。点开头贴。

“你看，是中间这个吧，哇，他真的很可爱。”

“……小姐，你还能再夸张一点吗？你搭讪的人你不认得？分明是最右边这个好吗！”

“……”

事件三：船上。

“Sir，may I have a photo with you？”

“No.”

“他怎么说？”

“……他拒绝。QQ？”

“哈！没关系没关系，船员又不是只有他一个，我们再找别人拍就好，不伤心不伤心。”

隔天，海边。

“怎么办，前面那个人是不是昨天拒绝我们的那个啊？”

“……你是当所有长胡子的都是同一个人就对了？”

“……”

于是这天，我点开组员的头像，凭着照片开始寻找这位打出“已在沙发区等候”的同学，也果然毫无悬念地在绕了沙发区两圈后依旧没找到自己人。

突然，一只大手不轻不重地落在我头上，三两下拨乱了头发。我先是顿了一顿，但也只是微微一愣，唇角便勾起一抹会心的笑意。

“你的组员呢？”

“不知道，我找不到。”

“照片拿来我看看。”

很多天以后你问我，觉得你的灵魂是怎样的？能让人心安，我回答。一如这天我从背后看着你，沿着我走过的足迹，找着我应该要找到的人，随后理直气壮地走回来用手机敲了下我的脑袋，高傲地说了句：“这不就找到了吗？”

“嗯”，我说，笑着。

叶嘉莹《人间词话七讲》读书会

三

我曾无数次分析过自己，最近一次的发现：我会给自己一次去冲撞内心恐惧的机会。

这样说吧，第一次见你的时候，我以为你会是跟我距离最远的人，因为我怕坏人，而你又是一脸严肃。或是为了求证，或是单纯想勇敢一次，总之，我主动找你说了第一句话。现在想来，假如你当下的回应再严峻些，我肯定不会随便去碰第二次壁；然而你却笑了，笑得好傻。

在后来的日子里，在那么多张笑脸之中，没什么表情的你却成为我最熟悉的人。有时候我看见你笑了，有时候看见你不笑，我总是能找到你，不迷失。

同样的，我想过也紧张过，接下来的七天和大家不亲，得一个人走完全程。秉持着“先发制人，后发制于人”的精神，我主动将自己向整组推销了一遍，而后我幸运地在短短不及一天的时间内多了四个好朋友。

几天后在电话里，学姐用有些闷闷的声音说真不像我的作风，想当初去西安交流的时候她哄了三个工作日才把我拐出房间和其他组员混熟，怎么来到这里不用一天我就跟大家好了。我忍俊不禁地告诉她，那是有她在我安心，不急着认识其他人，学姐这才笑着说：“不同你计较。”

四

对厦门的第一印象：热。

热，很热，超级热。像是身子要起火那般，走在沙坡尾的街道上，我含泪对着身边同样一身湿的黛比无声问了句："地球怎么了？"

抬头望了眼天空，我突然对"万里无云"有了新的认识。夏天的厦门，若是气象预报对一天的注解为万里无云，那是在说：出门请自备云朵，以防烈日直晒。于是放眼望去，伞花朵朵。一个白天走完，大家像是无数次掉进水里，又无数次爬上岸；身上布满了旧的和新的汗渍，干过又重新湿透的痕迹。然而望着彼此的狼狈，我们只是笑，并且越笑越开心。

第一天的最后，大家进行了一轮自我介绍。有那么一刻，我觉得自己像极了爱丽丝，误打误撞跌进一个绮丽的梦，这里的每个人都散发着自己独有的魅力，一人一句憧憬便织出一片绚烂的风景，那是融合了大家的想象后未来六天会有的样子，而我何其有幸来到了这里。

"今天如何？"

"饿了很久，到中午之前整个早上没吃东西……"

"你早点跟我说，我帮你带早餐啊。"

"谁知道你会不会真的来，我连期待都不敢。"

"不期待也好，才有惊喜。"

"……惊喜可惊可喜。"

不过还好，因为你来了，所以是喜。抬眼瞧了瞧护在我左右的黛比和苡苓，因为看我在回信息便主动担当起我的双眼，在遇到台阶时说小心台阶，车辆经过时说注意来车，来福建的第一天竟能收获这么贴心的伙伴，这也是喜，于是才对你说我真的很幸运。

五

鼓浪屿的风夹带着海水的腥味，起初有些刺鼻，后来也就渐渐习惯了。导览员的声音断断续续传进耳里，因为机器故障听得不怎么真切，不过没关系，更多时候我喜欢就这么静静走着，遇到感兴趣的故事再向身边的黛比和苡苓打听打听。

我一向不是喜欢打卡发照片的人，但很奇怪，这天我每走一段路就想发张照片与你分享。我让你看我遇见的海、挂着台湾字样的小吃、各色钢琴，还有陪着我走了一路的朋友们。我告诉你林语堂先生甫结婚就撕掉结婚证书的故事；告诉你吃饭的时候阿姨问我们缺什么时组员正儿八经地回了句：转盘；告诉你很有教师风范的小晨教会我的那句"当你的海，就不会在意你没有岸"。我就这么慢慢地、慢慢地把一路上撞见的景致都交给了你，像是成了你的眼睛，又像是你其实正这么陪我走着。

"今天的厦门如何？"

“很像台湾。嗯……像是在逛淡水老街和三峡老街。”

“哈哈，怎么说？”

“很多洋房啊，凤梨酥啊，还有海水咸咸的味道，就差没有阿婆铁蛋和牛角面包。”

然后你告诉我手机出了点状况需要两三个小时处理，我应了声好，便这么等了你一晚上。张老师说：“厦门的时光是用来浪费的。”我想，我是将在厦门剩下的时光都浪费给了你。

六

一趟路下来，这是我最喜欢的一天。

因为下了场雨，整座城市的空气变得沁人心脾，没有了前些天的闷热。这天我们离开厦门，驱车前往漳州。

严格说起来，这天是不顺利的。因为预选的道路出了问题，前前后后换了三次路才终于抵达目的地。其间还历经了一次惊心动魄的山路倒车，为了安全起见，大家纷纷下车，于一旁屏息候着司机小心翼翼地将车头调转。

然而，我却觉得这天很好。因为上山，因为飘雨，云层遮住了太阳灼眼的光线，使我有机会好好欣赏沿途风光。

我对你说，像这样仔细看往窗外，才发现福建真的很美。深深浅浅、层层叠叠的绿，整片整片的梯田，和我们当时在西安看见的又不一样。于是你问，那跟西安比我喜欢哪一个？我答：“西安因为一路上有你们所以喜欢，福建还没走完不能现在给你结论。”“西安有你们真的很棒。”你说，而我笑。

远远望着人称“福建的布达拉宫”的土楼群，我突兀地想起《楚门的世界》这部电影。居所成为观光景点，生活在闪光灯下的人们究竟是什么心情呢？或许居住在这里的居民能给出精准的回答，只是我无从揣测。

然而，土楼是真的美，尤其当我们走进土楼内部，我惊喜地发现自己原来是见过它的。在哪里呢？其实就是某天同我妈看的一部动画电影里。从虚幻走入真实是一种震撼。

穿梭于塔下村，我一边感受着客家人的好客，一边想着要如何将这座世外桃源展示于你。最终我想，大概真正动人的事物只能盛装在心中，就好比我始终觉得相机拍下的画面不比双眼所见的美丽。

七

在泉州的第一个早上，我趴在床上同你回信息。聊起去西安交流的那些日子，从素昧平生到患难与共，我们是好大一群人。然后我告诉你我想念学姐，于是你说可以邀她去海边。

“你们邀她去海边她应该会很高兴。”

“怎么说？”

“她喜欢你们。”

“那你呢？”

“我喜欢你。”

这天，我的患得患失如此明显；我的喜悦如此张狂，失落又如此难掩。为你早上的一句话高兴地转圈，再为你长时间没回消息心慌至落泪。我说，我是第一次对男孩子说喜欢；我说，害怕你的久不回应是为了疏远；我说，我是为自己哭，是不知道自己的勇气赌没赌对。

黛比和苡苓看得了然，分享、分担、鼓励、开导、倾听，一样也没少。一路上被如此幸福地支持着，绕着开元寺内的双塔，不知道是谁说的，顺时针走一圈就能心想事成；我希望自己有机会回报从这两位朋友身上汲取的温暖，感谢缘分让我遇见这般可爱的两人。

其实她们都让我等你，但我还是不争气地给你发了张贴图。

“还没睡？怎么可以，你该睡了，好应付行程。”

“刚洗完澡，跟学姊通了下电话。她想我想到舍不得挂断，哈哈。”

“我也是呀。”

你也是呀。真好，原来你也是。这天，我走过了清真寺，走过了西街，走过了庙宇；我走过了泉州的清静，也走过了泉州的繁华；最后是你，走平了我的忧心。

八

福建之行的最后，是福州。

赶了一下午的车，这天最重要的任务是隔天的晚会表演。

“和我们在西安的最后一天一样，明天各组也要表演节目。”

“你们表演什么？”

“舞台剧。”

“那你演？”

“某位配角的大学时代。”

“怎么会有人随身携带剧本啦？”

但就是有，于这群可爱的朋友里头，就是充斥了各种人才。

当晚，大家齐聚一间房，说过话的没说过话的，很神奇地在这时放下了所有藩篱，全心全意地投入。

九

白天，走访福州的三坊七巷。福州是个地灵人杰的地方，近代名人的故居一幢幢矗立在面前。经过介绍冰心生平的小隔间前，我对着门外柱子上的刻字盯了良久。

“心似平原走马易放难收”，我知道我是断章取义，是创造性地背离了，但总之我想到了你。不管是自愿抑或非自愿，我想，我是将心放给你了。

这天的最后，在一片欢笑与不舍的声浪中，每个人都有了一个华丽的退场。

晚上，我给你拨了通电话。我忽然觉得自己很傻，为什么不一开始就要你用微信，而是为你翻了这么多天墙。

“几点了？”我问。你说：“十一时二十分。”“嗯！”我说。我想，大学组自己办的小小酒会已经开始了，而此刻我却蹲在房门外的走廊和你通电话。

其实我们聊得很没有目标，左一句，右一句，几个字、几秒停顿、几声叹息。但我却觉得没什么不好，没有尴尬，就只是这么淡淡的，你的声音传来，如熨斗一般，烫匀了我的心频。

告诉你福建的事，听你说嘉义的事。你说阿里山的云海很美，我记着了。接下来却为了到底是该吃你做的菜还是外出吃在地美食拗了十多分钟，直到我们都觉得彼此好笑得可以。

“几点了？”我问。你说：“过零时了。”于是我笑，“生日快乐，”我说。

终于我起身，朝向早已进行过一半的饯别餐会。我一步一步地走，一步一步地走得很慢。

脸颊微热，脑袋微醺，耳边回荡着你那句郑重的“晚安”。

十

“你会对离别感到不舍吗？”

没想过会听见别人这么问，我望着隔壁的人，等着她下一句话。

“我参加过很多类似的活动，觉得这个团特别有人情味，感觉特别不舍。”

“那很好啊，表示你有被感动到，有感动才有不舍。”我答。

然后她靠上我的肩，问：“那你呢？你也被感动了吗？”于是我笑了。

与此同时，你也这么问我。

"悲欣交集。"突然地，就想到这句话。

十一

"你不觉得异国恋爱很浪漫吗？你人在海外，心却始终记挂着海内的人。"

我抬头对上苡苓询问的双眼，再低头看着自己回了一半的信息。浪漫吗？一人花开，一人花落，心绪起落只为一个人。或许吧。一声铃响，手机荧幕闪现来自你的回复。

"那你就当真呗。"

"我讨厌你。"

"可是我喜欢你啊。"

"你喜欢的人还会少吗！"

"不多不少，就一个人。"

"哎，你都这样逗女孩子哦？"

"我没事干嘛逗女孩子。"

"好啦，我跟你说，我很笨，想得很简单，你随便逗我我怕我会当真。"

"你不笨，你只是傻又单纯。那你就当真呗。"

"你知道有效碰撞吗？"忽然，我问苡苓。"就是两个分子在可能有的N种碰撞里头，只有一种能正确结合产生反应。我们认识的时间那么短，我害怕我和他只是那么刚好地在一开始就成为彼此的有效碰撞，还有其他N种互斥的可能，只是我们还不知道而已。"

"我倒觉得，不是每个人都有机会和自己暧昧的。其实你的担心我也有过，害怕彼此认识不够，想过将步伐再放慢点。但不是每个人都愿意等你，不是每个人都等得起，要是真的错过了会后悔吗？"我这样问自己。最后，我听见苡苓问："你呢？你会后悔吗？"于是我笑了，笑得了然。

登机前的最后一刻，苡苓拉着我的手问："想通了？"嗯，想通了，想得透彻。

"啊，我想念的人啊，又要距离得更远了……"遥望厦门的方向，我被苡苓一脸的悲催惹得发笑。

啊，使我牵肠挂肚的人啊，我终于要走向你了。

我的行旅

□ 余泓毅　亚洲大学室内设计学系

◎沙坡尾

听说在厦门，有一种幸福，叫住在沙坡尾。

无疑的是，我闯进了这一幕幸福的场景，海的味道扑面迎来，全身上下被淡淡的风包围着，走在这古老的街道里，总有些设计的灵感会离开许久不再活跃的脑海，好像找到了什么一样，开心地在墙壁的涂鸦、红砖墙与绿荫道上奔跑着。

树荫下人们纷纷攘攘，随着大队伍向前行时，突然看到了陌生却又熟悉的大排档招牌坐落在一家小小的店外，门口铁门拉着。这时潘教授与我闲聊了起来，开始说起她对大排档在台湾、香港、厦门的观察，透过她的讲解，脑袋中抓住了一丝脉络，原来闽台关系分离虽久，但在某些意思的表达上却是殊途同归。

沙坡尾比起沿路上的厦门，多了点生活的气息，我们仿若是武陵人，闯进了一个尘封已久的桃花源，街道左右两旁的建筑被绿意与花纹雕饰覆盖，树下总有满头大汗的过客数名，而墙壁上的雕饰融入了来自世界各地的不同风格，看起来却又是如此融洽。来自不同文化的它们，远渡重洋来到厦门古老的港，在此相遇，相互碰撞，而淬炼出一个属于厦门的沙坡尾。

个性，无疑是沙坡尾对我言明的态度，每一个角落里每一间商店，都诉说着不同的故事，上一个转角看见墨西哥的小餐馆，下一个角落则遇见了摆放精美瓷器的店面，这在一个观光城市里头，讲的是有一群人不随着世俗的流行起舞，而是建立出自己的特色，除了保持产业的多元性，我看到的更是一种难以言明的精神。沿途有位詹先生，我们稍微聊到在创业的部分，不可不说的是那小小的店面，都代表着不同创业者的坚持，或许走的不是一条快速致富的道路，但有时候在能力许可的时候，保持一丝理想的纯粹也是一种选择。

边界，是我给她的名
树荫下红砖墙早被绿意覆盖
而海风依然轻拂着过客的发丝
荡过心中，跨过时间
划过沙坡尾港边的小舟
百年如一日
依旧荡漾

◎芙蓉隧道

隧道里少了点亘古，充斥着喧闹声。行走在一个人的荒野，总能看见那求不得的方向。

湖畔边绽放了芙蓉，娇艳地出水，花瓣遥遥向隧道指点，你就被那些花香飘过之处吸引，你说美丽的花是一种对生活的奢望，于是脚步摆脱理智的判断，不顾一切地向前行。在这种时候花是美的，姑娘们也是美的，美得你忘了你是截然不同的生物，就这样失魂落魄地走。走过学楼旁，楼上那彩旗张狂地警告过客，这是名为青春的一首诗，一首人们歌颂千年的诗。

学楼贴着红砖的外皮，铁件窗框雕饰着美丽的倩影，一抹阴影跨过光贴在墙上，好像在说着窗内人的暧昧，是暧昧吧！大学的时光，总离不开这两个字，是学生阶段与社会的暧昧，是情感的暧昧，甚至是自己心中的暧昧，是个大学生，总得走过这些，就算经过了社会的洗礼后，这些暧昧会在某个角落悄悄地被你遇见。是在某个热闹的场合遇见你暗恋四年的女孩呢，还是在某个时间你听见内心孤独的告白，讲着那些机缘与巧合、过去与现在。

“我这辈子最初的悲欢，应该就是从遇见你开始，是在校园的哪个拥挤的角落，肩膀不小心的触碰呢，还是在课堂上眼神不经意的接触呢？你说缘分总在不经意的时候到来，在某一刻脑袋中的化学变化让两人间产生了暧昧，然后缘分又在不经意间离去，留下一个人的操场，一个人的夜宵，甚至是一个人的不同未来。”

然后在离别的时候，画下了芙蓉隧道里的那幅星空，事隔多年后当你重新回到星空之下，你会拿起手机，忘情地按下手电筒，然后宛若高举光明的凡人，宣告成为你的神。

某天当你路过河畔边
我就站在你侧前方
你会不经意地举起了手
然后我便会知道暧昧是你的名
六月的阳光融化了我
于是你拿起水彩笔沾点了我

画出星空的模样
我不知道后来如何
但总有一群人围绕着我用陷入回忆的怀念说道
聚是一把火，散成满天星

◎鼓浪屿之波

基隆港内的水手总说着海龙王，基隆港外的海总是清澄。而鼓浪屿始终遥遥望着，就这样忘了吧！故乡的月总是明亮，故乡的人总是美好，故乡的路总是一个忘不了的回忆。

鼓浪屿的街道比起沙坡尾多了点细腻，沾染了点钢琴家的雅致，走在小巷内，道路蜿蜒曲折，好像琴声渐扬，然后高山流水尽留于此，有包容万物的大。巷口卖老冰棍的老人家，喊着老冰棍一支五元，或许我们不用抬高古人之高贵，亦可从我们身上找到伟大，在一个平凡老人身上，也能看到繁华的历史，不用文字去叙述，不用言语来说明，脸上皱纹与黝黑的皮肤会为其证明。

琴声流转于梁柱间，竖起耳朵想要抓住那缥缈，如同菽庄花园想要留住海的痕迹。走在上方，却臆测在数十年前，有一批人为了躲避战火而来到此，在西洋的砥砺之下成长。又有一批人离开经营许久的居地，为的是那泱泱华夏。在琴声荡漾之中，男人身着笔挺西装，姑娘们伸出纤纤玉手，随风而起，任浪潮打着鼓浪石发出动人之音，人忘情地转动舞步，而琴声，开始演奏即兴曲。

变奏曲、卡农、圆舞曲、进行曲、小步舞曲，然后最终到夜曲。琴声多变如同你容颜的善变，你说你看鼓浪屿从宁静的琴声到脚步的喧哗，从安静的日子到连声音都变得拥挤的年代，皱纹爬满了经历岁月的脸，榕树气根深深植入你的表面，攫取你美丽的凋零。

《鼓浪屿之波》在钢琴师手上渐渐地摆荡，我依稀可以听到落地窗外榕树气根呼吸的脉动，一次、两次，一次、两次，最后忘了是谁先用力地拍起了手，惊醒我那游回美丽基隆港的魂魄，于是魂魄跟随余音，忘情地浪费了三日的青春。

布鲁斯纳琴披覆着华丽
镂空的装饰透着光芒
嘈嘈切切鼓动那忘怀已久的心
约我一趟远游
倏地银瓶乍破
大珠小珠落玉盘
而我早忘了神
在情不自禁鼓起双手时
却已来到基隆港
听
清澄的海湾内，老水手说着海龙王

◎土楼

大山几乎吞噬了世界，只剩孤独的蓝天与道路同行，植物紧紧地扣住岩壁与土壤，向上天追求黑暗的自由。

先人走过千山、渡过万水来到这里，建立属于自己的堡垒，宽厚的土壁气势雄伟，就像当初先祖们来到此地的精神，筚路蓝缕，走访山林，与野兽争生死，与盗匪战存亡，如今老人们做着手工艺品，黝黑的皮肤与盘根错节的皱纹，古老堡垒就生长在这些纹路之上。

东歪西斜的误会，如同郑愁予美丽的错误，甫进门便见一村妇气运丹田，与一中年男子对骂，虽说不通方言但亦可知其火爆程度，在这个开场之中，才了解在观光的性质下，仍旧保有生活的一面。而周围的老人家贩卖着不同的事物，你买了一个可因拨动而共鸣出声的木蛙，就如同真的青蛙一般，在文明的侵袭下仍旧发出震耳欲聋的鸣叫。

在细雨之中，你撑伞走在溪流边，这小桥流水不就是你一直期望的道家世界吗！小国寡民，无为而治，又或者你把自己幻想成了武陵人，误入桃花源，鸡鸣狗吠，阡陌田野，他们热情地欢迎你来，你便随着他们一路地走，才知道是在元明时期躲避战火而来，战火也燃进了你的内心。那个遇到的老板娘，挺着怀孕的身子前前后后招待你，红色的孕妇裙是那般亮眼，你不得不说你被吸引了，被那种臃肿却又利落的身影给吸引，好像她就是该长这个样子，才跟你心中的秀色山林有所联结。

他们跟你说绕三圈吧。你没有绕，过了之后会后悔吧！你说不会，拿起了手上的苹果手机便快速地按下快门，拍下了百年来二十一杆石龙旗杆，以及远方屋顶镇邪的白鸡石雕，说这样便可离去，离去吧，白鸡蹦蹦跳跳指引你离开，于是武陵人一步步地向外走，走到远方，终于忘记大山内的桃花源了。

她说她等你来，前前后后快七百年了
脸上的皱纹破了又补，补了又破
不晓得哪天这些纹路便会扭曲成九十度的直角
你说你只是个过客
而一切都只是美丽的误会
从你出生那一刻便开始策划一起惊悚的折磨
你来了，她身穿红裙美丽的倩影早已枯萎
而你走了，你的心却永远被你遗忘在三楼赤裸的乳房上
而那指路的白鸡，封闭大山的路
让武陵人下个七百年再也寻不得一场春梦

◎开元寺

我听说有桑树曾生出莲花，于是赶过来看，到了这里，小失望了一把，或是我心不虔诚，或是莲花未曾为我开悟。但庆幸还有两座宝塔等了我千年，心里甚是感动，大雄宝殿内二十四尊飞天乐伎，每日依旧虔诚奉献，我找了又找，找了又找，实在是忘记带糕饼果干，只好以宁静的合十来表示诚心。

绕了寺里一圈，正当要路过弘一法师的纪念馆时，在门口右侧的石柱下有黑白两犬，对着同行的姑娘摇了摇尾巴，好像一位法师遇到人时合十一般，纯净的笑容透露出见面的愉快。一位同行的姑娘走到旁边与之交谈一阵，仿佛懂了什么，白犬伸出右手向姑娘招呼了下，却又懒散地坐了下来，说着请客自便，姑娘情不自禁地笑了，笑容里绽放出可远观而不可亵玩的莲。

来到这时，夕阳早已自西方升起，照得镇国塔与仁寿塔只剩一个黑影，我赶紧拿出手机来把这阴影截入收藏中。寺内榕树林立，在一片黄昏中，墨黑色的羽翼插入天空，树下的人群开始散了，而我依然在研究如何更好地在仁寿塔前抓到一丝完美，嬉闹声渐渐离去，我看了下周遭，黑暗成了黄昏下的主角，而我则成了树梢上那即将凋零的叶，随风飘呀。

“我终于找到你了。”我说。

“你又要对我说什么大道理了，”你脚步不停。

“我想要找到那完美。”

“完美？你觉得有可能？”

“有的，在某个角度下，比方说，你的侧脸，拨开右边的发丝，露出那几何的耳环。”

“那你呢？”你拨开了右边的耳环说。

“我站在离你三十厘米的位置，没了眼睛的干扰，那就是我要的完美。”

“行，来吧。”

我见不到桑树长出莲花，但我见到了她的完美，右手拨着发梢，三角形与圆形金属相扣，我闪避她不带一丝认同的眼，只撷取了一张手放在正中心的照片，发丝随风飘了起来，在这一刻，从生活的角度到了艺术的层面，又从艺术的层面让我陷入了你的角度，完美始终是种终结，但在拼拼凑凑中，却能找到对奢侈爱情的迷惘，究竟是我选择了完美，还是我沉沦于你。

美丽的事物往往藏在夕阳下的某个角度
眨眼间，脑海里按下快门，产生某种化学反应
就深陷于情感虚假的决堤当中，沦为冷静的你嘲笑的求不得

◎清净寺

坐落在泉州的某个角落，中亚穹顶流浪了近千年，圣洁清净的莲花寻不回家乡的路，只好坐化于此，遥望彼岸的圣地，于此点燃已断绝的圣火，燃尽虔诚。

虔诚的我走上了望月台，望向彼方，指引来自故乡的船帆进港，忙碌的挑夫与疲倦的船员，着急地寻向港边熟悉的面孔，说：“去吧，快去吧，下一次出航尚不知海洋是否平静。”

然而月台早坍塌了，于是出航的人梦归何处，魂又在何方？朝代分合之际战火点燃了虔诚的身躯，海上的男儿啊，回去吧，回去吧，回到真主身边。

你也走到了露庭，青草自石砖缝隙中钻出，庭院荒废已久，古老的石壁写了不知所以的阿拉伯文字，你双手合十，仿佛在敬仰岁月的亘古，尊敬时间的平等。以艺术的角度来讲，你此时是极美的，原始的刺青自眼角长出，蔓延至脸上，掩盖了你的面目，却掩盖不了你的过去。淡蓝色棉麻衣服看见了天空的蓝，想起曾经嘲笑蓝天的自己，但这你都不在意，你嘴里咕哝着谁也听不清的话，早已忘记泉州哪时候下的雪，把你头上的青丝都覆盖住了。

清净寺不远处有座关岳庙，我们沿着路向前寻去，在庙前有两三位行乞

心得感悟，认真记录

者，他靠了过来，好像在原野中看到了人烟，靠近了一位男子，而男子丝毫不理会过客，毕竟只是过客，如同拍了拍口袋里没有现金一样，如今我们也是钞票硬币的过客，看了下关岳庙的建筑，梁柱、天花与瓦材，倒是没有超出心中寺庙的范围，只是古老的习惯，总是较难以忘却的。

晚上与几位旅人喝了点茶酒，就自以为醉醺醺地忘记了过去，直想对你倾诉满怀的欲望，但在一片咸辣的小菜里又压下了心思，过去总是缠着我，又如何能将数十年的脾气给忘了呢！于是我开始吐丝，包覆自己，直到把自己结成了蛹，与你相醉。

把自己抛在紧缚的欲望中
却忘不了虔诚的瞬间，看见了你赤裸的内心
望月台上看见了故乡的船
却看不到未来的航道
只好把学习幼虫吐丝结蛹
对着自己聊天，让你与自己闲话家常
两个我在小小的蚕蛹里头
赤裸着身体，学习醉得忘了这一刻

◎尾声

窗外风景又小了点，只剩蚂蚁那般大，心跳声又大了点，足以与引擎声相共鸣。我就在飞行的时间里看到一只莽撞的青鸟，在机翼旁胡乱飞着，说是飞翔吧，她又在看我，于是一人一鸟就这样陷入恒久的寂静。她的羽翼血迹斑斑，羽毛也在慢慢掉落着，终于在某个刹那，她离开了航道，跌回凡间。

我知道她就是我，她正在给我一丝线索。一丝连我也只能去臆测的线索。

飞上陌生的蓝天，与重回熟悉的墨色大山，这应该是她给我的回答吧。我灌了口水，略为平复了呼吸，尽管我好像找到了未来的十字路口，但这真的是我的选择吗？我明白了些什么，在这一趟寻找自己的旅程中，应该是明白了吧。

你扇了扇翅膀，也不管我到底是如何，就这样振翅而去。

夜幕笼罩了天空，在下了飞机之后，我茫然地不知该何去何从，这一趟旅程中，我得到了我想要找的方向，却丢失了你。

始终暧昧
我与你
或许你诞生自李白那咏月的诗篇
只有在醉意朦胧之间
对影成三人

中学组

探寻“福地”，文化乐旅

□ 蒋逢　厦门第二中学

“那就出发吧……”

“问卜殷墟，问卜中华，这次的‘贞人’，是我们。”

轻轻地将这《新文化苦旅》合上，又紧紧地将其贴在胸口，也许只有有着如此血肉的中华汉字，才能契合我体内的热血脉动的温度，才能随着华夏子孙的心脏跳动起落。

合上眼，再次慢慢地回味这段令人心潮澎湃的文字。“贞人”，是殷商时以甲骨占卜吉凶的人，也是固守正道、志节坚定的人。他们，不正是参加这次活动的海峡两岸青少年代表需要效仿的对象吗？青少年代表们，不也正要学习他们殷殷问卜的精神，探寻福建、解读文化吗？

我的嘴角扬起了微笑。

那就出发吧！

转过身，万里无云的湛蓝天空下，几十名意气风发的少年已阔步踏来。意气风发的少男少女们，来自海峡两岸的不同地域，却因同根同源的灵魂，在此夏令营相聚一堂，且聊得甚是投机。他们是携着几本厚厚的中华文学经典来的，他们是带着探寻福建、研觅文化的希望来的，他们是秉着美好的梦想与追求来的。这样说来，我，便是与他们并肩结伴的了，于是这一队伍，能被冠上一个极有温度的词——“我们”。

因此“我们”有缘同聚。我们要结伴的这一旅程，便是一场有尽也是无尽的福建文化之旅。福建人给家乡取了一个爱称：福地。那么，既然是在这片有深厚文化底蕴的福地之中，也有了青春洋溢的梦想与欢笑相伴，我们此行又怎不能是一次文化乐旅呢？而我们，就要学习千百年来殷殷问卜文化的那些“贞人”。我们有着中华文明“美丽的基因”，先来探寻，后来传承；我们将投身这一段历时七天的文化乐旅，并将一心投入、乐在其中。

携起台湾同学的手，相视一笑。

那就出发吧！

◎取中西各芬华，绽鹭岛之独芳——厦门鼓浪屿

海风轻拂，涛声入耳，我最喜欢攀在渡船的栏杆上，静静地观摩着越来越近的鼓浪屿。整座小岛以舒适的姿态，静卧在一片温柔的蔚蓝中；从远处看，绿树红瓦装饰下的岛屿，也像极了一个精心布置过的大花园——难怪鼓浪屿还有个极美的别称，叫作“海上花园”！

这“海上花园”的精致美丽，我被其深深吸引。

我的目光先是落在日光岩上，因为每天清晨的第一缕阳光总是先投在日光岩——这处最引游人瞩目的全岛最高点上。“日光岩”之名，可是民族英雄郑成功驻扎鼓浪屿时改的呢！顺着日光岩往下看，遍布全岛的建筑多为红色屋顶，被绿树翠林拥抱着，像朵朵红花般在这“花园”上绽放。而接近鼓浪屿时我们才发现，这些楼房就是所谓“万国建筑”了——看似一致的红顶下，却是中西各文化合璧而产生的不同风格的楼身。令人称奇的是，来自各国、风格迥异的文化，竟在这小岛上巧妙地融为一栋栋美丽壮观的别墅，且毫无违和之感！

带着对这一发现的欣喜与好奇，我们踏上岛，开启了一天“鼓浪屿‘万国建筑’参访之旅”。

我们在迷宫似的古道小巷中穿行，每次街口一转便能发掘一处惊喜——各式各样精妙绝伦的“万国建筑”总藏在下一个街口，等你去探访究竟。白墙红顶华丽雄伟，八卦楼伫立百年仍旧异常瞩目；彩砖石墙的高大中式门院内，仔细一瞧竟有几栋精致的西洋别墅。“快看快看，这是我觉得最美的鼓浪屿建筑——海天堂构！”同行的伙伴激动地叫嚷起来。我一看，这“海天堂构”真的是极美的建筑：它的主体是希腊式石柱撑起的大楼，但楼内砖瓦屋顶与细节雕花却都是秀美的中国风，重檐斗拱、飞檐翘角。这也让我不禁想到厦门集美的“嘉庚建筑群”，也是如此般“穿西装，戴斗笠”的建筑特色。无论是鼓浪屿的万国建筑还是嘉庚建筑，都形成了刚柔并济、中西合璧之美丽！

“鼓浪屿‘万国建筑’参访之旅”结束后，我站在菽庄花园的白色长桥中，望着桥下大海潮起潮落，对今天的旅程也有了深切的感触：鼓浪屿这座小岛，是多么包容、多么亲切呵！就如这岸边的蔚蓝深海般，有容乃大、海纳百川。恬静的海风中，悠扬的琴声中，温暖的海波中，中西文化细腻而平和地融为一体，没有血肉交战，没有谁是“唯一”。这形成了“鼓浪屿文化”，独一无二的“鼓浪屿文化”。

离别时，又是鼓浪屿的海风为我们送行。我像儿时每一次离开这座岛一样，在船上向这座可爱的小岛挥挥手。随着成功列入世界文化遗产名录、九月份金砖会议的到来，海风也必将与社会之风一起，为全世界都带来习习温暖，也为世界展现出鼓浪屿独特文化的绝顶风华！

◎多元兼容，宗教圣地；庄严国土，利乐有情——泉州开元寺

开元寺内高耸的双塔，在烈日中显得更加庄严而威武，在寺院的上方撑起一片信仰的蓝天。开元寺不像它之前的几个街口般热闹，而是如金色的晨曦般庄严而宁静。墙外便可见的寺檐上，白鸽舒展双翅，自在地飞起纷落，似乎向院外的我们带来了寺内缥缥缈缈的檀香味儿。

跨进寺门口的紫云屏，我们便先来到了天王庙，殿内的梭柱上有朱熹所撰、弘一法师所书的一副木质对联："此地古称佛国，满街都是圣人。""满街"都是圣人？我疑惑着，但还是跟着团队里的人出了天王殿，来到了拜亭。拜亭两旁古榕参天，为我们引出开元寺的主体建筑——大雄宝殿。

远处观摩，这座宝殿的高大壮丽已让人肃然起敬；走进殿后，金光闪烁的五尊大佛又令人啧啧惊叹。而在金光映照之上，重檐斗拱之下，雕有24尊精美绝伦的"飞天乐伎"木雕。这些"飞天乐伎"，初看像是长着大鹏或蝙蝠双翼的印度教"飞天"神鸟，正要振翅凌空；再一瞧又像是捧着乐器或文房四宝的24位妙龄少女，正在翩翩起舞。"她们是集佛教'妙音鸟'、基督教'天使'与中国'飞天'于一体的吧！"我不禁惊叹，感到诧异却又喜出望外。导游回答道："没错。这是因为当年历史上泉州'市井十洲人'的繁荣景象，吸引了大量外地僧侣前来传教，从而造就了泉州多元兼容的宗教文化。所以，你才会看到这样美丽的、文化交融下的精粹。"

啊，所以"满街都是圣人"可是并不夸张的呢！通过海上丝绸之路集聚于泉州的各地僧侣，带来多元的宗教文化，充实着大众的精神思想，造就了泉州人民兼容并包的性格，也在泉州这片包容的大地上，创造出各种宗教和

谐交融的独特建筑，如开元寺。而开元寺也将这种宗教的思想精粹与文化之美传承了几千年，装饰着泉州大地，装饰这人间净土、佛国净土。

那么，开元寺的文化其实就是佛教的一个重要理念——“庄严国土，利乐有情”了吧？

停驻在寺内的古榕树下，我似也“顿悟”了！

◎划方圆为和贵，成万家之一统——漳州土楼

大巴绕着盘山公路，向高峰处颠簸而行，愈往上的风景愈加翠绿迷人。“我们这一路呀，可要绕个九九八十一弯乘以二——一百六十二弯呢！绕完弯儿后我们就抵达漳州最著名的‘四菜一汤’土楼群。热情的土楼居民会像我一样，欢迎朋友们的到来！”为我们导游的当地大姐笑得淳朴而善良。我们都笑了，我也放下了心中怕被当地人顾忌的“异客”之虑。

“四菜一汤”土楼群是壮观而温馨的——群山绿翠中，五栋土楼围成“四菜一汤”状，被山峦绿野拥抱着，中间的方形土楼作为“一汤”，四周的圆形土楼围成“四菜”。这一特色景点，确实是如导游所说般“俯视是桃花，仰视布达拉”。而当我们真正站在土楼旁边时，更是惊讶于它的实心石墙高大厚实得看上去不可侵占。询问导游便知道了，原来，当年土楼的修建就是为了对外防守御敌，而对内将同姓的族人都统一起来。简单的圆环，环起一家子的天下。我们不禁佩服起这深山中的大智慧。

跨进其中一栋土楼，大门口高高的门槛和“福裕楼”的楼名，彰显着对于幸福生活的向往；包拢视野的环形民居，反倒不让人觉得纷乱混杂，而是整洁而舒适干净。家家户户的年轻男女都端出自家生产的糖果酥饼，热情地请我们品尝，或是中年妇女在屋内泡了后山摘来的新茶，亲切地唤我们进去坐坐，还有些孩童引着我们，到土楼中央的四合院建筑的小学堂参观，口中哼唱着诗词歌谣。我不禁欣愉地赞叹，土楼文化是随着时代也在进步的，古时的“防守”已因时代变迁，而顺应地转为“开放”了。在楼里，不仅当地人能体会到和谐之贵，外地的异客也能感悟到它的和谐之美。

一路绕来，我感悟道：土楼群的文化，从因防守而产生，到因时代而开放，原因都由于一个字，便是“和”。中华传统中很重要的一点便是“以和为贵”，从前，土楼中的一大家子人和谐共处一屋，土楼外的敌人因无法进攻而转战争为和平，如今，土楼开放迎接远客，也因为“和平”是沟通土楼内外的重要桥梁。

踏出门外，静看着眼前茶林山下，小桥流水，白鹅灰鸭。这般和美呀，已经传承了百年之久，也会继续传承下去吧！

◎乘风破浪有英才助航，卧虎藏龙——福州三坊七巷

谁曾想，在这三条宁静大路的交汇处，竟又阔出了这样一条冗长而繁华的大道。而又不曾料到，物质的繁华仅是这条大道的表面，更有隐藏在其中的七条小巷，道尽福州文化上的繁荣过往与今日风华。

呀，可真是奇妙，总是先有一种对物质的追求将我们引到这儿，又有对精神文化的追求，让我们彻底迷恋上这儿。

这儿就是我们此刻身处的福州著名景点——三坊七巷。

穿过主街上衣着绚丽的过往行人，我们要拜访的，是隐藏在七条巷子中的名人故居。每一条看似平凡无奇的巷子里，一扇扇看似普通的大木门后，多少年前，竟居住过几十位“文武奇将”——林则徐，冰心，林觉民，严复，沈葆桢……这些大名鼎鼎的屋主人，使我们讶异于巷内房屋的诗情画意的同时，不禁心生疑问，为什么在同一时期，人才会如泉涌般在福州产生？思索着问题，我的脚步放慢了：抚摸着被阳光烘过的石墙，感触着近代英才们热

离别前的叮咛嘱咐

血的温度，望着墙头的翠竹，那是文人的精气神。接下来的行程中也一定藏匿着如此的文化，它们也将告诉我答案吧！于是我又紧跟队伍，继续向前走去。

步入作家冰心的故居，宅院里不太大的学堂却是最吸引我的地方。因为正在当年的这间学堂中，少女冰心琅琅的读书声打破了祖上“只有男孩能读书”的旧规矩，成就了她之后颇有成就的人生。这当然也要感谢鼓励她读书的开明父亲，我想，他的父亲是位出色的海军将领，思想先进……

对啦，“海军”！原来就是这样。近代的福州发展几乎离不开海——福州是最早被开放的通商口岸之一，清末的左宗棠为了复兴中华也建立了福州船政局……上午参观过的中国船政文化博物馆中，“师夷长技以制夷”几个大字，以及一艘艘漂亮的船舰模型，一齐晃入我脑海。当时的爱国仁人志士，就是聚集在福州这个著名的通商口岸，携其先进思想，开启了从“坚船利炮”入手的救国强国之路。人才如舰船劈出的滚滚波涛般层出不穷！

“东学为体西学用，马江巨舰驭狂涛。”是啊，怒涛也抵不住的，是福州及整个海上蓬勃进取的中华文化！

在这次海峡两岸共享阅读活动的七天中，我们拜访了福建许多著名景点，探寻出了“福地”的无数文化渊源：鼓浪屿的包容谱成了文化交融之歌，在我们耳边交织出优美的乐音；泉州用宽广博爱将这乐章继续演奏，随着大海利乐四方众生；漳州划方圆将这乐章保存，千百年来和平的歌谣萦绕不绝；福州的人才志士乘风破浪，又从海外谱来进步的新乐章，带领中华登上国际舞台……

我们探寻福地文化，隐隐地问询被隐秘在古迹中的历史所回应，这怎么不令我们感动，流连，再次向前？

七天之后，我们挥手拥抱——暂时的离别呀，挡不住未来的相聚。

七天的文化乐旅，至此看似已结束，但我们在福建这个福地吸取到的文化精神，却将引领我们投身一条长长的旅程，一场用一生去诠释的旅程，一场探寻中华大地的旅程。也许这会真的是一条文化苦旅，但有志要成为文化“贞人”的我们，都将义无反顾，并会如此行般乐在其中！

我们再次的相遇，必将是在这条旅程中了。

那，就再次出发吧！

船泊两岸絮相逢

□ 舒淮　南湖高级中学（台北市）

神州大陆，一个我既陌生又熟悉的地理名词，甚至在学校里被同学们视为带些对立角度的神秘大陆，如今栩栩如生地矗立在我的面前。说不出情绪上的感受，只能遥想当年爷爷离开这片大地时心境上的苍茫与凄凉。这是我们祖先生活的大地，而对于成长在海峡对岸、已逐渐淡忘先贤事迹、习于海岛文化的我们这一新生代而言，是否能惊觉“暖风熏得游人醉，直把杭州作汴州”？大陆，我来了！

◎启程 Story start

今年夏天，自觉比起从前胆小怕生的我往前迈进了一大步。因为机会的降临，往往就在这一瞬间的因缘。看见网络上关于活动的详细介绍，更由于爸妈的大力支持，就以试试看的侥幸心理，报名了本届海峡两岸共享阅读活动。

特别喜欢接受不同新奇事物的我，兴趣在同侪间还算广泛，所以对于这充满着文学气息的营队抱着期待且乐于学习的态度。心中老是猜想着，台湾所选拔出来的同学是否个个优秀，大陆的伙伴长得是否跟我们不一样？两岸学习的场合是否爆出激烈的火花？虽然如此幻想着，乐天派的我却在参与行前说明会时犹豫退缩了！

在台湾的说明会中，每位同学都依例简短地自我介绍。不过，行前说明会只是一道暖身小菜，等到了厦门后，还要有更深入的自我剖析；但此时台湾同学的表现却已令人惊艳，好像过招的武林高手般深藏不露。有人说希望自己能重拾对文字的热忱，另有人早已是兼职作家，期盼借由活动而寻找写作的素材。感受着大家的雄心壮志，我一日之间印证了自己有多么渺小；比起他人，似乎觉得自己是个需要别人帮助且充满稚气的小女孩。

随着出发的日子一天天地逼近，心情从一开始的满怀兴奋转为紧张担忧，害怕自己的水平差人一大截，又疑虑自己是否将造成别人的负担。但爸爸告诉我：“不必担心别人的眼光，不用刻意做作，呈现自己最真实的样子，无惧地去闯荡、去实践，才会有最珍贵的回忆……认识你自己永远是一个人终其一生必须面对的课题，我们可以选择做什么样的人，这就是幸福。”出发当天，摇摇晃晃的班机与“小三通”行程，却也刚好能让我慢慢沉淀自己起起伏伏的心情。望着这被称做黑水沟的台湾海峡，自古台湾与大陆的错综故事就经由这道鸿沟说尽了“江山如此多娇，引无数英雄竞折腰”，更期许我们未来数风流人物，还看今朝。经过半天的舟车颠簸我们来到厦门，见到了即将同甘共苦的大陆同胞、需要共同患难的室友后，心里大乐不止，这次共享阅读之旅便就此展开。

◎走走停停 Journey

七天的文化之旅说长不长，说短不短，朝夕之间足以让人开始想家却又舍不得离开这块才刚刚认识的土地。虽然天气炎热，酷暑难消，却丝毫不减整个团队的战斗力以及向心力。伙伴们即使在车上满头大汗、筋疲力尽，下车后却依然生龙活虎、充满朝气。旅途中赏遍了无数的博物馆，目不暇接，一个接着一个壮阔的自然景观，以及各个著名景点，着迷处更令我叹为观止、大饱眼福。

我最喜欢的景点当中，排名第一的是厦门大学内的芙蓉隧道。之所以喜欢厦大芙蓉隧道，是因为它有着各学院学生们不同的创作涂鸦，承载着满满的梦想及希望。有学生在隧道墙壁上点缀出细数繁星的夜空，但也有映衬着充满生气的朝阳，一幅幅动容的画作，使人身历其境，更营造出温暖的氛围。再来，就是鼓浪屿这座小岛，给人一种古色古香与异国情调混搭之感。岛内首先迎面而来的是租借时期各国的领使馆，每栋建筑有着自己的风格及故事，诉说着独一无二的历史命运与悲欢际遇。当日，鼓浪屿艳阳高照，但美不胜收的景色值得大家顶着太阳、抓好最佳角度而拍出最为动人的相片。我们一路沿着各异其趣的领事馆、教堂等充满异国风情的建筑，不知不觉中便来到钢琴博物馆。因为自幼学习钢琴，一得知有此行程就心生向往，亲眼看见一架架钢琴，又听了演奏的旋律，内心的激动无与伦比，更唤起学琴的时光，师长的和风煦煦，将昔日稚嫩的我蜕变为今日的我，逝者如斯夫，不舍昼夜。我为能在鼓浪屿被列为世界文化遗产后，成为首批来观光的学生深感荣幸，若有机会，希望能对这座美丽的小岛以及厦门市容的锦绣建设有更多的了解，并且宣扬出去，让我的台湾同学们觉得我很酷。

被烈日晒得头晕目眩几日后，终于等到细雨缠绵、烟雨江南的日子了。我们比预期多乘了五小时的大巴来到漳州，绕行了一百零八弯的山路、千里迢迢犹如唐僧取经来到了南靖土楼。山川多了些阴霾，反倒衬托那里的云雾缭绕、幻若仙境的美感。淳朴的乡村有着城市里无法体会的浓浓人情味，少了喧嚣及熙熙攘攘，崇山峻岭间的芬多精，随处都可见的鸡鸭，悠闲而不受拘束地四处游走，地处“枯藤老树昏鸦，小桥流水人家，夕阳西下，断肠人在天涯”的景致，这种宁静致远的感受，也许只有在此种环境中才能存在吧！这些景象，就像泼墨山水的画作，一直深入脑海，永不磨灭。

◎时时刻刻 The hours

这次旅程中所相逢到的伙伴，从开始的互不相识到后来的相亲相爱，从组员间只会尴尬地说 hello，到整团成员夜以继日地谈天说地，五湖四海、大闹天宫；缘分是这世上最奇妙的事，能让一群八竿子打不着的人齐聚一堂，诉说彼此的梦想，分享对文学书籍与中国文化传承的感悟。

起初担忧伙伴们不搭理我，也怕自己无法融入团体；但大家都很亲切，在旅途中互相提携，一声声“注意安全、小心阶梯”，叮咛大家紧跟着队伍，自然而然地搭起了友谊的桥梁。游览泉州西街那天，不知咋回事，像打了兴奋剂似的，晚上大家精神亢奋，活力异常好。由于自由活动的关系，大伙一同游街，吃吃喝喝，猖狂街市而肆无忌惮。我们甚至以当地名产点心土笋冻，作为本组的团体名称；如此，二十三位“笋冻家族”成员紧紧地将心连在一起，在行程中平添了欢畅与快意，也为这份得来不易的友谊感到珍惜。

“一壶漂泊浪迹天涯难入喉，分手之后酒暖回忆思念瘦”，不论日后大家身处何地，我将珍藏这份情谊，因为这是第一次，第一次飞越海峡才得到的思念，愈想愈悲戚，人有悲欢离合，月有阴晴圆缺，世上无不散的宴席，但只要每个人相知相惜，互道珍重，就能手牵手，情谊不断。

最后一晚上大伙几乎彻夜未眠，聚在房里相互签名留言，紧抓住这生命不可承受之轻。这是我在整个过程中最感伤的一部分：这群朋友，特别真诚，特别善良，不造作、不虚伪，一同阅读，共享人生，这就是幸福吧！离别依依，却只能挥手再见，独行，不必相送。“笋冻家族”，我爱你们！

◎终点站 Destination

当大伙正相处得火热时，回台湾的日子已经雀上心头，即使心中有千百个不愿意，终究还是分离。众多的记忆涌上心头，点点滴滴数不清，理还乱：被阳光的炙热烤得头发昏，但还是心如赤子般地游历各景点，用餐时口渴的同伴看见有人端上一大瓶足以令人一饮而尽的可乐时所发出的会心一笑，美丽的景观以及振聋发聩的精彩故事，心中所藏的那份悸动……每一份回忆都是耀眼且闪烁的，或许过程中有些不在预期内的跌宕起伏，但也因为这些插曲，才更体现了冒险闯荡的价值。

这七天当中我受到无数人的帮助，我的皮肤又因恶毒的太阳引起过敏，师长们急带着我赶去皮肤专院就诊，让我感受到众人的关怀而心生感激。

我觉得人的一生看似很久，其实并非如此。我们总以为人生很漫长，长得足以让我们认识许多朋友，尽情探索这个世界。可是当局者迷，其实人生是很短促的！趁青春年少，勇于尝试自己从未踏过的领域，必须做些让自己一辈子都记得的事，人不轻狂枉少年，青春年华总有时，不是吗？

这次海峡两岸青少年共享阅读活动，让我勇敢往外踏出了一大步，相较从前自己更加放得开，更加大方，也更加独立了。出门在外，我不再是从前那个丢三落四的小孩童，而是一个懂事的大姑娘，可以和一群个性相投的朋友一同游赏大陆山河——厦门、泉州、漳州、福州，分享阅读心得，寻找祖先的故居，知道中国文化的筚路蓝缕及璀璨光芒。

很高兴伙伴们说我的笑容能带给他们温暖，而我又何尝不是三生有幸能遇见他们，相逢不必曾相识，相惜何必常相逢？谢谢团队里每一位参与我青春的伙伴及师长，我一定永恒记忆着今年夏天和大家一同挥洒汗水、阅享人生、等待青春的日子！

◎后记 Epilogue

在学校中国文化基本教材中，老师教导我们礼义廉耻，国之四维，四维不张，国乃灭亡。又说读书人要有的责任是为天地立心，为生民立命，为往圣继绝学，为万世开太平。在今天纷扰的局势中，我想，中国文化的中流砥柱就是让我们堂堂正正地做人，实实在在地做事。我们遥望汉唐盛世，不就是期待中国的未来能有个大同世界的国度。我的朋友们，大家加油，希望有一天能为了这个理想，一起努力。

行走小札

□ 许安然　厦门第一中学

我不是方丈，自然不会向古刹行去。我只是凡尘中人，入世太深，就不便去搅山水清音了。只待那思绪翻涌之时，一路风景化作只字片语，去描摹这一夏的光景。

——题记

◎海岛与板车

三十五摄氏度的空气夹杂着海水的咸腥味扑面而来，阳光经过粼粼的海面反射出让人晃眼的光线。

刚刚被列入世界文化遗产的鼓浪屿，依旧保持着她原有的恬静与美好，宛若一块翠绿的宝石，静静地躺在碧水中央，迎接着不远千里慕名而来的人们。我们有幸成为申遗成功后岛上第一批观光者，悄悄窥探鼓浪屿初醒时的容颜。

一行人穿梭在鼓浪屿的街头巷陌间，高高低低的石板路打破了平直公路的千篇一律，也像是伴着钢琴柔美的律动起起落落。

“让一下嘞——”话音刚落，背后便传来鼓点般木轮摩擦石板路的声响。

两条精瘦的手臂勾着木板车上的横杆，手臂上微微暴起的青筋，像是伏卧盘绕的青龙。身上的工字背心已经湿透，但双脚仍有节奏地交替着。小麦色的肌肤在汗水的浸润下微微发亮，因常常拉货而练就的肌肉在柔软的光线下勾勒出流畅而有力的线条。

他如一棵劲草，看似弱不禁风，实则柔韧顽强。闽南人常说“爱拼才会赢”，拼的精神早已融入他的血液。

随着板车咿呀的叫声渐渐远去，小路又恢复了平静。

一车一人一条路，再简单不过的组合便是鼓浪屿延续至今的运货方式。如今科技日新月异，层出不穷的新型机器必将渐渐取代人类的劳动。在人力运送接近灭绝之时，鼓浪屿却用最原始质朴的方式将传统保留下来。

我们无法阻止科技给人类带来的诸多改变，但可以为传统文化存留下一方净土——让漂泊海外的游子寻觅到故乡原有的印记；让迷失在光怪陆离、纸醉金迷中的人儿有机会驻足停留，重拾初心；让千年之后的人们也能透过尘世间的隐约辘轳声，追随这片土地上古老的记忆。

人易老，但传统文化只会历久弥新。

我看见街边年轻的伙计也像前辈一样拉起板车穿梭巷间，踏着前人走过的石板路。青春热情在血脉中涌动，这一车老旧的故事也从一代代人的手中传递延续。光与影，汗与泪，梦与现实浓缩成一个个音符，与蝉鸣交织一片。

今夜，月光如水，我听见海浪轻轻的呼吸声。偶然间的梦呓，像是在诉说这座岛屿的纷繁过往。

◎一池清浅

雨后的山间总给人一种别样的静谧。

低低的云掠过山顶，茂密的植被顺着坡面一路铺展开来，层层的梯田将山坡切割成错落有致的高低面，视线也随之起伏流转。

土楼便藏身于这重山之间，或方或圆的屋顶组合在一起。看似随意的排布，实则包含着前人对山川地势、气候风向的细细考究。

顺着一条狭长的山间小路，穿过几座小石桥，遇见一池莲花塘。又路过几间小木屋，无意瞟见一只哈士奇懒懒地趴在地上。雨后带来的湿润空气总是会让人昏昏欲睡，狗也不例外。

泉水泠泠，柳暗花明。

一堵厚重的土黄色墙体矗立在路旁，快要遮去半个天空。用生土、细砂混合而成的墙面在历史变迁和风雨的洗礼下显得有些斑驳粗糙，但它拥有的那份浑厚与坚定丝毫未减。

那年，北方的大地上兵荒马乱。中原的人民为了躲避战乱，开始大规模的南迁。他们最终选定了这片崭新的土地，并巧妙地筑造了一座座兼居住与防御为一体的建筑。

他们在绵延的群山间繁衍生息，转眼已是百年。任凭墙外枪林弹雨、洪水猛兽，墙内依旧安然自若。

踏进土楼厚实的大门，眼前是宽敞的中庭，圆形的屋檐划出一道完美的曲线。檐下挂着的红灯笼给暗淡的木色增添了一抹亮色。导游口中的那一根根东歪西斜的木柱，也给这座古老的建筑蒙上了一层神秘的面纱。

按照土楼的分布格局，一楼为厨房，二楼为仓库，三四楼住人。随着近年游客量的增加，一楼的厨房已化身一间间小茶铺。店中卖茶的阿姨热情地招呼我们进去喝茶。

◎盛情总难却

在这面积不到四平方米的厨房尽头，藏着一口一米深的小水井。井水浅而清澈，还可以清晰看见井底石头的纹路。

我诧异，这口浅浅的水井竟可以养活一家几代人。

阿姨正熟练地洗茶，烫茶杯，没有抬头。

“这井啊，一年四季都是这个水位，你不管挖得多深，它都是这个样子的。井浅方便清洗，也方便打水，炒菜的时候用水瓢一捞就可以打到水了，我们都把它当水缸用。”阿姨笑着将茶面上的浮沫刮去，把茶水盛入一个个精致的茶杯之中。淡青色的茶水与如玉似冰的白瓷茶杯相得益彰。

一汪清水，浓缩了客家人热诚的邀请，饱含着对未来的希冀，酝酿着代代相传生生不息的生活方式。这是大自然给予他们最慷慨的馈赠。

我拾起茶杯，轻呷一口。淡淡的茶香在口齿间流连回转，充分释放出茶叶原有的芬芳。

随着茶水滑过喉咙，一路奔波的身体开始渐渐复苏。茶在胃中打了个滚，最后化作一丝甘甜停留在舌尖。

大概只有用井水泡的茶才有这般甘甜吧。

一盏茶的时间，唤醒了我在咖啡与奶茶中麻木的味蕾，也追寻到了山岭间一池清水的真谛。

人就应如井水，不增不减，无欲无求，摈除杂念，归于本心，方得一份自在欢喜。

◎听一场荒凉

行走于坊巷之间，不觉放慢了脚步。隔着几条巷子外的马路上，川流不息的车辆与行色匆匆的人们使脚下的悠闲愈加珍贵。

白墙黑瓦间，墙上随意挂着的几株爬山虎格外醒目。偶有几棵不安分的树无视白墙的存在，贸然伸出头，好一窥墙外的盛夏之景。

拐入一条小巷，钻进一间木屋。屋内是一个小型的“苏州园林”。一草一木没有浩瀚参天之势，却有玲珑婉约之美。

在假山丛林的掩映下，一方戏台翼然临于水上。

雕刻着祥云的飞檐直冲云霄，四周的石刻精美而秀丽。戏台的背后是一幅工笔画，一对情窦初开的男女正隔水相望。女子雪肌香腮，目光低垂，一袭长袖难掩脸上的阵阵绯红。忽然想起一句歌词“思美人兮心自香，思美人兮梦芬芳，世人皆醉平生随沧浪，鸿飞御我九天任高翔”。

戏台的东侧是一条白色的低矮长廊，它连通着后台与观众席。观众若要点戏，只需将曲目写在纸条上，由专人从通道交递给后台。

观众席分为两层，男士坐下层，女士坐上层。在那个男女严格区别的世代，一层楼的间距成了一条不可逾越的鸿沟。

曲终人亦散。一场戏的华丽开场终究抵不过人去楼空、物是人非的苍凉落幕。徒留下一座孤独的戏台独对空荡的座椅。那年的舞殿冷袖、歌台暖响最终化作一缕青烟，消失在浩渺的浮尘之外。

春去秋来，沧海桑田，韶华已成白首。纵青楼梦好，难赋深情。见证歌舞升平的一草一叶依旧摇曳生姿，但台上的人已去，台下的人也再不会归来。百年前的那支曲子随风飘荡，它丢了魂，慌了神，迷乱在城市热闹喧腾的杂乱中。

我怅然，小众终敌不过主流。

对于城市中的人来说，一场戏远不如一部好莱坞大片来得痛快淋漓。一张千元的演唱会门票在几分钟内告罄，一场免费的戏曲表演却鲜有人问津。

它们愈行愈远，怕是有一日会湮没于滚滚红尘中。

我愿做一个不懂戏的听众，澄心净耳，去聆听市井间残存的古典之韵。

福建之人事物

□ 许景茵　明道高级中学（台中市）

◎前言

福建，本来对于我就不是一个陌生的地方，而我透过这趟旅程，又对她有了更多的认识。在出发以前，爸爸曾经告诉过我说，我们的祖籍是福建同安，让我对福建又多了一份亲近感。在福建，我造访了文化历史古迹；在福建，我体会到了与台湾不同的风俗民情；在福建，我结交了许多志同道合的朋友；现在，就跟我一起品味这趟回忆满满的福建之旅。

◎我见我闻之事与物

七天不只走访以下这些景点，列举我印象深刻的地方。

第一站：厦门大学。

第一天，我们来到了厦门大学。在出发的路途中，老师便跟我们精心介绍厦门大学，他说厦门大学创立于 1921 年，校本部仍然保存着大量的南洋风格建筑，也同时具有中西合璧的特征，现在已经列入重点文物保护单位。老师也提到在厦门大学的校园里有着一条神奇的隧道，那条隧道不只是用来通行的，也提供了让学生自行彩绘的一个空间。听完老师这段介绍后，我对校园里竟然会有隧道感到很不解，也觉得厦门大学虽然历史悠久，但学风一定是自由的，而且充满浓厚的人文和艺术色彩，所以我对参访厦门大学产生了更多的兴趣和期待。

到了厦门大学校本部，发现校园顺着海岸线呈现狭长形，建筑群果然是雄伟且古色古香的；其中最映入我眼帘的是校园中央的芙蓉湖，波光粼粼的芙蓉湖前有一片大草坪，可供人们在上面野餐或是聚在一起聊天，我想课余时间到这里坐坐，欣赏湖光景色或和三五好友闲谈，应该能够释放一整天的压力吧！

欣赏完校园风景后，我们就步行到了鼎鼎有名的芙蓉隧道前。芙蓉隧道全长1公里多，宽8米，高4.5米，隧道连接了校本部与海韵学生宿舍，沿途穿越过狮山，主要提供行人及自行车通行。看到那络绎不绝的人潮和自行车潮，可想而知这个文艺涂鸦的隧道，一定吸引不少观光游客。走入隧道，随即被墙上琳琅满目的涂鸦画吸住了眼光，据说这些涂鸦都是厦大学生一笔一笔描绘而成的，有各社团图画，有某届某班毕业留念，有公益宣导，有漫画风，有动漫人物或角色，也有表达心声的各种涂鸦和文字。在这些各有特色的图画中，有一个特别吸引我，那虽然不是最漂亮的，但上面写着大大的、红色的“我爱你，再见”的POP中文字体，非常吸睛，底下还用不同颜色写着各国语言的“我爱你”，特别触动我，是啊！爱，就要大声说出来，我深刻地体会到学生们对学校的爱！

在厦门大学，看见了学校提供给学生的美丽校园空间，也体会到了学生对学校的热爱，把人和环境完美地融合在一起，厦门大学，真的很美！

第二站：厦门中山路。

继厦门大学后，我们走访了厦门很繁华的一条路——中山路。中山路位于厦门岛的西南部，位于厦门思明区，这条路的历史悠久，1925年就建立了，这里的建筑特色为闽南风格的骑楼式建筑，不管艳阳天还是大雨天，都能不怕日晒雨淋，轻松逛街；我觉得这里很像厦门的西门町，因为车子无法进入，所以也可以放心地走在大马路中央。

这里的重要特色是将现代文化注入古老建筑，尽管建筑已经多次修葺或是重新粉刷过，但仍能保存着老厦门的闽南风韵。商家们引入非常多好吃的美食和小吃，也看到不少招牌上加注“台湾”二字，例如台湾红豆饼、台湾永和豆浆、台湾卤味、台湾香肠、台湾烧仙草等。

除此之外，值得一记的是，我们还在这里经历了一件很受刺激的事。话说那时我们在逛街，一位同学去买了当地叫作“土笋冻”的特色小吃，另一位同学在不知情的情况下先尝鲜了一个，吃完后问那位购买的同学，土笋冻里是什么食材，购买的同学悠悠地回答：“喔！里面包的是沙虫啊！”此话一出，我们大伙儿都顿时定格了一下子，抢先尝鲜的那位同学愣过后就尖叫了起来，本来也想要尝鲜、准备大快朵颐的我望而却步了。从那之后，只要看到有卖土笋冻的摊位，我就会哇哇地叫，因为对我来说，“沙虫”实在是太恶心了！不过此事也有意外收获的啦！为纪念此事，我们有了一个“笋冻家族”，虽然事后查阅资料知道土笋冻富含胶原蛋白以及其他营养，也有很多人推荐它的美味，但我想我这一生都不想要再见到土笋冻了吧！

中山路是厦门最热闹的一条路，后人将这里的闽南骑楼建筑尽量保留其原本样貌，也赋予新的美食文化与老街生命，我想，这也是个新旧文化完美的结合吧！

第三站：鼓浪屿。

第二天的行程整个都规划在鼓浪屿这个小小的岛上。鼓浪屿虽然面积不大，但其实逛起来是蛮耗费时间的！因为这是一座别具特色、丰富多元、有浓厚色彩的岛屿。

搭船到鼓浪屿之前，透过介绍，我才知道原来鼓浪屿竟然在今年7月刚成功申请了世界文化遗产！一直以来，世界文化遗产对我来说就有一种莫名的吸引力，能够走访这些地方，让我感到非常开心。鼓浪屿之所以能够成为世界文化遗产，是因为鼓浪屿是由闽南的在地居民、华侨和外来多国侨民等所共同营建，是具有多元文化和多样生活形式的国际社区；鼓浪屿现今留存了九百多座历史建筑、园林、道路与自然景观等，呈现不同时期的不同风格，也体现和融合了当地传统文化与现代人的居住理念。

岛上的建筑都十分美丽，有中国式的建筑，也有外国的领事馆，是一个中西文化完美融合的绝佳例子。各国的领事馆矗立在我眼前，其中令我印象最深的是日本的领事馆，它其实不带有日本的传统建筑风格，反而跟西方国家的领事馆有一模一样的风格。让我印象深刻的是导游向我们介绍日本领事馆的地下室，他说那个地方曾经被日本人拿来当作人体实验室，而且还是拿中国人来进行实体实验，我听后不禁一阵难受，一方面为了那些被凌虐的中国人哀悼，一方面也是觉得这段沉痛的历史实在太过沉痛、太过血腥了。参观完领事馆群后，我们走进了一条条小巷，那些小巷里，藏着许多古老的建筑，在绿荫的衬托下，整个气氛像是穿越到了明清时代，让人十分陶醉其宁静舒适之中，缓解了刚刚经历的沉重心情，脚步也轻盈了许多，和缓地迈向下一个景点。

在鼓浪屿上，还有许多博物馆，例如桥梁博物馆、华侨博物馆、怀旧博物馆、钢琴博物馆等，其中最吸引我的是钢琴博物馆。钢琴博物馆坐落在菽庄花园里面，展示着一架架美丽的钢琴，有的钢琴就像一座橱柜一样大，还有为了能放置在屋内转角而设计的转角钢琴，每一台钢琴都有着一段自己的故事。收集这些钢琴的人是来自鼓浪屿的旅澳华人胡友义先生，他因为十分热爱自己的故乡，所以特地将自己毕生的收藏贡献给美丽的家乡。

除了人文建筑以外，鼓浪屿的自然风光也十分壮观，山水交织，海天映色，坐落在大海中的鼓浪屿如同一座海上公园，隔海望去，还能看到远处的厦门岛，景色非常优美！在下午的时候，我们到一栋前身为百年别墅的外图书店里举行阅读分享会，能够坐在一栋如此漂亮、有文化气息的建筑里与同学们讨论分享，眼前所见是怡人的景色，耳朵所闻是两岸学子真诚的心得交流，那感觉非常好！真是人生一大享受啊！

中国船政文化博物馆内观看历史藏品

鼓浪屿是座美丽的小岛，不仅拥有多国的建筑，也同时风景如画，如果能够让我选择住在哪里，第一选项肯定是鼓浪屿吧！

第四站：漳州土楼。

所有的景点里，我最期待的就是漳州土楼了。它不仅是世界文化遗产，建筑造型也非常有特色，在历史课本里见过它的照片，也听过历史老师和爸爸实地走访的分享，让我特别想亲身走进土楼，亲眼看一看这特别的建筑。

在前往土楼的途中，导游跟我们介绍前往土楼的这条山路总共有 108 个弯，人家都说“九拐十八弯”，这里则是要在中间再加一个 0。记得当时听到时，我觉得非常傻眼，想说会不会因为不断的转弯颠簸，而把刚刚吃进的午餐全部吐出来吧，幸好后来只是有点头晕并没有吐，还真是要谢天谢地，还要谢谢爸妈把我养得身体健康啊！

今天的行程一共有三个景点：第一个景点是从两个角度看土楼，由上往下俯瞰，土楼群就像是桌上的“四菜一汤”一样，整齐地摆放在桌上供人们享用，真的很有趣。接着是由下往上仰视，土楼则瞬间神似布达拉宫，这种巧合真的很奇妙呀！第二个景点是参观福建古老的土楼——裕昌楼。这座圆形土楼建于元代，至今已经有700多年的历史，相传裕昌楼人口最多时，同时住着300多人，是福建境内现存最古老的土楼之一；最特别的是它内部的构造，直径54米、高5层楼，每层有50多间房，总共有269间房。它的梁柱结构并不是直的，而是在第三及第四层的柱了朝顺时针方向倾斜，看起来就像往东边歪，第五层的柱子朝逆时针方向倾斜，看起来如同往西边斜，就形成了一个很神奇的景观——“东歪西斜”，大家就戏称它为“东歪西斜楼”，虽然它的柱子并不直，却能够保存这么长的时间，着实让人对古人的智慧感到敬佩！第三个景点是塔下村，塔下村其实没有塔，原来是当地人为了纪念先人踏下山来到此地开垦，客家话里“踏下”与“塔下”谐音，所以叫作塔下村。村中沿一条溪流两岸建造了42座方形、圆形、围裙形、曲尺形等样式的土楼以及吊脚楼，形成古村落景观。这是一个能够完全符合“小桥流水人家”的村落，踏进塔下村的那一瞬间，真的觉得非常美丽，让人忍不住拿起相机按下快门，只是为了留下那最漂亮的相片。

亲眼看到期待已久的漳州土楼，真的没有失望，反而让我更迷恋它；导游说如果在这里迷路，就要到土楼里帮村民做事，我倒是蛮想继续留在那里生活的！哈哈！开玩笑的啦！爸妈、姊姊和同学还在等着我回去分享此行美景和心得咧！也怕我这五谷不分、不谙农事的现代人，留在这里反而是帮倒忙啊！

◎有缘千里来相逢之情谊

尽管只相处了七天，有缘千里来相逢的我们，友情融洽真挚。

番外篇之友谊夜生活

白天在外面走走跳跳后，晚上回到饭店当然要继续疯啊！有时，整趟旅程最精彩的不是白天，而是我们的夜生活。

从第二天开始，我们一群人就熟起来了，晚上也开始约玩游戏。当他们在讨论该去谁的房间玩的时候，不知道是不喜欢寂寞，还是懒得离开自己房间，我就说可以来我这玩，我的伙伴们一听也就一窝蜂地跑了过来。一开始玩的游戏是“狼人杀”，这是一个非常需要心机的游戏，自认为单纯、善良、诚实、直白的我，为了确保自己的“安全”，我选择的角色是观众，不参与他们的游戏，但会窝在房间里扮演观察者，我想这是“自我保护”的最好办法了吧！每次我在房间里走动或是讲话的时候，“玩家们”都说我这个“观众”在刷存在感，其实我没有啦，我只是想去刷个牙而已，哈哈！经过我这六晚的观察来看，这群人真的超有心机！明明抽到的角色是坏人，却一直说自己是好人，清楚一切的我，真想为他们的演技鼓掌，也为那些被坏人骗的人感到伤心。当然，在这之中，还是有可爱的孩子的，他每次都不说谎，都坦白地跟大家讲自己的身份，这股勇气真的令我钦佩呢！

每个晚上，我的房间都很热闹；每个晚上，我们一群人都开开心心地聚在一起；每个晚上，我们都玩很刺激的游戏；每个晚上，我们都互相整人。有一个晚上很夸张，我们一路玩到凌晨 4 时多，隔天的活动差点迟到，真的非常惊险！让我印象最深刻的即是最后一晚。那一晚刚一开始，我房间里应该挤了将近 30 个人，平常不来的人都来了，平常来的人还是来了，虽然人多热闹，但让想要写卡片的我十分困扰，但因为是最后一晚必须珍惜，我就没有让他们赶快走。到了晚上一二时，很多人都陆续回去了，只剩六七个人留在我的房间里，这时候不好玩狼人杀，只好听大家讲故事，他们的故事都是关于自己的过去，有悲惨，有难过，有愉快，大家讲出了心里话，让彼此的距离在最后一晚又拉近了一些。

六晚的友谊夜生活，每天都有不一样的游戏结果、有不一样的角色、有不一样的大冒险任务，但唯一不变的，是同样的一群人，有着同一颗喜欢大家的心，聚在同一个地方，一起做着同一件事情，身边坐着同一个人，心里想着同一句话："很喜欢你们！"

营养篇之笋冻家族

七天的活动，在所有成员中，感情最深厚的就是我们的"笋冻家族"了。

俗话说："友贵知己不用多。""笋冻家族"的成员是由大陆和台湾的高中生组成的，"笋冻家族"的由来，在前文已经有略作介绍。

惊险的"土笋冻事件"后，"笋冻家族"就正式产生了，事件后有些成员们还曾经做过一件很疯狂的事情，就是立即把自己微信的大头贴改成土笋冻的照片，如此一来，到别人微信留言时，就会看到土笋冻的图片。霎时间，"笋冻家族"的微信真的变成笋冻图片家族，各种土笋冻照片蔚为奇观；那时我并没有参与，因为我真的觉得沙虫土笋冻实在是让我退避三舍！没有吃过土笋冻，我完全不后悔。

笋冻家族除了在白天行程时会一起耍智障之外，晚上也一直在一起，不管是玩游戏还是聊天，都很愉快地度过。我们也常常讨论一些有关于文学的问题，所以这个团体不只有玩乐，还有学术性质呢！嗯，果然是营养的"笋冻家族"啊！关于笋冻家族的回忆实在太多太多，用文字也无法表达我心中对这个家族的澎湃情感，只希望笋冻家族的我们，虽然不能够一直在一起，永远不分离！但也能够常常保持联络，线上再续前缘，维持这得来不易的友谊。

交流篇之大陆高中生跟台湾高中生的差异

在这次的共享阅读活动中，我遇到的不只是台湾的学生，还有大陆的学生。原本以为我们可能会相差不少，毕竟中间隔了一个台湾海峡，其实不然，经过我们的深度交流后，我发现我们的兴趣几乎都一样，所以都很有话题聊。

在大陆的同伴中，我还找到了一个值得我学习的优点——由于这次是阅读活动，在活动前要看完两本书，但因为我暑假初还有多日的志工服务活动，所以没能在活动前完全仔细阅读并思考。在阅读心得分享会前，老师统计了一下看完书的人数，我发现大陆的同学几乎都表示已经看完了这两本指定书籍，但台湾的学生却有多人表示没能按时阅读完毕，我想以这个情况作为自我警惕，以后的活动，都要掌握时间、预做计划，认真确实地把任务完成！

分享的时候，我发现那些已经把书看完的人，他们的发言都很有深度或是很有自己的想法，有些没有全部看完的人，也能提出一些不错的看法，但轮到我发言分享的时候，我却紧张得不知道该讲点什么，只能随机硬讲了一些。我想原因应该是我只为了赶着把书看完，却没有把文章想要传达的思想细细品味、思考与消化，所以我提醒自己以后在阅读时不应该只是略略地浏览，而要认真地深读，整理大意，并针对自己的疑问或不清楚的地方，能够寻求解惑，或与他人讨论，这样才能更了解书的内容，也要好好学习口语表达的技巧，让自己也能成为一个可以提出自己看法、畅所欲言的人！

◎尾声

这次活动虽然只有短短的七天，但我觉得自己收获满满，学到了很多。例如对于阅读这件事要能自我承责的态度，或是《新文化苦旅》和《人间词话七讲》的内容与其精华；我也认识了很多大陆和台湾的朋友，真的很想念你们。

谢谢能够有这次活动，谢谢所有的带队老师，谢谢所有可爱的同伴，最后谢谢福建让我更加认识你。

读闽记

□ 易立　厦门第二中学

蓦然回首这几天，发现我们一行人早已同行了八闽大地的好几座城市。将经过的城市串连成一条线，林林总总的回忆刹那间如翻滚而汹涌的波涛席卷了我。太多了呀，多到令我停笔沉吟，细细思考到底何为最深的印象。此刻，请容许我将最美好的时光和最珍惜的人儿镌刻在心中，闲暇时刻忆想，想想这段无论什么也不愿换走的回忆。

◎每一次相遇都是久别重逢——厦门

行程的起点是本土本地的家乡。那日，早起的一行人被告知将游鼓浪屿时，我这个算是土生土长的厦门人也抑制不住地雀跃起来，前些天申遗成功的鼓浪屿确实是有她独特而迷人的韵味与气质在其中。幼时，每每有外地的亲朋好友来厦时，总会伴他们到鼓浪屿。但从未感到过乏倦和无趣。岛上的，或人，或物，或景，或情，每一次驻足，都有不一样的心灵感触。岛上的一切都宛若被镀上了一层致命的迷药，总能令人甘愿沉沦其中，无怨无悔。

轮渡码头，有悠然自得的老厦门人兀自一人躺在石椅上，好不惬意。淡淡腥咸的海风如云涌一般层层叠叠的；石椅旁的花开得很好，有滴绿的叶衬着，煞是好看。三三两两的人儿攒在一起，轻挑着鱼竿，有浅浅的笑和淡淡的声音。

难能可贵的是，岛上无往日一般黑压压如乌云的人群，内心带着点小窃喜，脚下的步伐也是轻快许多。沿海岸线而行，左是浅白的沙，右是郁绿的树。浪一层层地翻涌着，倒也不是澎湃汹涌。末了，浅浅地躺在被海水浸润的沙子上。遥望那头，是厦门。看不清，也看得清，朦朦胧胧，如雾里看花。一座城和一镜海面的相遇，丝毫没有突兀，唯有浅浅淡淡的蓝色美好地伫立在对岸。

天儿倒是愈发热了，让人有些怠倦，有些烦躁。盯着脚尖，一抬头到了海天堂构。仓促中只望了一眼，这一眼，也足以让人艳羡。气势恢宏的建筑庄严地矗立在中央，挑高的房梁更是将整个建筑显得愈发宏伟大气。栽种的古树也是有些年头了，将海天堂构衬托得有历史的厚重感却不显陈旧。

走上蜿蜒的四十四桥，和着微咸的海风拐入了钢琴博物馆。扑面而来的空调冷气和古钢琴散发出来的独特而迷人的气味交杂着、重叠着。精致花纹的古褐色钢琴一架架静默在那里，仿佛无言，却又有如涓涓细流般述说着陈年往事。它们或是在小康之家平稳地度过了一生，或是伴着音乐家流离失所，或是从未逢觅过知音。孤独是隐藏的血液，不管该是不该，兜兜转转，它们都各自安好在这里，一座经由音乐与艺术所予了生命的岛上。忽然有些明白"画栋朝飞南浦云，珠帘暮卷西山雨"了。恰逢工作人员准备演奏《鼓浪屿之波》，人是太多了，唯一的视角只能模糊望见工作人员白净的手在琴键上自信而流畅地舞蹈。钢琴的音色足够洪亮，越过了黑压压的人群，直接使我醉倒于此。

返回码头的途中，偶遇了菽庄。穿过牙白的别墅群和浓郁的古树，拨开盛夏里从碎叶映射来的光斑。看到宛若明媚春光一般的少女们在商业街上结伴而行，和在咖啡店里端坐着的捧书饮茶的静好少年。操着闽南口音的厦门本地姑娘在石铺小路上，笑语嫣然地说着每年游鼓浪屿的不同感受，真是唯有厦门人才会有这般闲情逸致每年游自己家门口的景点。鼓浪屿，真真是个完美的"杀"时光的地方。

黄昏时刻，一行人穿梭在中山路的大街小巷中。夕阳下砖红的骑楼镀上一层懒洋洋的金黄，人群中一张张安然自得的面庞在这些中欧杂糅、半新半陈的骑楼下愈发美好。是了，厦门啊，就是这样闲适而小资、慵懒而文艺的地方。空气里散发出清甜的气息，所有人都慢节奏地生活在这座城里。岁月静好，念起便是温暖。

◎许一世柔情，换勿忘初心——漳州

盘山公路蜿蜒曲折，车刚驶入南靖土楼风景区，四周的样貌便陡然不同了。只见呼啸而过的绿色光晕，望去，一整片巨大而安静的树，滚滚而去的绿色巨浪，朝大地的那头倾斜着，似无尽的绿色海洋，在斜风细雨中肆意地张扬。高楼大厦似幻灯片忽闪而过，唯恐惊扰了如此干净甚至古朴的圣地。下车，在山色空蒙中陶然，亦是不曾有过的欢喜。

伏在木质栏杆上，由自上而下的完美视角直接看到了土楼全景。方形的建筑围住了中心的圆形土楼。四周全是望不尽的茶树果树和数不完的梯田。层层叠叠、错落有致，宛如一层层绿色的海浪，近是鲜嫩如鹅黄的新叶，远是浓郁如黛色的高山。那绿得丝毫没有杂质，仿佛天地间唯有绿色，纯粹而干净。土楼里还有住人，应是姓黄的一户人家。从前，我还认为这样门对门、面对面地生活在一起定会感到有些拘束。然而，现在却释然了。这里，是大

自然的恩泽，这里，亦是传统和单纯的传承，留下的，唯有时光更迭后不变的初心。

驱车前往裕昌楼，路上导游浅谈了几句。土楼内人家本是排外的，但近几年倒也变得很热情好客。我想，这矛盾便是传统朴实的他们的本色吧。不戒备自家人，却把生活在这个世界外的人拒之门外。踏入古色古香的土楼内，微眯着眼望向被围墙围成的圆形天空，飘落的蒙蒙细雨落到鼻尖；几乎所有的人家都在泡着茶，沉浸在这茶香的氤氲中。在这样的世界里生活，看花谢花开、云卷云舒，真是世外桃源。

果然，传统是永远的时尚。

◎盛世繁华，抵不过你笑靥如花——福州

行程的最后，是省会福州。此前已草草去过福清市内的石竹山，粗粗领略了一番这个“有福之州”。而这次确实要去真正的福州市，着实令我暗暗期待不已。

前往三坊七巷的途中，车子穿过福州的街道。那真是一种与其他城市全然不同的感受，沉稳的、端庄的、完完全全被文化沉淀下来的大城风范。福州不若北京那般与生俱来的贵族气派和凌云霸气，而是有南方亚热带城市如清丽少女一般的轻快和明亮；不似广州那般浑然天成的热情如火和开放先进，而是有如江南女子一般的温婉和端庄。

早听闻福州是“大蒸笼”，但下车后扑面而来的热浪却在我的意料之外，瞬间有些冲昏了我的头脑。即便如此，随导游一起穿梭在宽宽窄窄的小巷中，却也是一种享受。汗水浸湿了后背，但睁大了眼去看看那处的坊，探探这里的巷，也逐渐将无处安放的燥热的心抚平了。这里的大小巷子无一相似，但都散发着浓郁的文化沉淀下来的气味。仿佛翻开了一本陈旧的书，边页被磨损得起毛了，原来亮白的底色也随时光的流逝发黄了，但书中引人的文字和因历史封存而愈发幽幽的书香却是怎么也无法抗拒，只得缓缓地沉入其中。

走访林觉民故居，在一幅导览图上惊觉看见了太多的文学家和革命家。若无这些大家的出现，缘何福州有那样深沉的文化感和历史感？其实从何处来，回何处去，福州终究是他们将毕生文化和风雨所沉淀下来的精华所托付的地方。

原来，文化的底蕴真的可以将一座城的气质都衬托得迷人。

七天，一周，仿佛很短，却也够长，足以让我用小小的步伐丈量八闽神奇的大地。闲适、传统、文化、开放、包容，每座城都有其独特的性格，但这些又何尝不是每座城市共有的性格？这些性格其实一点儿也不矛盾，八闽大地乃至华夏大地不就是这样的求同存异、兼容并序？

有些人，相伴七天，恍若七年；有些景，赤脚从你的生命中走过，眉眼带笑，不短暂也不漫长，却足以回味一生。而在这片引人自豪的土地上，自有更迷人和神秘的人事物景情，引我等少年去一睹风采。

花开有时，别亦有时。其实，别离是新的相遇。

复读中华

□ 林书丞　高雄高级中学（高雄市）

华夏文明的起点，从不起眼的石头开始。在闽台缘博物馆和泉州博物馆里，我的眼光不自主地被展柜中一柄柄色彩黯淡的工具吸引，尽管刃口粗糙、毫无锋芒，外表没有任何足以引起注目的华丽，它们散发出的古朴沉稳，却平静地诉说着我们文化的开端，也仿佛阐述着朴实、中庸的德行，那些被古代圣人们歌颂的美德。

◎创造与变革

早在信史和传说能追溯到的年代以前，人类已经开始群体活动。同甘共苦，用随手可得的石头，一寸一寸地开辟生存空间。在这样的日子里，我相信，是看得见人的真性情而没有那些争名夺利的。因为在自然中，身为人类便是最大的输家。正因为认识了自己先天的落后、比起其他生物的弱小，我们的先祖们率先舍弃了同类间弱肉强食的竞争法则，弯下腰拾起了石器，同时也捡起了文明，摆脱食物链底层的定位，朝向“生命”的高层迈进。在这样进化的过程中，第一个课题便是合作，农务要共同帮助、渔猎要互相照应。祖先们学会不是为自己甚至不只是为家人，而是为了族群努力；既然超越了自己，那些争执的手段、内心的隔阂，当然不会存在，所以我相信那时的社会，是最纯朴、最能体现人类真性情的文化。

从石器、青铜器，进入铁器时代，人类开始在这片大陆上站稳脚步，比起最初的艰辛，已经向前跃了好大一步。于是此时，华夏文明正式绽放出它的光芒。神话追寻着唐尧虞舜、盘古女娲或者炎黄血统，遗迹古文记录着夏商周三代辉煌。在余秋雨先生的《寻觅中华》当中，我窥见了这样宏大一段历史的残骸。盘古开辟天地、女娲创造人类，这些传说代表的是文明诞生的足迹，从一片洪荒之中，人们的聚落、合作、工具，都来自“创造”。当文明被创造出来后，传承的人做的便是使其产生质变，如同金属器时代来临时，我们的祖先们从矿石中冶炼器物，修改原本存在的事物，也被称作进步或者进化。黄河滔滔东流，把一个个时代冲洗干净，却筛出一个美丽的结晶，由盘古、女娲以及黄帝等人作为印记，印在往后数千年居住在这块土地的人们心中，在年复一年的灌溉之下，变化成让世界赞叹不已的美妙文明。这个文明借由传说串成一条锁链，垂直地穿越千年时光，锁牢了所有华人的“根”。

将目光转到长江流域以南，在北方国度发生翻天覆地变革的期间，仍保持着一贯的步调，让文化开始向更深处扎根，从出生那刻开始，每个人就跟社会脱不了关系，习俗、节庆……各式各样的连接把人和人紧密地牵在一起。看到博物馆中单就风俗习惯便自成一区，旁边尚有衣食住行风格、婚丧喜庆等分区，让我认真地回首思考，从小到大，我身处中国文化这样的一张大网中，却从来没注意过我们文化中，除了深远的根以外最大的特色：在生活面上极其广泛的涵盖范围。在中华文化里，除了部分伦理的观念以外，人与人之间彼此依存关系的模式是南北方各自形成的，黄河流域发展的重点多在军、政、经方面，长江以南的进展却更多注重在生活层面。在六朝开发南方之后，使得中华文明在产生了第一次的融合——黄河文化与长江文化的碰撞。这样的接触及相容，让本来就对民间影响甚大的两个文化产生迭合的作用，形成一种奇特的新文化，北方在社会秩序上建立的宗法伦理观念，结合南方合作和谐的生活氛围，使得所有炎黄子孙生命中的每个时刻和角度都被关注到了。仪式、庆典、习惯拥抱整个社会，水平地在同一时空当中把所有中华血脉揽在了一起。

◎融合与升华

从遥想中回神，坐定聆听朱水涌教授的演讲“文化的融合”，在东西文化独立演进的过程当中，从思想的出发点、方向，到最末端的学说，都有极大的差异，环境的不同造成完全相异的思考模式。在西方国家，众多哲学家以及科学家阐述着人本的观念，从一个一般人的角度出发，认识自己，以此寻求世界的所谓真理，或是理想；而中华文化则是把社会、族群放在第一位，最初便设定了仁者这样一个理想型作为标杆，借由向标杆看齐，寻求这个世界美好的部分。这两方截然不同的文化逐渐发展成熟，最后终于相遇而撞击出许多火花，其中最灿烂的一枚火星落在长安，那便是“大唐”。

中国自身的文化融合大致上发生在六朝，而东西方文化的首次撞击，则该归属在唐朝，它承接南北朝族群交融的特色，并且将其格局扩展到世界。那段时光里，长安城中有来自各方的游客、商人、官员以及文物，宰制东亚的大唐帝国面对西方强盛的大食帝国，将自己的文化毫不掩饰地摊在阳光下，并把对方传来的文化极大程度地吸收、消化，在长安这个大熔炉里，炼出了璀璨的大唐文明，把华夏文明提升了一个等级，变得更加全面、更加多元。有人说，这个时代是汉人胡化了，也有人说，或许是胡人被汉化了；然而其实早已分不清所谓的汉人胡人，于是在这块土地上的人们又多了一个名字：唐人。汉民族与阿拉伯人携手，迈出了文化交流的第一步，令这个时代成为载入史册最闪亮的一页之一。

巴士无声地摇晃着，窗外景物飞速向后方滑去，就像在看一部被快转了的默剧，我正回味着朱教授的演讲，以及唐代缤纷多彩的文化嘉年华。忽然一座飞碟一样的建筑映入眼帘，原来已经快到我们目的地——土楼了，山路下面那一座座的土楼正是开胃菜。紧随其后的便是一连串历史和传统风俗的飨宴。

◎分裂与群聚

石器时代以降，人类首先做的“分群”是动物及人，但在进步的过程中，渐渐地，竞逐的对手不再是动物，而是彼此。一旦生存的资源足够了，贪欲自然地使人追求更多，因为“足够”已经不足够了，而是要富足、要富有。贪念一旦兴起，竞争便产生了，人与人之间也开始化分族群，于是为了保护自己以及自己族群里的人，土楼在中国诞生了。

远处看着这座土楼外貌古朴，同时给人一种拒人于千里之外的感觉，没想到走进土楼里，蓦然发现这是和门外完全不同的世界，里面的屋舍以及人们，散出亲切的气息。尤其是这座裕昌楼，最上两层东歪西斜的梁柱，虽然关于这设计由来说法不一，在我看来，它的结果就是赋予这座土楼更多的人性，相较起其他房屋端端正正的格局，裕昌楼中间空地往上望去，特别亲切。土楼门边，一位大妈正高声教训自己的小孩，邻居们不时带着苦笑瞥向她们；还有许多人家亲切地邀我们进去看屋舍里的井，并且喝她们泡的茶，还要和我们聊个几句才肯放我们离开。或许这样的家的感觉，正是土楼最原始的风味，毕竟为抵御外人所造的墙，对自己人是不设防的。所以即使从外面看来多么疏离、冷漠，进到土楼，这座环形的小城便会给人温暖的庇护，以及亲切的问候。

一条河流穿过村的中心，曲折蜿蜒划出相生的两仪，在最高处的宗祠前，耸立着二十一杆高大的石龙旗柱，这里是太极水乡塔下村，从明代开始就静静在这里送行一个又一个时代。或许是这里比较没有外界的打扰，这个村庄像是褪去外墙的土楼，走在河岸旁的路上，有人悠闲地行走，还有三两站在堤上抛下钓线的孩子，一幅祥和的乡村景象，令我们一群游客有种回到故乡的感觉。就在我们都要忘记这座村庄背后的历史，把它当成一个毫不起眼的村庄时，便看见张氏庙坐落在高处，似乎俯视着全村，又似乎高举着二十一支石龙旗，歌颂历代塔下村名士遗留的光彩，这个村庄唯一招摇的建筑物展示着他们沉敛的锋芒。这般亲近，却又如此疏离，仿佛中华文化的写照，文化的根深深扎在我们的骨里肉里心里。因为在发展的过程里，我们的文化其实经过无数次的中断与分裂，没有改变的只剩下最核心的部分，其呈现的外貌及风格已大相径庭。

我们一天之中走过元代建起的裕昌楼，明代兴盛的塔下村，跨越了百年时空，看见的却是神韵相似的建筑物及甚至保存下来的生活模式，以及共享的历史渊源。更刺激我的是，我观察到一点一点在改变着的中华文化，与当时南北融合展现的包容力相同，几乎没有什么变的就是从许久以前留下来的风俗风格，不同的是每过一个时代，我们的文化就会多了一些什么，因为在时代的演变，文化和族群会分分合合，甚至彼此冲突交流，这些改变最终再度汇集成流，让人从建筑、生活方式中感受到，我们的文化变得更加深沉，更加成熟。

◎乱世与成长

由于坐稳东亚霸主之位，清朝从中期开始夜郎自大，手握着堪称世界最强的技术及知识，却不求进取，只沉溺在天朝上国的幻梦中。直到道光年间，鸦片战争的炮火响起，才将中华民族从自大的梦中惊醒。其实虽然课本上总是关注清朝的康雍乾三代盛世，却没有注意到中华文化在帝制下的最后一抹荣光，其实正是从这声炮响开始的。

烈日之下，我们顶着一头的汗水，走进三坊七巷，参观了林则徐博物馆。整排古老的房屋早已失去了他们曾经的住民，只留下些蛛丝马迹，标记着过去乱世中最后一抹光明的一支大宗。由林则徐领衔，一批怀着热血的天才走出这从唐代兴盛至今的社区，仿佛也延续了唐朝的兼容作为，开始了中国历史上最盛大的一场文化融合，从器物、制度一直扩展到思想层面，这次的文化融合一直持续到民国初期。林则徐博物馆里“海纳百川有容乃大”这半联对联，或许正是这段时间最好的写照。翻译新的语言、传播与吸收新的想法、知识……中国人数百年来首次身为主动学习的一方，若把文化融合分类的话，唐朝是吸收外来的文化，将其特色掺进中华文化中；清末则是变革

两岸青少年首次深度交流

自身的文化，把许久没有和外界接触的中华文化彻头彻尾地做一次革新，围绕着文化的核心，借西方文明之手编织出崭新的文化。

之所以说清末发生中国史上最大的文化融合，也因为这一次除了意识想法的方面外，还有军事的交锋，而且冷兵器进入火器的变革更提升了这次进化的层次，西方经过科学革命及工业革命发展的科技，落后许多的中国该如何追上？眼看着中国似乎只能沦为待宰羔羊，英雄们便在此时挺身而出。

船政学堂，左宗棠和沈葆桢建立的这所学堂，和林则徐一帮文人一同为接下来的文化融合拉开了序幕，让世界见识到中华文化强大的吸收能力。从木造船只改为制造钢铁战舰，陆军训练变更成水师操演，全面地追赶着和西方文明几十年的差距。丰富而严格的课程安排，逼迫着所有的学员奋力进步，也推动着海军整体的技术向前迈进。看到左宗棠、沈葆桢、萨镇冰等人的雕塑威风凛凛地站在大厅，想到身为带头长官的这些人，肩负着彻底翻新中国的重担仍义无反顾，对他们的敬意便油然而生。想必当时他们也是这样一无所惧地面对着外国的舰队，率领同一所学院的学生，乘着同一所学院制造的船舰，勇敢地奋斗着吧。

忘记是在哪一个展厅看见的，有人评价这段历史时说道："船政学堂以一所学校的力量对抗整个国家。"即使敌人的武装更加先进，即使败仗不断，牺牲无数，无数勇士们依旧努力对抗着外侮。我想这正是潜藏在我们血脉里的本源，为了我们身处的社会，"仁者"会不顾自身安危挺身而出，即使对于仁，我们平时看见的只有无数的繁文缛节，但在危难之时，中华文化最根本的力量仍旧会绽放光芒。

◎过去与未来

度过几千年的历史，慢慢地和现代接上线了，科技发展及思想的变化，让现代的生活和过去任意时代都相去甚远，除了古迹和书籍之外，想从生活中的细枝末节去寻找历史的残骸，寻找我们和过去祖先们的相似之处，简直是难上加难。于是古迹文献的保存就愈发重要，就像这次旅程中所看见的，许许多多的古建筑都被保护起来，才令我深刻地注意到中华文化的起源、发展并且接受其他文化的冲击而融会贯通。

走在厦门大学的芙蓉隧道里，虽然身旁有同行的伙伴们还有游客，那些欢声笑语却好像被隧道吸收了一样。我目不转睛地观察着一幅幅壁画，好像进入了一个静寂的空间，和我交流的只有墙上的色彩与线条，其中最吸引我的是一幅由数个年份所组成的图形……不同颜色、不同字体的不同数字交错排列，却也没有任何突兀的感觉，反而构成了一种新的风格。原来就像我一直念念不忘的文化一样，即使是迥异的事物，也能够彼此包容才会长久。

经过这七天的思考，我以所见的景物审视了一遍中华文化，再加上余秋雨先生所写的《寻觅中华》，我窥见了些许华夏文明的核心，也明白为何战火烧不尽、时间之流也浇不熄它，不仅仅因为深远的根、紧密的连接，最重要的是，不论多么重大的文化冲突，中国永远能够去调和那些歧异点，最后浴火重生，镕铸一个新的文明。文明在被创造以后，关键还要学习去“变”，自然界里的物竞天择对于文化也是适用的，能自我进步的文明才会蜕变成不朽的文化。因为无论那些我们承接下来的思想、民族性改变了多少，最核心的部分依旧存在。而若要让我们的文化传承，不论是两岸的哪一方，都属中华文化的领路人，只有合作才能迈向未来，应该一同学习唐朝的作风，阅读中华、复读中华，反复阅览历史，是为了汲取过去的经验，同时以海纳百川的胸襟吸收别的文化，冶炼其中精华与中华文化融合，创造新的中华文化。

归人，过客

刘黎靓　厦门第一中学

在黑暗中睁开双眼。一天行程的疲惫化作暗流静静地在空气中涌动着；车内车外，同样的静谧与昏暗，无缝地衔接在一起。周围人都正困倦着，只可见东倒西歪的剪影，而我缓缓直起了身。

窗外，笔直的高速公路似乎望不到头，急速地向前撒腿奔跑着。而一架飞机飞得低低的，固执地在我们斜前方，似乎在用一闪一闪的灯为我们开路。不断一闪而过的低矮的厂房式建筑，将视野烘托得愈加开阔，景致也愈加熟悉，像一首忘却了歌词但旋律挥之不去的曲子。“想起来了，这是泉州南的出口！”我突然忆起来，这就是那条我走了那么多年的路，不由得惊呼出声，心里揣了一只激动的小鹿。

“泉州 63 Km”指示牌猝不及防地闯入眼帘。挺直的背一下子酥软了，瘫在座椅上，砸出一个凹处，刚好盛下了满满失落。原来这还在厦门呀，还离家那么远，我无可奈何地叹了口气。也是，回家的路怎么会这么近呢？如果这么容易，怎么还会有那么多扁舟子盼望着归乡？如果这么简单，匆匆过客怎么会担心自己惊扰了明月楼上的思妇？既然睡意已经被方才提前的激动驱赶走了，那不妨将目光投向窗外恣意蔓延的黑暗，不妨让自己融化在如水般澄澈的安静中吧。

这回总算是真的到了！路灯剥去了黑暗的伪装，我确信这风景是我熟悉的那一片，再不错了。从宽敞的泉州大桥开始，往两边铺陈开的是桥底的滩涂；桥那头有一座飞扬着燕尾脊、犹如被时间封冻的古厝；再往前十字路口处的花坛四季都是姹紫嫣红；再前方一些就可见城标上那些飞天的仙女，不约而同地也抬头仰望星空……在脑海中勾勒出的景致，都在几秒后具体灵动起来，果然吻合。

我回家了。大巴对时间的坚守，让我的回忆还有落脚之处，让我内心不由得生发出无尽感动与心安。

然而，在酒店门口，站在大巴旁边和同学们一起等着取行李时，我突然感觉到了小小的异样——离开了两年，终于回来，我却是坐着旅游大巴来，和一群来自五湖四海的人一起，拖着一箱子的行李，没有回巷子尽头的老院而是住进了豪华的大酒店……和其他人一样，我沉默地等待行李和房卡，等着回房间沉淀一天的疲惫。也许，只剩心里荡漾的波澜有所不同吧。以这样的面目归来，我真的还是个归人吗？还是成了走马观花来这里歇脚的过客？

站在房间的小阳台上，那个问题依然挥之不去，越想我的内心越沉重。求学的城市离得其实也不太远，但却总是阴差阳错没法回来。不过不论心里何等纠结，泉州的夜依然保持着城市少有的温馨。老城是没有摩天大楼将天空割得棱角分明的，黑夜是完整的一幅图卷。建筑物的霓虹灯也不会刺眼，仿佛是夜的小精灵的华彩。就这样静静地凝视它，好像又慢慢感受到它的脉搏，跟着一起律动起来了；无声，却像已经将在异乡的酸甜苦辣全部告诉它了。

这夜，我睡得很安然，甚至还做了个梦。梦中我背着书包，站在巷口。巷子前车水马龙的世界越来越清晰，身后倚着刺桐树的阿嬷，懒洋洋的黄狗，和飘落一地的花瓣，却渐渐模糊成一个黑点。

早晨活动约定的时间是十时，但我早早起了床，独自溜出酒店。酒店对面就有一家早餐摊，我轻车熟路地买了燕麦乳和白馒头。馒头的价格没变，难得的是味道也没变，我满意地一个人沿着南俊路慢慢地走。从这头走到那头，从那头走到这头，漫无目的。只是惬意地打量着绿意盎然的行道树，饶有兴致地等待是否会有叶子飘落在我肩上；嗅着佛教义诊里飘出的浓浓中药香，踮起脚尖越过长长等待的队伍看是否还是那位法师；在承天寺的门口久久伫立，看着清扫落叶的小师傅将大地变成一幅艺术品。

但很快，我的怡然自得被打破了，周围人的目光让我有些手足无措——几个在长椅上休息唠家常的大妈不时地打量我，目光里除了好奇仿佛还有一些轻蔑；路过的行人也特意地放慢步伐，盯着我看几眼。我不由得抓紧了书包两侧的带子，用勉强的微笑缓解尴尬。莫非是因为我一直在这里徘徊吗？还是因为我戴着帽子撑着伞，拿着相机不停拍照，像一个外地游客误闯入了本地人的生活区般而显得格格不入？或者也许，更可能的是，根本就是我莫名的心虚，凭空臆想出他们的目光，给自己一个离开的借口？

只是记得那时我对这条路情有独钟。那时候，我会花上一两个小时猫着腰等着一片刚好落下的叶子被摄进镜头，坐在承天寺放生池边和一群小龟懒洋洋地晒太阳，和朋友在氤氲着檀香的冷饮店开怀大笑。那时候那么夸张的言行，没有人感到好奇吗？现在只是一个旁观者，就真的有人用异样的眼光揣测我吗？毕竟我熟悉这里的人，每个人都温润如玉，不轻易评价别人的生活。我想也许只是我的内心有所疏远，这中间的隔阂只能用尴尬的目光去填补了吧。

转身很快回到了酒店，和小伙伴们参加了下一场读书会。看着大家拿着赠送的泉州系列丛书喜不自禁，交流这几个小时内的泉州印象，我依然恍惚在老榕树斑驳的光影中，突然感觉我越是想走近它，却反而越是疏离。难道一朝远离，就不能再亲近了吗？或许，这是想给我一个机会用过客的视角来看看它，不只是沉湎于过去的美好，而能发现那些变，与不变。

在开元寺的我，重新拾回了一份主人的自信。朋友们新奇的惊叹，疯狂连拍的相机，不禁让我有点小骄傲。不过，对他们而言，这是一个景点；对我而言，这是一种生活方式。但在这之前，我一直不知道是什么让它老是成为我梦中的背景，简单地把它归结为乡愁罢了。而如今，我才发现它被个人情感遮住的本身的光芒。我一直牢牢记住镇国塔沉稳的身躯，不仅仅是因为塔顶缭绕的云烟，更是它随便一块砖石都有几百年历史这样的厚重。是这样的文化积淀与历史地位，让它更加与众不同，也让它对游子的呼唤更强烈。“很多很多的历史才能成为一点点传统，很多很多的传统才能成为一点点文化，我们所庆幸的就是有老祖宗留下的这一点点文化。”

而探索清真寺，则完全是游客式的全新的体验了。常常从涂门街经过，却从来没有踏进过清真寺。寺里除了严整的石墙，最引人注目的是脚下的茵茵绿草。草丛连成一片，没有人工铺设的小路，也没有脚踩出来的印迹。所有的草都生机勃勃，盎然生长。那是调色板上难以调出的绿色，那么简单，你不知道怎样纯粹的颜色才能将它构成。我跟着大家慢慢前进——在家乡学习如何当一个很人文的游客。他们低声地交流，唯恐惊起一只鹊；他们在清幽的角落里专注地欣赏一枝越过墙的绿藤，而非粗糙地掠过整片风景；他们弯腰认真读着石碑上繁复的文字记载，读着那些我本该了然于胸的故事……我不免有些惭愧。不甘沦为一朵无根的浮萍，害怕成为飘不回故土的蒲公英籽。

然而，千百年前，那么多伊斯兰人聚集在这里经商谋生时，两种异质文化相遇，漂泊感无可避免。那他们是以暂居的过客自居，还是睿智地预见这里终究会成为家乡？

当大家七嘴八舌地让我当小导游带大家逛老西街的时候，我有些惊慌失措，之前还有那么好些人没说过话，突然之间热切地喧哗着，拥挤地推搡着走在钟楼边上，难免让人感叹这儿的神奇魔力了。出于我的可怜的方向感，我想把任务推给导航，但他们强有力地反驳：“你不是这里的人吗？怎么会不熟呢？”边说边把我推到最前端。于是，“这里是花鸟店，里面的鱼很好养；这家润饼皮店上了电视，但依然是我们日常买春卷儿的好地方；这一家古书店简直是寻觅宝藏的地方……”橘黄色的灯光暖融融地流淌在我们一行人身上。“等等，这儿有买伴手礼的地方吗？”突然的发问，我有些愣住，那是我们很少涉足的地方了。但好在我们很快找到了一家文创小店，大家兴致勃勃地挑选喜爱的纪念品时，我的目光也在墙上搜寻着——可惜找不到了，层层叠叠的明信片覆盖下，两年前我和好友在这儿写下的稚嫩的言语难见踪影。但我知道，它在某个时空的角落，我回来时给我念想，我离开时守护着我向更远的世界闯荡。

我看见他们脸上满意的笑容，内心也无限满足。也就在那一刹那，我确信自己是归人；血液中的烙印不是三年两载的分隔能动摇的。但也就在那一刹那，我突然明白，关于归人还是过客，这是一番没有必要也没有结果的纠结。

归人也不会就此停留，每一次回来，我还是要离开，去那无尽的远方，去拥抱无数的人们。

熟悉的地方，却免不了久别的陌生；心心念念的故土，难逃生分与疏离。我们都生长于某一片特定的文化土壤里。它在我们离开的日子里魂牵梦绕，我们盼望着与它重逢，却也暗暗担心自己是否还能融入，或者是否会被接纳。归人担心离开太久后情感的依附薄弱了，会成过客；过客也不知会不会因不舍的情缘，留在异乡不再走。

殊不知，每一块土地对于生命而言，都只是驿站，是终点也是起点，而我们每一个人既是归人，又是过客，匆匆行旅中我们既在瞻顾旧景，又在憧憬前路……归人总是别处的过客，过客总是会成为归人。所以，再从江南走过，也不总担心达达的马蹄声了。毕竟，尽管小如尘埃，我们倾尽一生，也要听着命运的召唤，找到回家的路，归去我们的精神原乡。但从更广大迴远的时空意义来看，我们都只是这浩渺世界的一个匆匆过客，不论在哪停留，终将会离开；而每一次分别，是为了更盛大的归来。

溯

□ 方彦九　中山女子高级中学（台北市）

◎起

我环顾四周，就好像第一次睁眼看世界。眼前有云天在飘移，河水在流动，山岭静静耸峙，一切都那样充满魔力，而我是个正在觉醒，正在走向自我途中的人。

——改自《悉达多》第一部《觉醒》

那是个湛蓝的晨日，一切安详和宁。渡船颠颠簸簸荡到五通码头，天空展览着层叠高丈的云，那如山的厚实感，一垛垛足以拥堵鸟群，却又一朵朵飘逸自如。宛然冰裂了蓝天的轮廓，独树出一格落落大方的空间，灿阳没能穿透这样的厚实，却为它描嵌了金边。我在这幅天画中悠然神往，开启了旅途。

◎鼓浪“语”

踏上岛岸，沿港湾回望，尽是厦门市的擎天高楼；鼓浪屿则不然，老房砖瓦排列有致，印刻着历史和它独有的叙说。

红棕色英式洋房，在阳光晨浴下精神耀眼，每走几步，便有不同国家的领事馆屹立而起。台湾也有类似的风貌：淡水圣多明哥城是 17 世纪初西班牙人雄踞台湾北部所建；台南的热兰遮城及普罗民遮城则为荷兰人统治时期的要塞，也曾是郑氏王朝统治者的住处。是如此无力，流淌着汉民族的血脉，台湾与鼓浪屿的人民被动迎来说着西语的人群，他们升旌摇旗，规范起外邦制度。

隔着深沟海峡，两边却不约而同建起相似的红砖方屋，背后同有文化折磨与牺牲取舍，不公与压迫。如今自由的旗帜冉冉飘扬，想起这片土地曾发生的故事，想象先民的惶恐，那种未识也搜索无凭的心情，我的心头沉甸甸的。

遥相对视，道尽百年千言的心灵相拥。

百年孤寂，于是草根人物哼起了歌。点播一首思情，有含蓄婉约的牵依、焦心蕴藉的恳切和婉转低回的感伤。

《鼓浪屿之波》跃然五线谱上，世纪名琴响出古音，灵活的变奏下，一份情感得到阐明和释放。任由时代更迭，大时代下人们都有专属的乡愁，听碎几首故乡的情歌。

旋律波涛阵阵，和着玻璃窗外浓烈的阳光，思潮将我推进林良爷爷的童诗：

两只小老鼠，
跳上大钢琴。
琴键上面好跑步，
跑来跑去真开心。
他们的脚底下，
发出阵阵，
美妙的声音。

林良的诗是童真烂漫的乐章。儿时我总喜大声念诵，一蹦一跳地，把每一个字都念得如弹跳的珍珠。对我而言，林良爷爷是音乐诗的魔法师，他把诗文哼成歌，也将童心和信仰全都编织在他的生命小品。

生长于鼓浪屿，林爷爷曾说："我在这个美丽的岛屿，度过我的青少年期。也在这个岛屿上，读了许多一生受用的好书。"这让儿时的我在心中种下对鼓浪屿浪漫的想象——阳光沙滩、潮声与船影。纵然林良的生命里历经颠沛流离，但他说："我喜欢写生命里美好的事物……愁苦总会过去，而且愁苦应该要过去，愁苦不该是生活的基调。"林爷爷提倡浅语的艺术，用最简单的字词表达朴实的生活点滴，把可爱的孩子、可爱的笑容和故事，塑成一种定义，成为台湾儿童文学界永恒的园丁。由他谱写的旋律，就这么安然回响在两代人的心中，继续流传。

林良先生的童心教我怀念起封存记忆中，那位热爱音乐的女孩。凝望眼前每一架百年钢琴的妙姿，聆听导览员介绍它们的质地和历史，想象自己抚触木键的悸动，我不禁莞尔：感动于眼前一架架美丽钢琴的坚强柔情，即便不再供人弹奏，而丰采依旧。音乐便是如此，它有阳春白雪的贵气，却也能下里巴人，延展出各类风格及形式，愉悦每一代老中青年的心。我想念坐在钢琴前在琴键间灵巧变换的女孩，浸淫在音乐的畅享，意往神驰每一段乐章。

任凭流年偷换，艺术不朽，始终如一。

◎茶与烟

有幸到访林则徐先生的故居，甚至有些战战兢兢。从踏入正门的那刻开始，便是一股隆重肃穆。林先生的宅邸既深且广，精雕的廊灯古朴幽然，走过穿廊和小川堂，来到宗祠祭堂。林先生的雕像庄严端坐正中央，眼神坚定地看向前方，庙堂虽不大，却能深刻感受他的浩然正气。

宅邸绿意盎然，每一处喷泉与庭园都洒满了夏日阳光，正如他的气质与为人，没有一个角落不是温暖。孟子曰：“日月有明，容光必照焉。”正是这番气象吧。

清末门户洞开，外国强权四起，林则徐义勇正直，查缉私烟，需要多么大的勇气。当全国沦陷毒瘾，他没有放弃清醒，以爱国爱民之坚毅为纸，起一封夹情夹议的委托，请求伊丽莎白女皇停止鸦片的进口。眼看皇帝没有作为，即使明知孤臣无力可回天，他仍秉持“虽千万人吾往矣”的精神，为民维权。

然而，也只有这样矢志不渝的民族英雄，在星光模糊时看得最清楚。

西方倾倒了鸦片，迷醉了一张张东方的脸，却聪明悄然地带走中华文化最美的名品——茶。

茶文化一直是中国最引以为豪的芬芳。皇室或有最上等的富贵尊荣，而一群辛勤的，来自乡野民间的朴实百姓，却敬业地投入栽种茶叶，即使为了养家，但这样的知足喜乐，才是真正富有。

茶道精深，本难一语道尽。周作人先生说得简单一些：“茶道的意思，用平凡的话来说，可以称作为忙里偷闲，苦中作乐，在不完全现实中享受一点美与和谐，在刹那间体会永久。”我想品茗就是全然地忘忧，在享受过程中慢慢走向内格修养，实现和谐安乐之道吧。

到访漳州土楼的那个下午，黄土地因为一整天断断续续的阵雨，半湿半干。很幸运地进到一户人家，女主人和我诉说了家中井如何使用，并热情招待我品尝自家收成的茶叶。养胃的高山红茶与养肝的东方美人，在热气氤氲的斗室里开出一方独特仙境。女主人自然的微笑如茶的甘甜，每每我喝完后又再斟上，连说着多喝几杯没有关系。一杯杯茶就这样延展起主客的和谐关系，从主人手里端到客人手心，传递了人间一场最优美的对话。

台湾茶文化亦复如此。曾到访北台湾的茶乡重地坪林，游走在翠绿嫩黄的茶野间，我学习一心二叶的采摘技法，俯首深吸高山茶叶的鲜味。然而来自乡野真挚的人情，才是最香馥的浓情实意。对于我们的造访，婆婆伯伯们表现出直接的欢喜，高兴于新生代对于茶叶的好奇并亲身学习。茶商老板则好客地泡起一壶才刚干燥好的毛茶。文山包种、冻顶乌龙，茶香之所以浓郁是因为台湾茶农满溢的热情。这是台湾独有的人情味，限量版的茶精神；焙成的情感未必是一桩生意，但却是着实的情谊联结。

意识回到土楼，我向老板娘道了谢，说是要多探探其他地方。她爽朗地应了声没事，留下我至今记得的无限茶香。生活在大都市的我，绝大多接触的是令人眼花的红尘洋场和冰冷科技——老板娘有温度的微笑，使我寻回人与人之间应有的感觉。

又想起林良爷爷的诗，一杯茶是最圆满的语言。

◎泉韵

“氛围是连接的，感觉会很好，读起来会舒服。”

泉州是新旧并陈的古城，融会沿海先民特有的尊重与包容，开风气之先，在古风淳朴的年代，独具国际风采。我这个十八岁的小姑娘，代表新时代的步履，踏上了这片古陆地。开元古寺中，暗藏多样宗教元素：精雕细琢的燕尾及石柱，兼容印度飞天女和七十二身狮身人面。再往下寻，弘一法师的古琴静躺眼前，他的一颦一笑和才华横溢是幽微古寺里温暖恒久的光，暖暖内含着，不狂也不躁。他的企望与艺术韵致酿成最美好的一聚精华，蠲除我夏日内心的躁动，朗照在每位过客心中。清净寺是开元寺的邻居，花叶葳蕤，习习清风和着伊斯兰神秘的气质，延伸出微蒙的雾——在这样的雾中，我甘愿沉醉不醒。

前行不下数履，熟悉的关岳庙映入眼帘。

我想起台北的龙山寺，也是香气缭绕，热闹杂沓。97% 的台湾汉族人中，有超过 70% 的河洛族群。其实两岸传统宗教的根源是同样的，泉州保生大帝、妈祖关公、漳州开漳圣王……融福建各地多元的信仰于台湾这座小岛，人人挽一炷香，虔诚为家庭、为所在乎的人祈求保佑，吐诉忠诚的愿望。宗教是最根深蒂固的东西，超越时代限制，不论科技革新，始终予人最深层的生活动力，超脱凡俗纠葛的心灵依托。福佬先民漂洋过海，在台白手起家，驻扎起家的文化，也将这一缕香篆迤逦，牵引渡过台湾海峡。我漫溯其中，感受这份一脉相承的感动，身处大陆，恍如台湾。

浮想文化心灵的代表，余秋雨先生始终为中华文化探根提问。顿觉本次共读的选书——《新文化苦旅》和这座古城有着绝妙的映照。余先生期许自己是不断根的兰花。摩挲大地，寻觅中华，鉴存千年历史，为自己的家国景史著书立说。我的爷爷也在民国分歧时期离开了家园，漂流台湾，青春与泪水都深埋在海峡之中，连叹息都默然。故乡就是一种信仰，骨子里特定乡土的血脉，喝过那儿的泉水，自会记得甘甜。曾读过祖籍也是泉州的余光中先生的作品，对于近代中国意象与文学遗绪他有沦肌浃髓的体悟，然而漂泊台港，笔下阵阵乡愁，终究是邮票与窄船也到不了的远方。

宽宽的街道上，完整的一方天空尽收眼底。我脚踏清净寺外的象牙白石砖，正对新潮的街坊市集，新旧文化激荡，触发无限遐思。

这其实也是此次交流活动的一个深化含义吧，和伙伴们共思共享，共信共好：那么，同时也能共荣共善。一个文学的思考，让我们对先人的文化追秘；深化交流，促进了两岸更佳的合作与发展。

“那条巷子走进去就是一个热闹的小街市，我以前常在那里和同学聚会。他们去逛他们的街，我会在那边的老建筑选一个角落窝着看植物。”

学伴的家乡正是泉州，从她分享的儿时情景，我在脑中构筑起一幕幕对我而言只在动画片上才能感受的唯美风景。大巴经过好多绿意盎然的街道，每抚过一片绿叶，我都能从学伴的语言里参与她极具画面感的回忆。就坐在我身旁，这么近的距离，简单的只字片语，再轻松不过的童年记忆，有她深深的认同和欣喜。

“哇！我好久没来了！这次能够来这里真好！”

这是她的想念。泉州是老城，却仍有小孩的灵魂。

拖着行李下榻鲤城大酒店，学伴望向婚姻登记处同我说道：“真希望有一天我能在这里办婚礼。”当下我没听出什么，只回：“可以的！就算对方不是这里人，你也能在这边办一场呀！”她婉约摇摇头，向我说道：“不是的！我想在这里办登记。”那一刻我体悟，故乡的深沉，是一生即便身不在此，也矢志不渝地认定，任由岁月更迭，新一辈年轻人，依旧不变的心的寄托。

“氛围是连接的，感觉会很好，读起来会舒服。”

这是潘丽珠教授讲授词之意境时所述。泉州有情，正如王开岭先生评写故乡的观点，她是有容颜和记忆能量的，有年轮和光阴故事。泉州向我展现，老故乡需要有岁月依据与视觉凭证；也是泉州，给了我新的情感交流体验。在这里结识的新知，未来终成旧雨。这是种深层的文化链接，关于故乡故人，关于旧雨新知。

◎厦芸·夏耘

我更努力倾听。人的形象，风景的形象，我自己的形象，全都交融在了一起，随后又变得模糊起来，他们汇入了河水，随着河流一起奔向目标，热切地奔向目标。于是河水的歌声充满了渴慕。

——节选自《悉达多》第二部《唵》

从小我就在台北市中心生活，摩登城市五光十色，人群总和时针赛跑。初到厦门的那天下午，我们这群文学爱好者逛游了艺术西区。文创是新一代的艺术商机，但却紧依着文化，斯土有它独特的建筑艺术和风土民俗，不变的是我们热爱文学与美的文心。

有人，才有了历史与文化；因为有人，才有太多来不及付诸文字，却已感动生生世世的情感。

七日的闽厦之旅，谈了一场七日之痒的恋爱。

文字是我们相识的契机，也是我们说故事的起点。我会记得大巴车行经漳州山区那一排排错落有致的梯田茶园是那样迷人。在雨点中，我隔着玻璃都能闻着清新。电梯里，我和学伴默契地抬眼相视一笑，一见如故地赞叹彼此正是室友的那份巨大欢喜。某天晚起，来不及享用早餐，伙伴疯狂打我的电话未通，后将水煮蛋带给我的暖心惊喜。记得七天的风恬月朗，以及在黄金沙岸上并排的脚印，向海洋大喊友情不散。

◎回

到了五通码头的站驿，学伴紧握着她从家里带来的茶：“这几天没机会泡上，你带回家里泡吧。”随后我的手中被她填满了茶包。那会儿拥抱了好久好久，手里握着茶香馥郁，全身暖淌富裕的友情能量。上了船后，静静地望向窗外的海，灿阳映着水波，海面波光粼粼，我想用厦门的海沏一壶学伴给的茶，啜一口想念。

七天的形象纷至交融，我努力汲取每一页精华：听的风景、看的旋律，拥抱的人情，做过的、没做过的梦。文学是内部的自我完整，倘用青春的笔题一章我们的故事，那定是友情的真谛和夏花般的情怀。

这些绮想，都直接幻化成诸多感动；也不用再太过认真探问事理背后的本质，有时，意义就在事物本身。

共赏过那片泉州黄昏，我们还有破晓的晨光。相遇不为分离，但这足以让我们在回忆中柔软。与你们相遇，是我丰盛的邂逅。这个夏季，成了我宇宙中最深刻美好的光年。

返家路上，耳机里不断回放同一首歌：

那一天，那一刻，那个场景，你出现在我生命
每一分，每一秒，每个表情，故事都充满惊奇
从此后，从人生，重新定义，从我故事里苏醒
偶然与巧合，舞动了蝶翼，谁的心头风起
前仆而后继，万千人追寻，荒漠唯一菩提
是擦身相遇，或擦肩而去，命运犹如险棋
无数时间线，无尽可能性，终于交织向你
未知的，未来里，未定几率，然而此刻拥有你
某一天，某一刻，某次呼吸，我们终将再分离
而我的自传里，曾经有你，没有遗憾的诗句

船靠岸，这回不再颠簸，心头暖暖满满的，早有安放。

两岸·多城·文化

□ 陈玟　厦门外国语学校

人本是散落的珠子，随地乱滚，文化就是那根柔弱又强韧的细丝，将珠子串起来便成为社会。

——龙应台

看到这个海峡两岸交流活动时我就果断报了名，竟没想到上次交流活动是在“苏迪罗”台风席卷后造访台湾后，这次也是“莫兰蒂”台风侵袭后，只是地点变成了熟悉却不曾深入的厦门。在相似的环境下，去寻觅丝丝缕缕的文化印记，或许会有别样的感受吧。

“朝出暮归，在大担南北采捕，风发则鱼贯而回……”望着眼前这座重新描绘修补后的杉木制成的王船，耳听着老人以闽南腔音缓缓道来的沙坡尾避风坞绵绵历史，我渐渐明白，“送王船”与其余出海的渔船不同，它的存在代表的是一种民间文化交流的方式和历史。“送王船”的历史可以追溯到明朝，在这祭拜仪式中王船通过制造、出仓、祭奠、巡境乃至焚烧，而人们斋醮、大鼓凉伞、舞龙、演歌仔戏。如同安本地的王爷信仰，清初移民至台湾渔家以王爷作为代天巡狩的神而奉祀，并通过“送龙王”缅怀郑成功的丰功伟绩。鞭炮声声，热闹非凡的画面似乎就呈现在了眼前，而为这画面添色加彩的便是人们为祈求风调雨顺、国泰民安的最朴实的决心和期望。

寻觅着其中的文化印痕——原来简单、朴实、和平才是贯穿于两岸人民骨子里相同的最原始的追求，他们将其以民俗的形式祭奠起来，融合在两岸不同的文化里。两岸文化各异，但真善美皆是二者不断求得交集的文化基因。也许这也便是“送王船”不仅变成了当时入台同安先民开发宝岛的精神支柱，也成为此时大陆同台湾同胞民间文化交流的纽带的因素所在了。

乘船入岛，踩着阵阵鼓浪声，沿着草木葱茏的石板小路往上走，便来到了鼓浪屿钢琴博物馆。这里收藏着胡友义先生从澳大利亚带来的70多架钢琴。从桃花心木以制、象牙贴片以装、乌木以饰的舒维登私人钢琴，到在19

世纪初琴身最大、琴音最洪亮的克莱门蒂钢琴，从黑白琴键颠倒的羽管键琴，到 1928 年美国制造、价值昂贵的全自动海那斯名琴，再到类似留声机的维尔坦钢琴……西方文化中高贵奢华的音乐形态和音乐观念以实物的方式展现在我们眼前。

这又是厦门文化的什么特色？正寻觅着，布鲁斯纳响起曼妙的琴音声，静立聆听，不禁想起早在 17 世纪中西方音乐文化似乎就开始了实质性的接触。历史阶梯渐渐延伸，中国音乐精神的某些元素也不断融入西方音乐，便诞生了混合了中西风格的音乐新产物，音乐各异形式的创新性也表现出了极大的可塑空间。音乐在无限的求同存异中变得越加丰富。此刻再仔细聆听，这音乐竟是以中西合璧的形式诠释《鼓浪屿之波》里的国土情怀。中西音乐

讲解员向学生们讲解土楼的构造

如此，中西文化亦是，两岸文化何不亦如此？

龙应台说，人是珠子，文化是细丝，社会是项链；我说，真善美是珠子，异地是细丝，而那条闪闪发亮的纯净项链则是融合了的多姿文化。

文化如远年琥珀，既晶莹可鉴又不能全盘透明。一定的沉色、积阴，即一定的浑浊度，反而是它的品性所在。因此，一座城市的文化，也与这座城市的不可透析性有关。

——余秋雨

驶离漳州，跨入东亚文化之都的泉州。想起泉州，便都是“泉南佛国”“宗教博物馆”“信仰之城”“满街都是圣人”的字眼。此番前去，着实领会其宗教信仰之意。走进开元寺，只见莲宫梵宇，焕彩鎏金，刺桐掩映，古榕垂荫，更喜邂逅一棵菩提古树。很久以前，释迦牟尼在一棵百丈高的菩提树下，得道成佛。这也才有后人望菩提树而感慨万千：“菩提本无树，明镜亦非台，本来无一物，何处惹尘埃。”我虽没有七天七夜静坐参悟的耐心，然此时立于树下分秒，也能侥幸持一抹虔诚，拾一段时光清浅，留下些许本真。

走出佛教殿堂，便进了伊斯兰教古寺——清净寺。洋葱头似的圆顶因一场天灾消失，露天的古大殿供穆斯林礼拜，由明成祖颁发保护清净寺和伊斯兰教的《敕谕》石刻讲述此寺历史。了解了寡欲清心，课以洁物乃伊斯兰教教义，轻轻触碰着寺内历经多少风雨冲刷的石墙，指尖带来的清凉却同在菩提树下感受到的清静是那样相似。也许这便是信仰，无论何种教义，只因己也因生命，你若信，它便是真。

一路聆听导游对刺桐城的介绍，一路寻觅其中的文化特色，我想，泉州城似文学长者，用沉色调的宗教信仰作为笔，不仅为城中人，更为同我般风尘仆仆之旅人撰写下对于命运的领悟，人生的豁达，世情的谙悉。显然，泉州的宗教是浑浊的，是沉色调的，在这里边中西共存，有真主也有佛祖，它混合了不同的教义，也包容了不同而多彩的信仰文化。这便是两岸文化之城泉州这座城的文化所在了。

人创造了文化，同时也是文化的产物。

——徐强

福州是小时的记忆，那几段马鞍墙，那几条坊巷，那几片青瓦，那几份匠艺，那几把花伞……是了，这里便是三坊七巷了。作为福州老城区经历了几次拆迁建设后仅存下来的一部分，三坊七巷承担着历史之源、文化之根头衔的大任。

带着敬佩，步入巷内故居。烈士林觉民舍妻赴死，“吾至爱汝”却不得不“忍舍汝而死”，爱妻之情令人感动；“即此爱汝一念，使吾勇于就死”，为全国同胞自由幸福而不惜牺牲一切的精神使人心生敬意。作家冰心以爱作文，她懂得爱并传播爱，她爱繁星，爱大海，爱祖国，爱一切应受到爱的事物，她告诉我“有了爱就有了一切”。思想家严复复兴中华，翻译《天演论》，以“物竞天择，适者生存”鼓舞民心，以教育学术发展民智，他是“先进的中国人”。跨过一道道名人故居的门槛，阅览了故居名人的生平贡献，他们的品质和精神汇聚起来创造并代表了福州的文化财富，装点了这繁华闽都。

故居、门槛，在时空中延伸、发展，关于文化的感悟也在不断融合，我不禁感叹对当时社会乃至中国近代进程有着重要影响的人物竟皆出于三坊七巷，更感叹于先人对人杰与地灵的完美提炼。有时，是人创造了文化，但也有时，是文化造就了人。而多杰大概就是福州三坊七巷留给我最深的印象吧。

此番借两岸交流之行，游福建多城，品多彩、多元、多杰的文化，定将刻骨铭心，融入自己的文化基因链。

渗入生命的回忆

□ 栾昀芳　延平高级中学（台北市）

有一种有友谊，能共青春。

启程前是兴奋，启程中是期盼，启程后则是满脑子的幻想。

但所有的感官体会，在步入即将和厦门同学见面餐馆的那道门槛时，全都化为了一颗在胸腔内“扑通扑通”跳动的心和铺天盖地的紧张。

但在看见和我们同桌用餐的厦门同学时，那一刻，我高高悬起的心却又没来由地缓了缓，还有些不好意思。

现在想来，也不是没来由的吧？

是因为，那些看向我们的厦门同学，笑得很温暖。

就如同窗外那厦门灿烂的阳光，令我印象深刻。

午后，走进了厦门大学。

这里的确很美，而芙蓉隧道内的壁画着实令人惊艳和感动，它们蕴含的不只是岁月时光的痕迹，我看见的是那一届又一届毕业生面对离别却依旧满怀希望的祝福，还有每个人在青春中无法避免的小小遗憾，感伤却浪漫。

“我爱你，再见。”

晚间，是自我介绍的破冰仪式。

每个人的自我介绍都令我印象深刻，觉得每个人累积一天下来的距离感都消失无影，轮到我拿起麦克风时，竟有些紧张，迷迷糊糊间说了很多，现在倒有些回想不起。

但我却记得一句话：“走得快，一个人走，走得远，一群人走。”

而你们就是我的这一群人。

◎回首·土楼风华

要体会大陆之地幅广阔，莫过于乘一班由厦门到漳州的车。

今日烟雨蒙蒙天色微暗，和前几日差距极大。少了平日慑人心魂的阳光，这得来不易的阴天确实增添了一番慵懒的气氛。

乘车前往漳州之途，我戴上耳机，随手挑了首歌曲，便撑着头看向车窗外不断变换的景色。

到了异地，我最容易着迷于欣赏的便是市井间的风景。

马路上熙来攘往的行人与车辆、路旁吆喝叫卖的小贩、商店外试着邀揽客人入内的店员、公交车上模样形形色色的人们，都是我眼中的一道风景。

我不曾在这里生活，但却能靠着这些街头最日常不过的画面，慢慢进入这里人们的生活。

举起相机，想要留下印象的不是历史古迹，而是这道路上不停留的行人的背影，和我对这里的点点回忆。

一路车程摇摇摆摆，时间一分一分地流逝，让人不自觉掉入一个又一个相互交叠的梦境，精神上有些倦怠。在台湾是不会坐这么久的车的，总是一会儿便到了目的地，所以此刻坐在车上头脑发热的我却有些恍惚，像是失去了对时间的敏感度，我坐了多久的车？我在哪？已全然不知。

好不容易，真的好不容易，坐着车，转过山间一百八十个弯道，终于到了这位于山间的土楼。

山林间的空气有些冷冽，深深吸了口气，驱逐脑中的混沌，整个人才像是活过来了般。

张爱玲曾说：“我们对于生活的体验往往是第二轮的。”

这句话因为认同所以我记得很清楚，地理课本上曾无数次见过土楼林立的模样，也对于那奇特的建筑啧啧称奇，但我不知道的是亲眼见过那原本只存于纸张上的景致——这样的第二轮的体验，会这般撼动我的心神。

从高处向下望去，大片郁郁树林间，坐落着五栋或圆或方的高大土楼，似是已在这片土地上扎了根，和周遭景色完美融合。它们笔直站立着却又相互依靠着，呈现出一个民族最值得骄傲的精神。

虽说当年建造土楼的乃是汉族，但我却认为，这些先民和居于平地的汉人又有着大大的不同，生活于山林间，衍生出最适合生活的屋楼和水井，这些是在平原绝对见不到的独特。

并且，听当地导游说，这里有座七百年历史的土楼，现在里头还住人呢！

稍后，我和几位同伴被仍居住在土楼内的居民邀请入内品茶、观望四周皆由木头所制的梁栋，四周都是和现代化建设有着极大的对比，我猛然意识到，自己已经进入了他们习以为常的生活中了。

他们就住在这。

一种陌生与熟悉的感觉蓦然席卷而来。

地点、建筑、生活方式都是陌生的，但这人与人相处间散发的情味却是熟悉无比——无论在这山间土楼、在阳光灿烂的厦门抑或是我的家乡台北。

怀着一股亲切，双手接过土楼主人之一的阿姨递来的茶，小心地啜了一口，那茶还是滚烫着冒烟，但却暖暖地熨烫着心底。

出土楼，来到了沿溪而成的街道上，有趣的是看见了个小童拿着小号的钓竿正蹲在河堤上，架势十足地垂钓。看这溪浅，我忍不住问他："这儿钓得到鱼吗？"那小童瞥了我一眼，表情老成地点了点头，似是不想与我多耗费口舌。

那模样倒真像个小姜子牙，我心中一乐，小心地举起相机，替这小童留了张心无旁骛的背影。

停停走走间，原本已停歇的小雨，又伴随着淡薄的山岚飘下。

烟雨朦胧间，那土楼，却又生出别样令人屏息的风华。

◎故·事

在参访众多的景点中，我最期盼的便是去参访林觉民故居。

为什么呢？因为我从很小的时候便听过他的名字。

还记得小时候妈妈买了套纪录历史的书给我和哥哥看，那时候也不见得看得懂几个字，只觉得书本上色彩缤纷的图案挺有趣的。

可是却有一页的图片全是密密麻麻的字，我便捧着书去找爸爸问："这是什么？"

爸爸翻开了那一页，似乎还没读便转头向我说："这是林觉民的《与妻书》。"

我还是不懂，爸爸便让我坐在一旁，念了其中一小段给我听。

那一开头便是：意映卿卿如晤。

念罢，爸爸对我说："你这辈子，一定要自己会读一遍。"

好好感受，那流窜在文字间的热血与感伤，还有一份令后人为之动容的大爱。

长大了，那《与妻书》我又读过了一次。

读完后心里的滋味很难形容。今日一想——弘一法师所言的："悲欣交集，却是正中那股滋味的红心。"喜的是在建国之路有这样一位英雄，在我们身前；悲的是他自己的家却这样崩解，在他自己的笔下。

林觉民的故居很是清雅简朴，一梁一栋间仿佛可以再现那段日子他与妻子间恬静美好的生活。

堂中庭院有两只大水缸，映着蓝天的清影，水面上头浮着几叶浮萍，向里头望去，一黄一白的小金鱼悠游着，好似人间万般挣扎无奈都与它们无关。

在那个战火硝烟四起的时代，不知道林觉民是否艳羡这两只小鱼儿？

因为任重，所以道远；因为明白，所以更要将那沉重的使命扛在肩头，怕一放下，整个国家会与之倾颓。

所以我想，林觉民也许会羡慕，也许会渴望，但是他绝不会成为时代中无所忧虑的那一方。

因为，他的双肩上，右是一个国家，左是一族人民。

已是深夜，我仍睡不着。

这是在大陆的最后一晚了，也是和朋友们相聚的最后一夜。我有些闷闷不乐的，方才的欢送会太欢乐了，现在总觉得有些失落感，像是力气都被抽光了。

说好今晚要通宵夜聚的，大家果真都来了，明明是很小的双人房硬是挤下了二十几个人，说说笑笑、打打闹闹使房内的温度一下子就升高了，冷气怎么调都一样，我的鼻尖都有小小的汗珠凝聚了。

也许不是空气热，是大家的心热。我忍不住这样想着。

今晚还是一样热闹，每个人在玩"狼人杀"时都笑得很开心。一本本绿色的留言本也在每个人的笔间传着，上面满满的都是一个朋友想告诉他的朋友的话，我不晓得大家想告诉彼此什么，但我知道的是那每个字肯定都十分真挚动人。

虽然说好要一起熬到明早，一起看清晨的曙光。但是消耗了一整天的体力，可以看见大伙还是露出了微微困倦的模样，深夜之初大部分的人都受不了了，苦笑着摸摸头回了自己的房间休息。

而剩下坚持通宵的人，则开始聊心事，敞开了心房谈天。

那群人，当然包含了夜猫子的我。

这群来自各地的朋友，挤在小小的双人房中，聊起了内心大大的世界。

天豪、书丞、雨侬都告诉我们原本只属于他们生活中的故事，那些故事充满了少年特有的细腻与情感，能让听者沉默，静静地陷入他们所说的世界中。

《人间词话七讲》读书会上同学一起讨论问题

他们的世界原来是这样的啊！其实仔细观察，每个人身上都有往事留下的痕迹，只是或浓或淡，或轻或重。

而他们，愿意把通往他们世界的钥匙放心交给你，让你毫无波折地进入他的内心。

在一旁静静倾听的我，感动中又总觉得好不可思议啊！这真的就叫作缘分吧？原本互不相识的少年们，在七天内相识相交相惜，亲密得不可思议。感觉像是浓缩时间般，把好几年份的友谊压缩了起来，短短的时间，更显得弥足珍贵。

最后，不知道是谁说了这样一句话，语气十分坚定而感性：

“明天就要分离了，但你们一定要记住，我想念你们的时候就会在夜里看看空中的月亮，所以你们要是也想念我的话，就看看月亮吧。这样我们就能看见同一轮月了。”

我心里蓦然颤了一下，浮现了一句诗——千里共婵娟。

原来是这般意思，是这般味道啊。

我总算明白了。

◎渡口

今日灿阳，好似你我才初相遇。

渡　口

席慕蓉

让我与你握别
再轻轻抽出我的手
知道思念从此生根
浮云白日山川庄严温柔
让我与你握别
再轻轻抽出我的手
华年从此停顿
热泪在心中汇成河流
是那样万般无奈的凝视
渡口旁找不到一朵可以相送的花
就把祝福别在襟上吧
而明日
明日又隔天涯

今日是离别的日子，我的心头染上了一片厚重的感伤。

无论再怎么想要好好把握和伙伴们相处的一分一秒，我们这趟旅程的缘分终究是走到尽头，多么想要再和大家多说几句话、再多去一些地方，但时间不允许了，我们终究还是要回到台湾。

我一直不敢想象离别时候的模样，那太令人伤心了。我不敢让那份伤心赤裸裸地显露出来，我怕我承受不住，太沉重了。

简单用餐后一行人乘车到了码头旁边的沙滩，烈日下，空气十分滚烫，而完整吸收阳光温度的白沙更如烙铁般烫人，一片寂静的沙滩上只有寥寥可数的人。

这样很好。

我需要的正是这样一个独立的空间，没有任何人可以打扰到我们最后的相处。

说说笑笑间，我们踏上了白净的沙滩，欢呼吆喝地拍了照，每个人都笑得灿烂无比，眼中似是盛满了那盛夏的阳光。然后，一起听着海潮的声响，每个人突然变得沉默，安静地看着远方闪着大片金色光亮的海面，我们不必再多说什么言语，这一刻，我们已经能看见对方泫然欲泣的心。

咸咸的海风柔柔地抚在颊上，能带走的是一丝暑气，带不走的是一段温柔坚定的友谊。我眯着眼，想起了初到厦门时那天也是这般阳光灿烂，只是那时候的我还不知道自己会拥有了这些美好而难以分离的朋友们。我好想好想要告诉七天前那个略带紧张的女孩要放轻松，好好享受所看见的一切，这里的人，这里的物，因为他们将会是青春岁月中难以忘怀的美好。

沙滩上有无数的贝壳，我和志英蹲了下来，仔细地瞧着，大部分的贝壳已经不完整了，往往都缺了一角。我心想，我要带回台湾的回忆一定要是圆满没有碎裂的，所以我拾起了形状美丽模样精巧的贝壳。但是志英不一样，她所偏爱的反而都是表面有些缺陷的贝壳，但是颜色非常特殊，模样也异于一般贝壳，非常独特。等我们直起身，志英递给了我一个她挑选的小巧贝壳，轻轻地说："送你吧。"那一刻我的泪差点掉了下来，但我忍住了，我说："行，谢谢你。"毫不犹豫地送她一个我认为是最漂亮的贝壳。今天，我想把我觉得是最好的东西都给这些朋友。

返程时，不知道是谁开始唱起了《十年》，接着，大家都开始唱了，歌声荡漾在厦门的空气中，咸咸的。十年之前，十年之后，我们会是谁？会在哪里？又该何去何从？我们会记得今日身旁的这些青年吗？心里有些彷徨，不知为何，我又匆匆回头看了一眼那片美丽的白沙滩，天海仍是共一色，那刹那，心里突然有个坚定的声音响起——会的，一定会记得的。

上了车，大家仍是笑语不断，我送给坐在我前头的斯鹏一片很漂亮的贝壳，希望他不介意一个台湾人送他厦门的贝壳做纪念。

不知过了多久，我们乘的车缓缓地停了，前头的颜亨老师喊了声："下车，带好行李啊。"我才惊觉已经到达五通码头了啊！这是最后一次下车了！我刚刚平静下来的心"咯噔"一下！蓦然又惊慌了起来，真正到了离别的时候了！我的心怦怦直跳，脑中一片混乱伤心，我一直都还没准备好要面对这样的场景。下了车，我拿起了行李，看着身边突然开始道别的朋友们，我不知所措地站在原地。热烈的阳光普照，明明周遭事物清晰，我却觉得晕眩，直到易立走过来，捏了捏我的脸颊，悄声对我说："笑笑，别哭啊。"

可是，我没能听她的话，刚想说没事的，却在一个眨眼后，眼泪就大滴大滴地落了下来。我太害怕分离了，害怕很可能只隔了一座海峡却一辈子再也见不到这些朋友，害怕忘了他们爽朗的笑声。

"别哭别哭"，好多人都这样和我说。我点点头，因为我说过，在离别时，我要给每个亲爱的朋友一个大大的拥抱，我不希望眼泪会沾湿他们的衣衫，我要努力笑着和他们挥手道别。

每个人的拥抱都很温暖，直通达心底深处的情感。

这很可能是我与他们心和心距离最近的一次了吧！

"记得来台湾找我！"

尽管说了不下数十次，但我怕他们会遗忘，所以我又反反复复地叮咛着。

但不知道他们有没有听出来？不要忘记我，是那句话的另一个意思。

天豪突然把我们都叫了过去，示意我们把手掌叠着手掌，手心隔着手心。在厦门、在阳光下、在码头外、在离别中，十几个青年围成一个圈，发自内心激动地喊着："笋冻家族，我们永远不散！"

是啊，永远不散！我知道我的尾音还是带着哭腔了吧。

我一直在回头望，努力记住每个人的模样，一次又一次。朋友们也是，不停地挥手，直到我们要进码头安检了，直到志英、陈玟、陈茵、天豪、斯鹏、张喆、黎靓、易立、佳桐、蒋逢、安然、逸菲、昕田……都再也看不见丝毫影子时，我才默默地走向渡轮，眼中全是泪。

这短暂的相聚，让我体会到了更美丽的情分。

稍晚，当我坐在飞机上，俯瞰这台北的夜景时，我明白思念从此生根了。

在这没有时差的空间里，却包含着一座海峡深深的想念啊……

此时身在台北，已是深夜，打开书房的窗就能看见夜空中皎洁的月，月很圆，我很想你们，朋友。

觅食记

□ 陈昕田　厦门双十中学

◎海蛎煎和虾子

彳亍，彳亍，一个平常不轻易在外游荡的盛夏午后，一群无畏艳阳、肆意行走的黑衣旅人，从陌生到熟悉，从分居两岸到同行一路，走着走着，就到了一起。

我只知道夜晚的沙坡尾文艺小资、灯红酒绿，却不知道午后的它静谧安宁、慵懒闲适；我只知道夕阳下的避风坞湖光水色、晚霞漫天，却不知道午后的它明澈如镜、晴空如洗；我只知道乌糖沙茶面的香醇独特、料鲜汤美，却不知道沙坡尾的前尘往事、今日重生。

我只知道，午饭初见时彼此的疏离陌生，距离隔阂，却不知道，只是行走，只是同穿一件衣，只是同一个骄阳，便让我们变得如此熟悉，如此相悦。

饭桌，是人们迅速熟络起来的绝佳地点。

犹记晚饭时分，一盘奇香四溢的海蛎煎置上木桌，两个煎面金黄薄脆带点锅底的黑渣，“哧溜”，我迫不及待咬破了一颗饱满的海蛎，闭着眼享受着唇齿间美味的挑逗，海蛎的鲜咸与鸡蛋的清甜完美融合。不同于中午的海蛎煎浓重的葱蒜与饱满的海蛎，仿佛重金属音乐般的重口风味；夜晚的海蛎煎更带了几分欲语还羞的青涩，像优雅从容的华尔兹，轻柔地与鸡蛋共舞，融在口中，化在心里。说到“海蛎煎”，台湾同伴们仍不解，而用闽南话“蚵仔煎”，便恍然大悟，血缘的联系，文化的共通，架起了海峡两岸青少年间沟通的桥梁。

而台湾的说法“虾仔”，其实就是闽南的说法“虾”，我不曾想这虾，会伴随我们一路，几乎每餐都有，但因为选材不同、做法不同、地点不同，便有了不同的风味，正如作家公子歌给我的寄言“同样的风景，我们所见不同”，同样的虾子，我们所尝不同。

◎热汤、热茶 VS 米饭、冰水以及花生汤

我不太记得鼓浪屿的风土人情，却清晰地记得午餐时分我们热火朝天地谈论闽台饮食差异。福建人进餐必有热汤，热茶也是必不可少的因素，为的是养胃解腻；台湾人进餐大多有米饭，夏天佐以冰水或冰饮料，为的是清凉解暑。炎热的空气，长时间的行走，热、饿、渴交织的我们，后者更为适宜。

傍晚转战中山路，满街历史佐以花生汤，尽是老厦门风味。浅抿一口，浓郁的花生汤已经达鼻尖，甜糯的滋味充盈着口腔舌尖，甜而不腻。汤不仅仅是糖水，而是熬久融化的花生与水交融，成就了汤的香醇浓厚。再尝花生，入口即化，我甚至来不及咀嚼便化在口中，与汤融合，浑然一体的美味悠然在口中充溢。每颗花生的火候刚刚好，每口汤都香浓诱人，平淡无奇的花生汤竟然有如此令人吃惊的味道。平凡的一爿小店巍然屹立几十年，靠的不仅仅是出神入化的手艺，还有淡然处世的经营理念，更是对于每口吃食的严谨与热爱。味道的传奇，是数十年如一日的心传，是历史变迁中不经意留下的脚步，是人们之间相逢的秘境。

作家公子歌在读书分享会曾言“厦门的时光是用来浪费的”，诚如斯言，慢生活，细品味，厦门种种无不如其言——“情感和时间堆砌出的才叫艺术”。

◎白芋头、炒茶叶和“海龟汤”

狂风骤雨未曾湮没我们探寻的决心，未曾阻挡我们前进的脚步，历经艰险，我们终于参访漳州南靖田螺坑土楼群。尝了“四菜一汤”，品了“东歪

老师为同学们临别赠言

西斜”，行走在塔下村的山径，看雨后初晴，嗅草木清芬，湿滑的石径令我滑跤，反增我对行路的笃定与山村的向往。

那样的清新，那样的宁静，那样的与世无争，那样的随性安定，唯有此处。

近晚于村落间进餐，脱离了原本的计划，却领略了不同的滋味：农家小炒，河虾小鱼，别有意趣。一盘清炒白芋头，上桌时因未听青菜名而引发纷纷议论，最终以我的“山药”获胜，然而又加询问，竟是未闻未见过的“白芋头”。我忙夹一块入口细品，咀嚼时牙齿感受到芋头独有的黏性，软糯但不粘牙，一股清甜流于唇舌间，而非山药略带草药之味。相较见惯的紫芋头，这白芋头更多了点干脆利落，少了些纠结踌躇，竟有山中侠气隐隐其中。

更有特色菜肴当属茶叶炒肉。初看颜色，那墨绿的颜色令人疑惑，本以为是海苔或野菜，入口一尝竟是茶叶。再闻香气，茶叶的茶香被大火爆炒的烈火热油逼出。品茶叶，先是酥脆的口感，细细品味微带清苦，回味竟有一丝甘甜；品肉丁，不复平常的油腻，清爽可口，外层金黄焦脆，内里层次分明，肉丁的汁液在齿间迸溅，茶叶的香气深浸其中，一层肉的厚重一层茶的清芬，在口齿间融合，恰到好处的油最大限度地保持了肉的鲜美。最后一筷子同时夹起茶叶和肉丁，酥脆与厚重，清苦与甘美，好似火苗在舌尖上跳跃舞蹈，完全不同的元素重组碰撞出别样的火花。真真一个“色香味俱全”！

至于“海龟汤”，它其实是一款游戏，并非一道菜名。一开始由出题者给予一个不完整的故事，让猜题者提问各种可能性的问题，而出题者解答这些问题只能说“是”、“否”或“不重要”，猜题者必须在有限的线索中推理出事件的始末，借由限定性的问答拼凑出故事的全貌。台湾朋友们浸淫此道，而我们大陆学生却头回听闻。茶余饭后，行走山径，漫漫车程，甚至简陋的茅厕，“海龟汤”如一股狂风，卷起思维的浪潮，无论地点，无论时间，只要是这些人，便饮“海龟汤”。出题者的奇思妙想，猜题者的大胆缜密，我们一同体味了那些或感动、或残忍、或心酸的故事。多亏“海龟汤”，让我们的心灵更近一步。

◎土笋冻和四果汤

行至泉州，佛教开元寺安定行者心灵，伊斯兰教清净寺唤起交流包容，收获颇丰，困倦不减，土笋冻和四果汤成了我日间行走的唯一动力。

日暮时分，总算落座。不同于厦门卖的土笋冻有芥末、花生酱、甜辣酱并以香芹、酸萝卜，这里的五叔公土笋冻用的是最原始的佐料——蒜泥、酱油、醋，因为简单，因为纯粹，所以更能体味土笋冻的原味。用小勺舀起一点，放入口中，冻体在口中融化，清咽润喉的滋味让人欲罢不能；土笋鲜嫩清脆、甘洌鲜美，佐以酱料的香、咸、酸，尽在口中。再细细咀嚼，质地柔韧、富有弹性的土笋劲道十足，咸鲜滋味融为一体。因这土笋虫子的本质，许多人未能下口，实是遗憾，而无论是害怕还是喜爱，我们高中生们组成的“笋冻家族”着实为土笋冻疯魔了一回。

华灯初上，夜未央，泉州西街正热闹。随着熟悉泉州的姐姐，我们与夜色相伴，终至地道四果汤店。早听说泉州四果汤异于我曾吃过的漳州四果汤，不放冰沙，加料数量固定，加工成泥的选料也颇多，果然如此。我加了芋泥、红豆泥、绿豆泥和珍珠，只为品尝不一样的味道。只加冰蜜水的四果汤冰凉不输冰沙，润喉止渴更有一番清甜。品味，芋泥软糯香甜，红豆泥绵软微甜，绿豆泥清凉解暑，珍珠劲道弹牙；同时品味，四种滋味在口中层层化开，却又融合，所谓“和而不同”放在此处似也无碍。正如今日闽台人之间，有些许不同，却同根同缘，同属一国，同处一个文化体系。正如潘丽珠教授所言的“回到原点，看原点说些什么”。

饮食，是一种相遇。遇到一种味，遇到一个人，遇到一座城，遇到一份情，食色，性也。

◎海蜇皮和锅边糊

福州的热浪迎接着我们，清凉的海蜇皮和酸爽的锅边糊恰到好处。

海蜇是否是水母的争论，通过网上搜索得到了肯定的答案。均匀切条的海蜇皮与酱料搅拌混合，一口清脆，二口酸甜，海蜇皮本无味，是借了酱料的东风，才有了百般滋味、万般变化。

锅边糊也如此，米片本无味，借了汤汁之便，即有鲜香可口。用蚬子汁为汤，锅里烧开取其鲜味，再把磨好的米浆沿着锅边一圈浇下，米浆在锅边烫成干皮后用锅铲刮到汤里，加芹菜、葱、虾皮、香菇等佐料，烧开后起锅即成。这碗锅边糊似还加了香醋，初初喝汤，汤的酸爽使我打了个激灵。细细品之，与米片同食，佐料的百味交相混合，纯粹的米片不免沾染上诱人的滋味。锅边糊承载的，不仅是食物的功能，还是福州人的家乡象征，承载着文化底蕴与历史重量。其实不只是锅边糊，每个食物，每道菜品，都有着独特的过往与难言的情感，食以言情，食以感怀。

◎萝卜糕、荸荠糕和紫米饭

走遍三坊七巷，参访名人故居，我们的行囊中增添了文化的重量，正如坊中言语“传统是永恒的时尚”，我们这群新人在古老的茶馆用餐，不正追着传统这个时尚？

茶馆的茉莉花绿茶清冽甘美，配上糕点最为相称。走街串巷皆可见的萝卜糕与茶相配，我成了接地气的市井俗人，不管什么餐桌礼仪，只管吃去。大口含入，狼狈烫口，然而不甘心地含着，终是融化口中，外层的焦脆微苦，内层的绵软甘甜，融化后的回甘，汇成一处，难舍难分。晶莹剔透的荸荠糕则显得高雅端庄，用木箸轻轻夹起，些许的抖动像闺阁女子欲拒还迎的羞涩情态。薄如蝉翼的荸荠片点缀其间，仿佛甘为配角，但当我轻咬一口，才知主角配角均是荸荠。荸荠磨成浆蒸制成主角，清甜爽滑；荸荠片点缀成配角，清脆爽口。同是荸荠，不同滋味；同是一体，各有千秋。

另有紫米饭，荷叶为底，竹笼为体，紫米为心，正有了“水面清圆”的模样；偶有燕麦、玉米跳跃其间，更有了“一一风荷举”的姿态。一口一勺，紫米的甜糯，燕麦的嚼劲，玉米的甘脆，染上荷叶的清香，一口便是一个天地。

◎鸭肉面线

归来，归去，到了最后一天，回到厦门，情意绵长的鸭肉面线最为合适。

将用鸭汤煮熟的面线捞起放凉，浓郁鸭汤与丰厚鸭肉另为一处，在餐桌上由食客自行添加，既保持了面线的口感，又散去了鸭汤的热气。我先夹起一团面线放入碗中，再用长勺舀汤慢慢浇淋——这其实是鸭肉面线烹饪的最后一步，因为时间、比例的不同，每碗鸭肉面线的滋味都不同，不到入口，谁也不能把握它的味道。鸭汤的香气倒是扑鼻，因着长时间的熬煮入味，更因着独家的药材包，肉香混着药香，随着鼻翼翕动沁入肺腑。小啜一口鸭汤，鲜味萦绕齿舌。面线与鸭汤一同吃下，面线的绵软，鸭汤的温热，不同于寻常面线，此面线仍有些许劲道。

而鸭肉与鸭汤一同吃下，鸭肉的厚实，鸭汤的鲜美，升华到了极致。

送行，吃上一碗面线，希望一路顺风。

最后的拥抱，最后的闽南语歌交流，甚至可能是最后的见面，我与高高的关系，始于这个盛夏，将来不知将去往何处。太少的记忆可以回首，太多的不同可以交流，那么将来，还有无限的可能。

“静静地看着，静静地想着，你像是人群中的搜索者”，这是潘丽珠教授对我的寄语。我想我只是怕太过盛大之后的冷清离别，那么，静，便是我唯一可以做到的，让感情顺其自然，让离去云淡风轻。

片刻的成长

□ 林家恩　三民高级中学（高雄市）

台湾海峡为何被称作黑水沟，至今我终于了解。在前一个寝食难安的夜晚，我思考着我与每个人见面的模样，想象着每个人说话的样子，担忧着自己与陌生的人们是否契合。但搭船磨去了我大部分的热情，增添了更多的忧虑与不安。

本以为吃了晕船药就不会晕船，但是我太天真了，天真地以为药是万能的。整个世界似乎只剩下我与手中的塑胶袋，我不停地从口中呕出我的早餐，甚至是我昨夜独自在夜车上吃的便当，或是更早之前的食物。七公斤的行李不再让我轻看，它重重地压在我的胸口，我无法喘气。

我觉得地板似乎有磁铁将我吸住，使我无法迈出任何一步；我觉得整个世界天旋地转，我与手中的塑胶袋好似跳了无数次旋转来又旋转去的华尔兹。画面看起来真是可笑。记得小时候读过一篇童话，一个小女孩因为渴望得到橱窗内那双红色舞鞋，偷了它，但当她穿上的那刻，就没日没夜地跳舞，即使累了也无法停下，直到遇见了一位愿意帮助她的人。

我不想再继续跳了，我心想。这时眼前浮现的是一位位关怀我的老师，有些忙着给我找食物吃，有些忙着替我拿药、拿开水，而有些则忙着联络相关人员。此时我不是孤独无助的一个人，微信传来的是室友的问候、组员的关心、老师的叮咛。我进了房间，独自一人躺在床上，思考着剩下的六天该如何度过，以怎样的心态度过，我有办法度过吗？还没得出结论，就沉沉睡去。室友回来看我，给了我颗糖，叫我别担心，他会拍照给我看。

既然午后的厦大我无法亲眼看见，起码晚上的厦大我是可以去看的，夜里来到厦大，我下意识地抬起头，找寻星星的踪迹，还真的被我找着了，我激动地拿起手机拍下星光熠熠，从好几光年外的星星身上得到了面对明天的勇气，在厦大的夜里，在厦门的天空。

于是，夜空悄悄地在你沉睡之时隐没，阳光从昨夜没关的窗帘之间散落，洒在我的脸上，我们到达彼岸，来到有海的味道的街头。好似穿越到了古代那样平静恬淡的生活，没有汽车和机车的搅扰，只有最原始的人力拉车；没有喧闹的人潮，只有静谧的街坊小巷，一户户人家，一栋栋领事馆，旧红砖有着历史的痕迹，人们的一举一动都充满着历史的味道。老先生站在写着林鹤年故居的石碑旁叼了根烟，吐出一圈圈的过往，吸入些许温热的空气，又再次吐出夹杂历史跑马灯的二氧化碳，就如下雨的那天，第一次感受到漳州的雨，弥漫着层层神秘的历史气息。

高雄的雨最令人心烦，时大时小，雷声轰轰；日本夜晚的雨很阴冷，也许是我选择在十二月的大阪与它相遇；加拿大的雨细细地飘下，静静地停留在你的手背上，你也静静地停在微凉夏日的温哥华中，与各式各样的天气相遇，但你不知道其实生活就是与各式各样的环境相遇，那时的你还不知道。

漳州的雨滴忽大忽小，首先打在车窗上，抵挡不住地心引力，直曲不一地成了雨水，紧贴在车窗上，然后坠落打到了渐渐沾湿的地面。我们行驶在无数条山路之中的其中一条，突如其来的雨看似打乱了我们原定的行程，但它真正打乱的是我的心。原先在路边的绿叶经过一场洗涤后，它仍然是绿叶，但闪着更迷人的光芒，可它模糊了我的视线；绿叶和一闪而过的风景、路上的行人，驾着有雨棚的摩托车的人们，成了永恒世界中的一瞬。于是，雨水是清晰的，即便在失策的深夜十一时的路上，偶尔从后方来的刺眼车灯和些许属于都市的光溜进我眼睛，让我从漳州的雨的世界中跳回现实。

“四菜一汤”的土楼，勾起我内心深处一丝乡愁，但更多的是油然而生的悲伤，你们在桥上看风景，而我在桥上看你们看风景，看你们远观那些方方圆圆的土楼，有着一个个不张扬的窗口，近看那些比想象中还巨大的外表龟裂的土楼，我又回到了历史的回廊中，不断重复感受着历史的喜与悲，易逝或永恒，热情和冷淡，感受着人的存在。

在走进裕昌楼的大门之后，有着居民供奉神祇的地方，听说以前的婚丧喜庆、小孩的学堂、玩乐场所也都在此；在土楼的中央，更往前抬头看见的不只是天空，而是悬在高处的衣服；建在那几百年的木头，到处都是的红色春联和一盏盏随风摆动的灯笼，而一代又一代的人们住在这东歪西斜了百年的土楼里；坐在家门口和楼梯口那卖童玩的老人，与正值壮年的人们，看着一群又一群的年轻人们来回进出着他们的“小型社会”；一户热情好客的老板娘，娴熟地冲了一次又一次茶，填满了你一次又一次喝干的茶杯，可隔壁户的门却仍紧紧地关着。你有了一个不切实际的感觉，一个天马行空的想法，你想象着自己走进土楼的每个小房间，就能回到从前。到后来你发现，易逝的是人的生命，永恒的是建筑的痕迹。可再后来你又认为好像没有什么有形之物是永恒的，好似屹立在泉州许久的开元寺，即便从很远的地方看，也总能穿越树叶看见它的顶端，可一扇扇斑驳的铁门上生锈的门把，便是时间走过的痕迹，是证明有形之物无法永恒的最佳证据。

你从鼓浪屿回来了，海天堂构的景始终忘不了，渐层的天空、波光粼粼的海、浑厚的白云以及热情的阳光在《鼓浪屿之波》的旋律中，有的缓缓地

移动，有的轻轻地拍着名为内心的岸，有的飘飘然地抓住你的视线，而有的则深深地烙印在你的脑海里，即使最后一个休止符到来，它们仍旧陪着我继续走前方的路，不会就此停住。

你会发现其实不甜的四果汤也很合你的胃口，其实调味过的土笋冻比你想象的还好吃，其实有个会叫外卖的室友很幸福。在人来人往的中山街上，你与厦门的家人有说有笑地走着，赫然发现原来自己早已把他们都当作是家人一样了。

现在的我微笑着，大笑着，路上逆行的人群总是将视线停留在我们身上，不懂为何我们可以用力地大笑，是我们太特别，又或是他们走错了方向？

“在土楼的鸡跟狗比人还自由。”

“我们是否也染上了冰冷的颜色？”

“那个美好的时代过去了，再也不会回来，各种美好的可能性，都被时间之流吸进去，消失。”

原来在这七天睡睡醒醒的旅途中，时间从窗外流过，从每个欢乐的瞬间，每个悲伤的时刻，每只紧握在一起的手的指缝中，如沙，如影，如风，或快或慢地悄悄流逝。

也许当年，祖先留在台湾海峡里的，是属于他们的年轻岁月，他们开垦的功绩，而这次，台湾海峡依旧偷走了我们的年华，偷走了逝去的青春。

即便这样，你还是不愿松开握紧到发抖的手，我们还是不愿松开彼此温暖的手，在这36摄氏度的炎炎夏日，我们不放过彼此。原来，夜晚的都市，灯火通明，却照不进任何人心里，但你们却闯了进来，在我以为自己已能承受孤独之时，让我知道，斑马如人，人亦如斑马一样，是群居动物，只是人类的大脑更加复杂，人类的情感更加丰沛。而在我这趟载浮载沉的漂流之旅中，有着不断陷落的生命质量，我担心的是，当我踏上船离开港口，船能否载得动我的悲伤，载得起你们给的爱，载得回我们之间的回忆？

记得那天的云走得特别快，阳光洒落得太不真实，回想起第一天吐了五次的狼狈模样，再看看短暂的时光里，定格的一幕幕回忆，连狼狈的样子也美好了起来。

“其实随遇而安也很好。”

走着走着，走到了具有闽南特色的泉州府文庙，那样如燕尾翘起的屋檐与圆拱形建筑的清净寺大门，共用同一片天空，有些许冲突，却又激起文化碰撞与融合的美丽火花，就像鼓浪屿的协和礼拜堂，与他们在同一片福建的天空下相容并蓄；就像我们踏上福建这块地，与他们共生共存，即使回了家，我们看的仍旧是同一片天空，享受的是同一个日出，同一轮明月，甚至同一颗星宿。文化的融合是美好的，人与人的相处更是如此。

游览车在前进着，可到底是我在往前，还是风景在倒退？漳州的雨洗涤了大地万物，冲走了天地污秽，可冲不走我的回忆。我知道人们必须一如往常地往前，可我对正在倒退的风景感到抱歉，我对自己还没用尽浑身的力气来感受福建的所有而感到抱歉，我对这趟旅程的短暂感到抱歉，我对不争气的眼泪感到抱歉。

原本第一天使我无法迈出步伐正式踏上福建这片地的磁力，到头来却成了我不愿踏出福建的理由。在我原本的思维中，若加拿大去了三个礼拜，日本去了五天，则大陆只需约莫三天，一个礼拜实在太长了。但一天又一天过去了，我们从厦门的饭店到了泉州的大酒店，又从泉州到了福州的宾馆，时光的飞逝，大家都有目共睹，可是没人愿意提起离别，直到游览车以比以往还快的速度抵达厦门的码头，大家不得不面对。终究走到了尽头，你想起了室友泡的壶壶热茶，土楼那盏盏热烟冉冉升起的养肝茶，你暗自庆幸当时的你花了 10 元人民币买下它。浓烈的茶味喝着喝着就变淡了，你说茶会回甘，可你忘了茶也是会苦的。翻开每人一本的笔记本，轻轻摸过每个人的签名，也许未来的某天，我仍能清楚认得属于每人的字迹，属于每人的话。“爱你，再见”，使我想起厦门大学的隧道里大大的“我爱你，再见”。又使我想起中山街旁有栋好几阶阶梯的建筑，墙壁上写着无数个不同语言的“我爱你”。就是这样短短三个字，造就了所有的回忆，也成了我内心最想说的话。

又或许实际的行动更加深刻。

我们彼此拥抱，互相勉励，说着下次还会再见面那样的话，在登船之前。我的脚再度像磁铁一样被吸住，一步都不想往前，这七天，我们一起走了无数步，就这一步最煎熬。可我告诉自己，片刻的生命，也是生命。而七天瞬间集结成了片刻的生命，深深地烙印在我的心头。

于是，我又告诉自己，片刻的生命，也是生命，你长大了。

时光雨露

□ 王天豪　厦门市湖滨中学

◎是不愿提起往事，还是他？

一不留神，白夜就拉上了落幕。也好，这最后一夜可是不容错过的聆听盛会。对着镜子，梳理了好一会。“嗯，很好！”满意地拿上我的笔记本，按下八楼的电梯，满心欢喜地朝目的地溜去。走进房间，一张张美滋滋的脸，像小孩要糖吃一般的殷切。当然在开始今天分享自己的小故事之前，必不可少的就是拍张全家福。摆好各种让人发笑的姿势和鬼脸，幼稚却显得天真可爱。

一声快门的结束，故事分享便从小胖开始叙述起……

“就讲讲我和他的故事吧，我的前同桌。我和他算得上是情同手足的兄弟。有一次我随他回他的家乡过节，四年一次的祭海神。他们家也算是大户人家，他的父亲是渔业的老总，母亲随父亲一起在外打拼，他们很少见面。这次过节，就把我也带去一起热闹热闹。那天晚饭后，他带我去街上逛，买些大城市里吃不到的美味。”

“回来的路上，经过一片空地，他拉着我说：‘这块地是父亲给我的，我们长大了，一人一半盖上高高的小宅，等将来你我各有妻儿，便还能一起品着小酒回味从前的旧事了，多好。’”

“我笑着说：‘你可不能骗我，我可是会来讨债的。’”

讲到这听众们都纷纷起哄，这让小胖也害羞起来，接着话风一变，刚刚洋溢的笑容却变为沉重。

“过后的某天早上，这是我最黑暗的一天，从没有这样放声痛哭过。在第一节上课前，他脸色沉重地坐在我旁边，我瞄了一眼，心想，不妙，要出事。问了好一会，他也不吐半字。没办法，我就只好继续读着课本。过了不久他转头和我淡淡地说了一句：‘你换回去吧，我不想和你做同桌了。’微弱的气息却迅速地被我的耳朵嗅到，但我都还没反应过来，他就又转回去一言不发。沉默了片刻，我回他：‘好。’便起身离开了位置，拉上我的红颜知己，蜷缩在学校后边的小池塘旁大哭了一阵，一边啜泣偶尔还擤擤鼻涕委屈地说：‘我都不知道怎么了他就叫我换回去，问他也不说，真的太憋屈了。好好的，我又没做错什么，既然他不想，我也不稀罕。’对她喋喋不休地讲了许久，她就那样静静地听，时不时会一边拍拍我的肩膀一边温柔地说没关系。像我这样文绉绉的男生既不想和他发生冲突又得不到答案，也就只能找个安静的地方拉上一个知心的朋友诉苦了。”

乖巧的听众们，这时也忍不住问到底是什么原因呢？小胖摇了摇头。“我到现在也没明白，他也没告诉我。或许是前次他作弄我，我生气地回答？还是那次我没有等他？还是？”小胖迟疑了一会儿，“不过现在回想起来，便觉得没什么了，只是偶然感叹一番。因为和他实在交心，每天两人形影不离。我还记得他喜欢吃沙茶面不加猪肝，记得他总喜欢点红茶玛奇朵大杯少糖去冰，记得他总爱上语文课硬拉着我和他一起小声地唱跑调的歌。有太多美好与快乐，却没有料到啊。”小胖深深地叹了口气。大家也凑了过来，一起依偎着小胖说：“没事的，你还有我们。”

“那天过后也有一年多的日子没再联系，如今已没有那么多的悲伤和期许，反而觉得当时的自己太幼稚了，竟为了一个同桌哭成这般模样。只是有时把这件事当作谈笑的趣事，发发牢骚，讲完过后，也还是有那么一点说不明了的遗憾。”

听完小胖的故事，让人没想到这样粗壮的男生竟有这般感性和细腻。也让自己有那么些感慨，谁的青春没有那几件耐人寻味的往事？谁的校园生活没有一个时刻伴你左右的同桌呢？年轻的青涩、幼稚的任性谁又没有过呢？终究还是那句好好珍惜眼前人。

◎福到了，我走了……

离　愁

骄阳当空，翠叶鲜花争姿艳。
浩瀚碧海，灵鱼白鹭冲云霄。
为何？为何？只是离愁还未涌上心头。
山岩巍峨，参天大树竟垂叶。
风华书生，手依眼涕啸沧桑。

为何！为何！只是离愁已涌上心头！

邂逅在那片黄昏，相遇在那抹清晨。我问自己是终点还是起点？

昨夜的畅聊一点也没让我有些疲倦，反而却悸动了起来。我不知在担心什么，但心里总有一个声音在告诉自己，没关系，别哭。

车再一次行驶在那条我们来时的路上，一路上阳光鲜艳明亮，照在我稍显黑红的脸颊上。望着窗外还是那片海，真蓝；还是那片树，真绿；身边还是这群人，真好。这一次我特意看了看一路上的美景，补一补上次贪睡时错过的。看，是三坊七巷，我的脸和车窗来了个亲密接触。没错，是冰心的故居，苏州园林式的建筑凸显了福州民宅的特点。青石板铺地，假山点缀，花木扶疏。临窗一角，竹影摇曳，梅溪沁寒。走过院里的每一处都给人一种宁静与安逸，似乎有种神秘的力量在洗涤我内心的喧嚣。抬头望院中的一角，又是别样的风景。然而在这样涌动着夏日的躁动，我想只有到了夜深人静的时候，一地槐花的清香，给人真正的内心世界的乌托邦。

接着便是林则徐的故居，不禁感叹在这简简单单的三坊七巷究竟蕴藏着多少伟人的光亮。同样是一样的建筑风格，一位是文学巨匠，一位却是英雄，让人真想也买座这样民宅，沾沾历史的气息，看看是否也能造就出一代才子。这座故居给我最深刻的应该就是那一句“海纳百川有容乃大，壁立千仞无欲则刚”。时时刻刻以此为戒，这是一位伟人对自己的要求，也是他对子孙后代的告诫。三坊七巷，从这里走出来的有文人、英烈、才子、佳人，这里凝聚着文化灵魂的宝藏，一场大雨过后不仅仅有那雨后露珠的透彻晶莹，最耀眼的还是那历史沉淀永恒的时光雨露。

转眼间一切就都匆匆地从眼前一闪而过，一路上的颠簸，往来川流不息的车辆，蜿蜒曲折的公路。唉，这不是我来时的路，我记得来时的路上有碧海蓝天，我记得有仙境迷踪，我记得有一群人的欢声笑语，可是怎么都不见了？

◎听，是小雨在哭吗？

人间雨·山间

初晨雾斜，山踪绕过又三踪。
小雨惜落，玉花绽过便谢落。
拨开木叶，心喜一逢潭花处。
缓缓踟蹰，老泪破碎镜中面。

一阵涟漪，老翁笑曰：“奈何！奈何！不过只是人间一场雨。”

原来最美好的回忆都藏在时间里，重温那个小雨柔情的清晨，我们正前往漳州的山路上。云雾缭绕，似仙境、似梦境、似幻境。“问君能有几多愁，恰似一江春水向东流。”雨水斜敲在高高的车顶，汇成无数条支流从车窗外流过，从我眼前流过，从我心中流过，是我心中的那江春水，匆匆流过，不停地流过。或许，阴雨的天气，触动了那根回忆的心弦让我有些沉重，连看那些雨景也带上了些悲伤的色彩。耳的一边聆听着滴答滴答的雨在对大地倾吐，好像一位憔悴的女子在对大地母亲倾诉心中无尽的哀伤。另一边循环着那一曲马頔的《傲寒》：

你不知道我的名字，
听我唱着一首永远望眼欲穿的生活，
唱的不可得的诚实和失无所失的爱情，
你听碎了所有人间喜剧……

听，是小雨在哭？我的心里有一个声音在不停地咆哮。我不知那座山那棵树，更不知那只傲慢漫步在雨中的小鸭。的确它们也不知我，不知我的名字，不知我为何而来，不知我将往何去，我只是一个匆匆过客，而它们只在我眼中留下了斑驳的倩影，在我心中留下了一丝美丽的足迹。它们一闪而过，我走了，它依然耸坐在那，它依然漫步在那。难道，这就是物是人非吗？遇见新事物，转眼间又变为旧事物，过往的一切的一切，我还记得多少，未来的未来我又会改变多少，我是否还是当初那颗怀着赤子之心的热血小子？只愿还能有次旅行，再静静地望窗外宁静而又凄美的远方。雨不停地缠绵让我有些倦了，带上了另一只耳机慢慢享受这醉人的傲寒，窗外的那滴雨水也从我最后的眼光中滑落了。

当我醒来时，映入眼帘的便是高低不一形状各异的漳州土楼。听着热情的客家讲解，深深感受到了浓厚淳朴的客家风情。“四菜一汤”勾起了我的好奇，中间方正的土楼，四周有三个圆形土楼和一个椭圆土楼环绕，这就是“四菜一汤”，融合了五行学说，看起来的确是撼动心魂。不过经历了震撼的心马上又被小桥流水的柔情抚慰。这里的美景，却与马致远所感截然不同，这里是生机盎然的，在雨水的滋润后的一花一草更显得娇艳欲滴。

◎我爱你，再见！

你好，西边的云彩。
你好，来自海那边的挚友。
初次的含蓄早已被昨日的欢愉淡去，
剩下的只有你我餐桌上的欢声笑语。
《寻觅中华》《人间词话》，
这是我们品味的经典。
鹭岛，土楼，三坊七巷，
这是你我留下的足迹。
走过那不知尽头的芙蓉隧道，
时间溜走了，我只知道:
我爱你，再见！

一次旅程的开始有一群人，一次旅程的结束只剩一个人。厦门，是起点也是终点。在这次旅程中，最让我难忘的就是离别的不舍，其次便是启程前的激动。坐在窗户旁，望着还未打亮的墨夜，期待了许久，终于等到一丝黑夜中的光亮。待那第一抹清晨的阳光照在我的肩上，收拾行装，在浸透着汗液的微风中踏上了福建之旅。

“至于歌者负于途，往来而不绝者，两岸游人也。”跟随着一只浩荡的队伍漫步在焦灼的文艺渔村的小路。一条长长的队伍占据了整条小街，场面有些许隆重，一路上两旁的行人都投来好奇的目光，让与其步行的我莫名有点沾沾自喜。穿行其间，文艺确实有，大大小小的文创工作屋，充满了年轻的气息，但是渔村我倒是没看出来，只有那艘精巧的王船才有了点历史的年代感，可是却不够让人回味，因为确实是现代高科技所造，已没有那些古代的味道，不过听着负责建造的人的讲解，也多多少少了解了闽南的民俗文化和民间信仰。不得不说的是，那时人们的信仰确实淳朴与真实，妻子许下一个小小的愿望，希望出海的丈夫能够平平安安归来。然而现在的祷告却显得少了点那样重量和人情，让人有些许感慨，不知道是好还是坏。

呼吸着这片土地的气息，风停了，摇摇晃晃的轮船靠了岸。下了码头，回看那坐落在蓝海的鼓浪屿，就像这片大海深邃的眼眸，神秘而又悲伤。神秘的是这岛屿上有多少不为人知的故事，悲伤的是这岛屿曾被列强所占领，还有深埋在那日本领事馆底下不见天日的罪恶，以及藏在那地底下的绝望与呻吟，让人既气愤又悲痛。回过神来，岛屿的美丽便不再多说，因为世间总有无法言语的美丽。

抬头再一看那码头，一丝酸涩冲上鼻头，泪水也湿润了眼眶。人的一生分离有千万次，便有千万次触景生情与惆怅。这次旅行的终点在码头，挥别、拥抱、流泪、承诺都在这。我从来都没有真正体验过一次告别便可能再也没有见面的机会。好像电视剧里的场景一样的熟悉却陌生，也不想熟悉。那一种“执手相看泪眼，竟无语凝噎”的依依不舍，这一次感悟得淋漓透彻。心头涌现千万句，在分离的那一刻不知怎么却连一句也说不出，只有泪水悄悄地流着。

早知道是这样，
如梦一场，
我又何必把泪锁在自己的眼眶，
让你去疯，让你去狂，
让你在没有我的地方坚强。

不知不觉地哼起这首歌，这就是一场美梦，谁也不想醒来，如果还有这么一天就好了。这一刻，我们都帮对方抹去眼角的泪水，哽咽地说：“别哭，这样不美了。”一次次地挥手，每挥一次，泪就愈演愈烈。最后，隔着那条红色的警戒带，我们最后一次握着对方的手，紧紧地不肯松开。再一次清晰地感受着每个人的掌心的温度。最终还是要放手，他们通过了安检。我擦了擦眼泪，跑到另一头，喊道：“喂，你们带走了我的东西。”

他们问是什么？

我说：“我的心！”

岁月如歌，你我如歌，是最动听的音律亦是最悲凉的赞歌。青春匆匆，就如人间一场大雨般稍纵即逝。雨过后留下都是时光凝结的最灿烂的雨露，沉淀在人生的回忆之中。

船来了，我挥一挥手作别西边最绚丽的云彩。

风起了，船走了。

只剩，我爱你，再见！

我爱你，再见

□ 高芯平　复兴高级中学（台北市）

◎出发启程

早上七时，还在半梦半醒的时候我就已经来到了机场，带着满怀的疑惑、迷惘，映衬晨曦中的微光，踏上一趟未知的旅程。当飞机降落在这片记忆中遥远又熟悉的地上，刺眼又炙热的阳光迎面而来，揭开眼帘的景象让我明白了为何这片土地遥远又熟悉了。原来遥远不是路途的遥远，而心与心的距离既近却也遥远，就像我和外公。小学时曾和外公外婆一起来过，而如今外公卧病在床再也不能来了，这遥远的记忆里却弥漫着外公的气息，于是我又迷茫了……

带着不一样的心情踏上这片土地，虽然迷惘，却又带一点兴奋，我将会遇到什么？是有别于都市紧凑感的街道？是酷热却又和煦的阳光？还是即将随之而来的冲击？然而这七天以来，每天都过得十分充实，虽然一开始对这个活动的期望不是很高，担忧这只会是个无聊的旅程，且让这几天就这么平平淡淡地过完，但其实并不然。

这次的活动旅行方式属于跟团体行动，虽然这就代表说不会有太多的个人活动时间，但整个走读行程下来，真的能感受到活动团队的用心。它尽量让我们可以自己去逛、去探讨，不会强逼着每个人一定要非常专心地听导游解说，却可用自己的步调去了解事物、认识历史，正视彼此之间的差异。在活动时游历了许多地方，分别都分布在厦门、漳州、泉州、福州，这些地方其实都隶属于福建省，是一趟寻觅闽南祖籍文化的旅行，也了解到了这边的一些文化背景还有历史故事。

◎与你相遇——印象深刻的地方

鼓浪屿是其中几个令我印象深刻的地方之一，就像张爱玲说的“于千万

人之中遇见你所遇见的人，于千万年之中，在时间的无涯的荒野里，没有早一步，也没有晚一步”，而隔着千山万水才又缘悭一面的你，就是我魂牵梦萦的你，再一次身披彩缎，化作柔云一朵腾空盘旋在眼前。我简直无法用言语形容那时从厦门搭船至鼓浪屿时看到的景象：天特别蓝，微微的海风吹拂着我的脸庞，带着淡淡的咸味，就像南唐宫中新染出来的丝帛“天水碧”，这样的好天气仿佛就是在欢迎我们的到来。一路上欧式的建筑吸引着我的目光，异国情调的氛围萦绕着大街小巷，穿梭在绿树荫下的我们，领略到一个个的历史事件，是曾经郑成功用来当军事据点屯兵操练对抗清兵的地方，也是英国曾在鸦片战争占领的土地。当然鼓浪屿还有一个“钢琴之岛”的别名，这里有一座钢琴博物馆，陈列了各种钢琴，巴洛克时代的雕龙画栋和浪漫时期的唯美造型，做工精细、线条流畅，音色的声声入耳更是扣人心弦。最感人的是，这里竟有自己制作的钢琴，尤其从小跟随母亲习琴，听到它背后的故事或是传说，耳畔立刻浮现肖邦叙事曲动人的乐章，丝丝入扣，虽然昨天才离开家，此情此景乡愁竟悄悄地袭来……

漳州的土楼也是，想到这样的一个建筑物里承载了多少年的历史、多少的英雄人物，愿当矢石、马前驱，为国披坚执锐，甚而至今还延续下去，令人动容不已。我十分喜欢那种古色古香、有着时代感的建筑风韵，走在土楼里就跟外面世界完全隔绝开来，仿佛是穿越到了另一个时空。而从土楼里看出去，外面的天空，虽有些狭窄，但是却有着一股沉默而坚定的力量。遥想那些为了未知的成功而忍受艰难、甘于沉寂的千古英雄，他们曾昂头看过这一片天？而他们又经历了多少个日夜交替？又有多少人共同经历着如此相同的生活？就像《满江红》里的“怒发冲冠凭栏处，潇潇雨歇，抬望眼，仰天长啸，壮怀激烈”，想到这便对这土楼油然生出一种敬畏。

另外还有厦门大学，最喜欢的就是芙蓉隧道，里面有着许多毕业生的回忆，那也是一个所有厦门大学学生装载纪念的地方。他们在墙壁上用着画笔传达出自己的想法，可能是一个系的代表物，又或者是一些标语，也可能是离开厦门大学时留下的最后一句话。在整个隧道里记忆最清晰的就是“我爱你，再见”这一句话，说我俗也好，但这确实是我最无法磨灭的情感，可能因为我是高三的应届毕业生吧！这句话带给了我很多感触，这也是我对学校说的最后一句话，也是同学间毕业时的最后一句话：“我爱你，所以希望我们能再相见。”

◎漂洋过海只为你——两岸学生交流

再来是与人之间的互动，其实一开始对这个活动是充满紧张和不安感的，生怕没办法和大家相处融洽，或是无法和室友和平共处，然而在忐忑中，令我担心的事情竟一件都没有发生。尽管我们第一次在餐厅吃饭时尴尬的气氛怎么都掩饰不了，等到大家开口互相询问关于自己室友的问题时，虽然得到了答案却又不知该如何应对，当时弥漫在空气中的只有安静。不过大家渐渐越来越有话聊，从最开始每天晚上大家都挤到某一个人的房间聚会，或到隔天早上因为可能刚好走在一起就聊了起来，而后慢慢地认识了更多的人，最后突然发现每个人都好善良，像是因为被带去别桌吃饭认识的杨宝仪、一起脱队拍照而认识的栾昀芳、讨论怎么学台湾腔认识的靓靓和张喆、向我询问要如何联网的许博惟，或是因为车位离我很近结识的方彦九，还有我最亲爱的室友陈昕田，和好多可爱的人，但恕我由于篇幅关系，不能一一提到。

在这个活动里我也留下了许多珍贵的回忆，像是为了晚会活动每天晚上都练习诗歌朗诵的组员，一起唱张震岳《再见》时大家欢乐的模样，还有每天晚上聚会在微信群组袭击大家的“笋冻家族”，这些过程一幕幕重现在我的脑海里。尽管我们已经各奔东西，也不能预期将来是否还能相见，但我能确定的是这些记忆已经深深刻画在我脑海里。尽管我们是在不同的环境下成长，经历了不同的文化洗礼，虽然都同是大中华文化，却又因为地域的不同、教育的不同，所以吸收到不同的养分，但在这个活动中我们相遇了，遇见了彼此，爱的种子在我们心里生根发芽，一点一滴，哪怕是一个有趣的小玩笑，或是一个吃早餐时简单的问候，都在彼此的心中留下了印记。我很喜欢的一个作家曾写道：“突然想起某些人想见某些人，突然想起一直以来忙碌的状态里，乏于联络的那些曾经亲密。”恐惧大家会因为分开而中断联系，担心是否不会再有交集了，有人说：“缘分有一条线扯着，当各自都在生活中繁忙漂移的时候，就漂远了。可是我想要，也需要这些养分带来的能量，于是又扯扯那条线，偷偷拉近一点。”相信在未来的某个日子我们会再相见，在离别的那天我们许下了有一天一定会去对方生活的地方走走看看，而我会当你的导游，继续我们的缘分，拉近那条相连的线。

我并不是个很有深度的人，在写作上也不是特别在行，我只是喜欢把感受用最直接的文字传达出去。

我爱你，再见！

踏寻古迹回味千年

□ 谢逸菲　厦门第二中学

在中国的东岸沿海处坐落着一处神秘而富有风味的地方，那就是被称为八闽大地的福建。

很多人对福建的感觉仅仅存在于福建人的发音或者福建的闽南话，但其实真正的福建不仅仅存在于这两点，福建还有许多沁人心脾的风景以及富有人文精神的文化古迹。

◎红砖绿瓦似诉风情，探寻古迹忆繁华梦：厦门鼓浪屿

鼓浪屿名字的由来是因为在岛的西南海边有一块岩石，被日积月累的海浪拍打，从而发出了类似于鼓击打的声音，因此被称为鼓浪屿。在夏日的艳阳下，粼粼的波光敲打着已经被磨平的岩石，伴随着钢琴博物馆里特有的鼓浪屿之歌，犹如一场惟妙惟肖的演唱会一般。从博物馆内向外望，一片沙滩，碧海，尽收眼底。豪华的落地窗，映着各式各样的击弦古钢琴（clavichord），有的以特殊的材质取胜，有的则以奇特的形状进入博物馆，特别的则是以优美而顺滑的声音俘获客人的心弦。让我惊讶的更是设计者居然可以想出将烛台和钢琴结合起来形成一具艺术品的奇思妙想。参观着不同时期、不同国家的钢琴，主人则是把它当成一种装饰放在家中，赏心悦目。击弦古钢琴不仅是一种乐器，更是一种风格，一种气质，一种优雅。

伴随着琴声，在绿树成荫的鼓浪屿上走着，听着耳麦里讲解员柔和的声音。天空像是被一块用纯净的蓝色染成的布，透明澄澈，只有丝丝的云随着风飘扬在头顶，红色的墙砖，墨绿色的琉璃柱，已经有些剥落颜色的白色石墙，诉说着百年以前的繁华。讲解员说到了巴洛克式的建筑风格、英国领事馆的豪华与阔绰，也说到了日本领事馆地下室的肮脏与中国人民的血汗。刻字博物馆里陈列着中国的瑰宝，那里面有晚清时期的青花瓷，也有充满韵味的梨花雕木床，置身于这里，感受到的不仅仅是对于鼓浪屿的醉心，更是欣

赏与仰望。

鼓浪屿上有许许多多的小巷子，有时进入其中一个小巷，或者与团队走散了，就经常会面临着二选一或者三选一的选择题。曾经走散的我，和其他的同学感受到了一步错步步错的绝望，但是，走进不同的小巷里，却可以感受到不同的市井文化。有大娘抱着白色的泡沫盒子装着老冰棍，有大叔坐在阴凉的树荫下摆着小木桌，卖着加冰的烧仙草和石花冻。再在上面淋一层蜂蜜，让冰凉的烧仙草融化在嘴里，就可以感觉到夏日的一丝小幸福和甜蜜。

漫步在温婉而极具风情的鼓浪屿上，嗅着骄阳天独有的气息，感受着带有海味的清风，踏寻着千年的古迹，回味的名胜的文化。

◎九曲连环盘山之路，巧夺天工星罗之景：漳州南靖土楼

去南靖土楼的路上，下起了雨。伴随着潮湿的天气，我们一行人坐上了大巴车。南靖土楼建造于宋朝之期，而兴起于明清时期，为抵御外敌，成环状，仅仅留下几个放枪的地方以及极高的小窗。且其建筑材料也极为特别，是以当地特有的黏土、竹片、水以及糯米等混合而成，地形易守难攻，依山傍水。

因为要躲避外敌，所以建立在极其蜿蜒而类似于盆地的山丘地形之中，我们坐着大巴车，绕了一百八十弯，才到达这个特别的地方——南靖土楼。

最有特点的南靖土楼被称为“四菜一汤”，因为中间的土楼较大，且成四方状，所以像一碗汤摆在中间，周围则有圆形的四个土楼，像四盘菜，而最右边则有长方形的土楼像筷子一样的形状。四面环山，山上设有梯田，还有一条小路从远处的山顶上环绕下来，像丝绸一般泻到了山脚。

进到土楼里，有好客的当地居民邀请我们进去喝茶，还可以看到特别的小口的井。当地的居民说，井里的水是可以直接饮用的，且做菜泡茶都是用井水。土楼之所以出名的原因，一是它特别的外形，二是如《大鱼海棠》里面展现独特建筑的风格。坐在居民家的小藤木椅上，看着养肝茶的花和南靖的叶子在水中绽开，袅袅的白烟升起，然后散在空中。轻抿一口茶，感受自然的清香，混合着雨水的芬芳，和着当地居民热情的微笑，闻着家中各式各样的晒干茶叶的青涩气味，听着水滴从屋檐边滑落到青石板上敲打的声音，耳边仿佛响起了战马厮杀的声音，仿佛看见了不愿屈服的人民拿着自制的土枪或者弓箭，将其伸出洞口之外，为了生存而战的坚持，为了活下去的周旋。这就是热血沸腾的南靖土楼啊，你能在里面感受到的不仅仅是那种淳朴的风情，更能感受到千年前的不懈斗争。

◎灯火连天青石巷，书香飘荡几十里：福州三坊七巷

骄阳似火。

顶着接近四十摄氏度的气温，我们走在几乎没有阴影遮蔽的三坊七巷，

太阳照得我们似乎都有一些眩晕，却丝毫不影响我们领略这岁月沉积而形成的宝藏。白色中夹杂着点点污迹的石墙，已经斑驳的石砖瓦片整齐地排布在屋顶上，边角处还有为了防火而翘起的燕尾，有些地方还有为了承重而建起的马鞍墙……置身于其中，仿佛感受了当时达官贵人、士大夫之地的烟花之气和繁华之景。

其中在衣锦巷的水榭歌台更能体现这样的繁盛。在碧绿的池塘上矗立着一座歌台，四个角上挂上了火红的灯笼，伴着潺潺的水流声，看着池塘里嬉戏的锦鲤鱼，耳边传来了青衣的袅袅歌声，看他水袖一挥，一副犹抱琵琶半遮面的娇美。这片区域成环状，所以歌者的声音可以传播得很清澈，很远。古人的智慧足以和现代人的科技相比。

在池塘旁边还有一排白色的连廊，那个是伶者更衣的地方，里面空间却很小，和达官贵人的宽阔位置形成了强烈的对比，可见当时的伶人地位并不高。看戏的坐台分为了两层，第一层是出身侯门地位显赫之人所看戏的地方，正面对着戏台，可以仔细地欣赏和观戏；第二层则是其家眷女子的座位，从上往下看，只能依稀看清戏台的前端，而大多数是只能看清戏台的屋檐和顶端，这看戏也只能变成听戏。古人男女有别和地位尊卑也由此体现出来。那

叶嘉莹《人间词话七讲》读书会

么我们观赏的是古时风景的优美和古人的技巧，我们要引以为戒的是古人有些错误的想法和观念，这才是舞榭歌台被存留的原因。

衣锦巷中五彩斑斓的纸扇悬挂在走道上，在青石板的路上映出了一块一块圆形的印记，更为这充满古风的巷子里增添一笔浓重的墨色；郎官巷里的严复故居，里面泛黄的老照片映射出的，是严复的满腔热血，也是近代时期的沉重而屈辱的历史。他的书房里面架着一张红木案，一只烛台，严复星霜的鬓角，映着烛光，翻译着《天演论》，他以一颗拳拳爱国之心，成为汲取和传播西方文化的照明者。“严复之才，如北溟之鹏展翅，水击三千里，浩瀚壮观。”

◎炮火连天峥嵘岁月，雄起反抗不懈斗争：中国船政文化博物馆

这一周的文化之旅，最后一站便是位于海滨边上的中国船政文化博物馆了。

中国船政文化博物馆的起源是因为经历了两次失败的鸦片战争，清廷意识到了闭关锁国的害处，于是洋务派开始了“师夷长技以制夷”的洋务运动。在清同治五年的时候，左宗棠得到朝廷的批准从而在福建的马尾修筑了中国

船政学堂。

一进大厅，映入眼帘的便是“铁石同心”，分别是詹天佑、严复、左宗棠、沈葆桢、萨镇冰五位杰出的创始人，展现了当年船政文化的光辉。里面陈列着许多照片，还有当年杰出领袖随身佩戴着的徽章以及指南针之类骁勇善战的象征，更有当时船的模型……让我们身临其境地感受到了当年战士们为了保卫祖国而挥洒的血、征战的泪。

让我记忆深刻的是其中一比一模拟的学堂，学堂甚至将当时的课表也拟在了外面。根据导游姐姐的话来说，这个选拔是非常难的，不仅仅有在教室内上的课，还有出去练习的机会。一年要考一次试，考差了，或者是几次没过，就要被退学。所以说，那时的考试是非常严格的，照理来说毕业的学生都是有能力的，甚至可以说比国外的要强，因为经过了学习的洗礼。那么到底为什么最后还会输呢？我认为可以把国家的富强分为三个层面来看。第一个层面是政府官员，第二个层面是晚辈，第三个层面是政府。然而输的原因我认为是第三个层面。博物馆里陈列的展品已经表现出来了五位领导者的创新和先进思想，同时也看出了下一代的努力精神。然而到了最后，福建还是被英国在鸦片时期所占领。由此可见，政府是至关重要的一个环节，即使前面两个环节再好，少了政府这一个环节，也是完不成的。

船政博物馆，展现在我面前的不仅仅是岁月的沉积，更是对于过去的反思和对未来的展望。

一杯茶与水在时空的矫揉造作

□ 廖致豪　屏东高级中学（屏东县）

寻觅“福”云，品味“建”筑，驻足“台”榭，步踏“湾”沙。

泡了个茶，心领青鸟鸣涧的山峰，静听落叶细语的孤寂；徜徉大地喧闹的青春，思索旅行迷失的自我，深陷于邂逅老街坊的我，正啜饮着手中微微渗透出热情的暖意。忆起云水谣古镇村民与我打趣时笑问的一句话：“一杯茶水究竟能回甘多久呢？”这不禁让我思索良久，啜了啜几口茶，泪水慢慢地滑落喉头，不禁让人哽咽了起来，杯中的余温也渐渐地冷却了，但人生不就是这样吗？再倒杯清水，再喝上几口吧！旅行总会遇见答案的。

遍踏福建，总以为能够找到落脚处泡杯回忆，品尝杯缘新冒出的悸动。

启程，来自台北远方的遥望，轰隆轰隆的引擎声划破了喧嚣，静寂了，取而代之的是不断浮现的疑惑：我是谁？我何去而何往？又该寻觅何处呢？扪心自问这哲学系的大哉问，我没有答案。喃喃自语之际，我意外地深陷于人文深渊之中，仿佛踏上了寻觅文化根基的旅途，又或许只是我寻思那迷人茶香的借口罢了。

伫立在福建的街坊中，抚摸大地的爱戴，这是你所看到的，一个孕育现今社会的乡土。攀坐在轮船的栏杆上，远眺椰寨的文字，这是金门人所看到的，一个隔阂历史记忆的城墙。处在客机上的机窗边，俯瞰高筑的大厦，这是我所看到的，一个跨越时代变迁的藩篱。从高空中注视着厦门，那正矗立于海边的高楼群，仿佛为福建塑造了一道道的防护墙。不知这道墙是阻绝了我与福建的牵挂，还是阻隔了文明的进展，或是中华文化的传承，反观墙内是一幅幅世纪末的华丽，在科技文明的侵蚀下，传统的建筑日渐式微，而西方文化的渗入也影响了不少，不过这又是另外一回事了。文化当即是一场苦旅，当你踏进去之后，就永远无法止息那股追寻的热忱，就像踏入书店片刻即充斥着一股欲罢不能的那股书香气息，涌上你跳动着的五窍，扰动你沉淀的心情，触动着你内心最深层的求知欲望。

猫头鹰，自希腊神话以来总背负着知识与智慧的盛名，看似沉稳睿智的光彩，只因背负那鼓浪屿颠沛流离的沧桑，一身承袭着亚细亚沉重的悲哀，而遭世人唾弃。我等一行人硬是无视史诗的幻妙，缔结与雅典娜女神的承诺，闯入了列强污辱的双翼上，慰抚着猫头鹰楼身纹的伤痕“亚细亚”。我想“亚细亚”一词始终与我们的文化有着很亲密的联结，除台湾作家吴浊流笔下的亚细亚的孤儿，在身份不明的时代洪流下所造成的无归属感，深深地影响了后来我们民族精神的基石。而外图台湾书店的存在也似乎正呼应着这样如其名般的彷徨无助，孤独地长年盘踞在鼓浪屿之中，流传着我们的血脉，并以提供多样化的图书知识，搭起两岸与世界建构的文化桥梁。

走进猫头鹰楼，首先映入眼帘的是幅挂字：“独书静好。”手拾东野圭吾的著作《我的晃荡的青春》，择一席沙发坐了，眼看封面那青绿色的外衣，翻开了内文浅尝几口，带有点乌龙茶的羞涩，但却也隐藏着一点心酸一点苦涩，很不是滋味，这或许就是当一个历史印痕搅乱鼓浪屿淳朴民风的事实吧！一本本来自闽台的著作，却让我这初生之犊，也不自觉地流连起青春的过往，渴求那双祈求高举的手掌，但自怨自艾又如何呢？谁知道你的过往是什么呢？谁说只有的年纪大的长辈才有资格回忆过往回首青春呢？逝去的不再，过往的终将成为滋养茶树生长的肥料。

一阵“让开让开，小心撞喔”的吆喝声又把我拉回了现实，对喔！这里并不是什么神仙所居住的皇宫，虽说总被称作为有钱人的岛，这里终究还是属于人类的世界，但又或许是因为比仅隔六百米距离远的厦门本岛更好些吧！没有成为世纪末的华丽，而是谨守着一如往常的初衷，正如同与郑成功雕像上高耸的荣耀一般，保护着福建仅存的世外桃花源。看书累了，眼下又不禁起了贪念，想要再痛饮上几口乌龙，好配这些诗书，“读书静好，品茶尽苦”，在脑中回荡的板车夫声，让我恐惧了自己的奢侈，只敢倒杯开水与汗水共饮。

穿梭迷宫般的小巷，与我擦身而过的喧嚣声，不是游客遇见海天堂构中轴对称的对称美而发出的惊叹，不是岛上糊口饭吃的摊贩叫卖声，而是体内汗水蒸发着的嘶吼，那被称之为鼓浪屿红细胞般的存在——“鼓浪屿的板车夫”，仅靠着身后拖拉着的生财工具，就这样载运着岛上所有日常生活所需。倏忽间钻入耳中的呼喊，或许听起有些野蛮，但不可否认的是，对于继承鼓浪屿意志的信念，如果说宗教是抚慰人心的地基，那么板车夫就可以说是建构人们信仰的柱石，他们不可磨灭的自信，到现在依旧为福建维系着鼓浪屿最纯真朴实的命脉。鼓浪屿的精神因为板车夫的存在而生生不息，但若有一天它们消失了，那么现在的鼓浪屿还会是现在的鼓浪屿吗？我想，板车夫手中成长的新茧就是最好的证明。

“休息，是为了走更长远的路。”那么信仰就是使自己更进一步思考的动力。踏进桑莲法界的须臾，落叶般鼓动的热空气粒子凝结成了巨大的屏障，阻绝了我等凡夫俗子的莽撞无礼。慢慢地，心静了，境转了，眼前所见的是嬉戏打闹的孩童们，那放逐自我不受世俗道德所拘束的奔跑，是当年我们都曾经拥有过的共同记忆，而今我为何而走，为何而奔跑，为何而眷恋？跨坐寺内盘根错节的古榕树下，再上杯铁观音，倒转旅人放浪走足再播一次，再播一次，似乎也配不上这口铁观音熟沉香的韵味。榕树下流动的气息仿佛冻结了过去，殊不知这将会是一场道与道的激荡，依然放恣帽檐上的汗水往下坠落，放荡地弹奏孤标独步的节奏，期以唤醒指针的脉动，又或许是最深沉的自我正无法自拔地沉沦于时空的存在与否之中，放肆地徘徊于寺庙的内缘，在逃避与摸索中以寻求依靠的心灵寄托，但我想只有心中清明者才得以悟道吧！

旅人与僧人的品茶论道，道尽了无数的尘俗感慨。“弘一法师，请告诉我什么是爱？”旅人问道。漫步长廊，檐上二十四尊的飞天乐伎，借风吹拂，为我们奏乐着曲曲沉静的蝉声，往内转几个弯，插满火炬的香炉，正与虔心跪拜的年轻少女相映着，斜阳洒落在那脸庞上，道不尽的无奈与忧愁，只能与赑屃共同默默承受着，等待下一次临死前的释怀。寺庙两侧的石塔，自是说什么也无法忽略的，七百年来不断地坚守着泉州人的信仰，只可恨那是种无法品茗的工夫茶。情场逍遥的风中一匹狼笑了笑道：“爱，就是慈悲。”懂得心中无所牵挂，品茶，便道是无晴却有晴。踏离弘一法师的境界，那一声声的静谧，渺渺的余光正映照着那斑驳的红砖墙，回眸一瞥所有的“悲欣交集”早已荡然无存。

看着虔诚的膜拜，步履蹒跚的叫卖，封建头、民主肚、节约衣、浪费裤的惠安女，卖香与烧香，喃喃低语之际，飘散着烟香，街头独坐公交站牌旁的等待，一批批接踵而至的信徒，过客也好，下一个顾客也好，一罐两块钱的白水，一包倾诉牵挂的香纸，微弱地联系着这群一切衣食于通淮关岳庙的市井小民们。而对于泉州人的拥戴，通淮关岳庙的神明也为信徒们的心中放下了一块仁寿塔下的放心石，也正因为这样良好的人地互动关系不断循环着，通淮关岳庙也得以永保香火鼎盛。一个庙宇的建立，与历史背景的脉络有着不可切割的延续性，而两宋时期从中原南迁岭南所迁建的漳州土楼即是如此，借众家族的力量，以保护挚爱的家人与亲人。

寻访漳州土楼的那一天，幸运地巧遇蒙上一层青白面纱的你，与大地甘霖的融合，一抹粉妆画上了朦胧的美，并为这沉静乡村带来了喧闹的生命力。雨水轻轻洒落我脸，久煮后的茶叶自然冲淡了风采，食之说不上味，弃之又有些可惜，在固守传统与文明生活的抉择，我想就是这般两难吧！看似崎岖险峻的羊肠小径，在大巴驾驶驾轻就熟的技术下，转了个弯，独上高楼，望尽天涯路，便到俗称“四菜一汤”的田螺坑上观景台！

匆匆走过，总觉来访的观光客们有些煞风景，面对先人开垦的智慧与建筑的远见，一旁环绕的丘陵梯田，我似乎渺小了些，不知何所以然，只得补捉这难以言喻的片刻。记录，自然与人文的前线战场；书写，村民亲切兜售的明信片；反思，那我们所谓文明的入侵。下了田螺坑下观景台，更多的是

在林觉民故居内记录见闻

令人唏嘘的感叹，被异化的“四菜一汤”，虽说内部保留了既有惊艳的传承文化，却也逐渐被外来的我们，只因一窥那黄土与杉木堆砌而成的鬼斧神工之作，而无礼地腐蚀着。

本以为那是时代的凋零，花开花谢的盛夏，堕落于那抢客的纷争，安然残存的民族精神何以变得如此洒脱，竟赤裸裸地迎接外乡人的到来？沿小溪旁侧挑着轻步，裕昌楼唯一的大门正招呼着我，深知吾乃品饮茶水的同好，遂迎接着我贪婪的欲望。承载满碗清香的茶碗，与招客的百年老井显得有些逊色，好在那碗中之物，不必费尽唇舌之力，只需一张凳子，一只茶几，一个小故事，便可轻易辨分高下。从口中慢慢分化了味蕾，跳动于唇舌尖，换了一杯又一杯，止不住的热情，压抑不住的贪念，正无底限地暴露着。品茗野生白茶，与村民的谈笑，倾露着淳朴乡间不该出现的商业化，是为了生计，却也败去了当年土楼最根本的精神，团结的闽客人，才是永恒的关键啊！这世界曾几何时开始变得如此虚伪与自私呢？

或许都是我们这些步行者与采茶者惹的祸，东歪西斜上端可远观而不可亵玩焉，无法更上层楼远眺楼外蓊蓊郁郁的细流与梯田，只好作罢转为公用井旁灵气最高的祖堂。那是集众人意志之大成的祖先与各类庆典的场所，感受那境界的升华，尽管祖堂内所有纷争与凡俗杂事都可抛到九霄云外去，却依旧免不了我们的败坏。看着祖堂内低头不语的小女孩，指尖与闪光亮烁屏幕的契合，文明的遗毒已经深入不浅，难以根除。

三坊七巷有句标语是这么说的："传统是永恒的时尚。"用来形容塔下村一点儿也都不过分。一步两步，绕转塔下德远堂内圆形的石块，步伐正与塔下村的心脉共鸣着，天空也以一片薄纱盖上塔下村的艳阳作为回应。与一条溪水做伴的塔下村，是最典型依水而生的聚落，然而现今的我们，却已经完全脱离河道这件事，甚至引以为恶，乃不知饮水思源之道理，令人唏嘘。旅人触摸桥下纯净的山泉水，一道道起伏的涟漪激起旅人的背影。眼看黄土墙上沙土奋力地挥了挥手，挥别茶与水的共饮，古人敬酒道别离，今朝我与君酒杯茶水道别离，再喝上一杯吧！裕昌楼内生津止渴的野生白茶，充满回忆小故事的甜甜白水，风起了，行走的树停下了，搭上大巴前的那道夕阳，美得令人忘记哭泣，那世人遗弃的顺昌楼老妇人。

沙坡尾，随着城市整体规划的商业化改建，与漳州土楼有着相同的命运，留下孤寂的独白与浪花，艺术西区的进驻，打造了文艺青年要文艺的景点，一幅幅文青照，背后却都是老厦门人与渔民的怀念的鱼腥味，那个属于老厦门人童年的避风坞。不说或许不知道，这样的通台正口，也因在清朝时期规定必须从沙坡尾办理手续，所以于台湾的老一辈有着很大的回忆呢！海醒了，老厦门渔民的不系之舟漂泊着，旅人的脚步纵然岸边有玫瑰，有绿荫，有宁静的港湾，依然无法止息。我将悄悄地自无涯返回有涯。渔民的背影，浮现的鱼腥，我喝着手中的饮料，不是闽茶，不是白水，骄奢打卡的文青自

我，现下看来却格外讽刺，就算现在改以一杯老调重弹的闽茶，似乎也与之有些格格不入吧！苍苍茫茫，纵使没有绳索和帆桅坚忍不拔的意志，我也该再次踏上旅程，行者，见微知著，时间是不容许你孤芳自傲地倾诉，那巨大单车，早已起航单飞了。

照耀在湖面上的光影反射着闪烁的光亮，街头上的车灯引领着钟楼的古香，有人说："中国在天上看西安，在地上看泉州。"不夜的西街，充满着那熙来攘往的人潮。晨光中的西街，却又有着另一种风采。走进夜晚的西街，停泊于榕树下的人力三轮车，贴上卖着草药的广告，倏忽间，接连不断的喇叭声充斥于我，回头一看，原来是路人打了个出租车准备要上车。一个清脆的嗓音让我断然不回头，假装自己什么也没看到，尽管事后总觉得自己很残忍，但我想这个社会就是有这么多人，正努力奋斗着自己的人生吧！摊贩一层层的云烟飘散，我知道那是泉州的美食，而不是细数青春话人生的茶都小品，抑或是可以配茶的烧酒菜。

走在泉州街头，总有人说："东西二座塔，南北一条街。"美富盛名的开元寺双石塔与见证中正路沧桑的西街钟楼，同为泉州人的信仰与骄傲。触摸大理石的红色墙面，带有点刺刺的灰尘，走进巷弄，品味那时代的疤痕，新替换的一楼外墙与骑楼，无法否认的是故意保留下来的闽南式屋顶与砖瓦，就如亲人般叫人难以忘怀其面貌，使我不禁停驻许久，而却忘踏足茶都西街的本意。疾疾徐徐，头也不回地就冲回了大巴。跑了趟西街，要不是那地理学的好奇精神，没有去碰触古迹本身的墙面，外地人是很难发现建筑隐藏的小确幸，我想这也与身为"海上丝绸之路"的起点城市有所关联吧！以钟楼为中心，东西方向所延伸的道路皆为"街"，南北方向延伸的道路皆为"路"，仔细想想，仿佛福州的三坊七巷也有着异曲同工之妙呢！

三坊七巷，顾名思义道路的左边是三坊，为居民社区，右边则是七巷，为夜市商场。静立石街道路一旁的唯美，小桥流水柳絮；高踞木门屋檐顶上的绚丽，灯笼纸伞匾额，看似茶馆满街开的南后街，却使我打了个扫兴，只觅得一家特感兴趣的"赣州商会"。正当一位同行友人谈及渴望长居于此之时，我意外地看见那旁侧全被深锁上的大门，有一个小缝如被路人遗弃般，没有锁上，走近打开，里面是垃圾堆砌的废墟和一群道路上随处可见的清道夫，再看看我所站立的三坊七巷，只因相隔一道看似古建筑木门的墙，而有着极大化的差异，使我对三坊七巷产生了莫大的疑惑，甚至不解。尽管最后我始终没关上那开眼界的小窗，但也使我不再寻找何处有茶，直至混乱的思绪沉淀许久以后。

离开后的几天，脑海中不断浮现着那一门小缝中的影像，挥之不去。尽管在厦门的车阵中总会看到他们伴随着一只扫帚与绿色三轮车，替道路的清洁而奔走着。听着大陆朋友表示政府会给予他们住所，心中总是一阵纠结，一阵愧疚，无能为力的我，只能放纵自我，等待久久无法平息的心沉静。旅途终将有终点，踏上旅途的最后一站，厦门海边的大沙滩，我静静地摸了那温热的砂石与贝壳，将他们打包装进了回忆。

盛夏，多么矫情的装扮，多么做作的容貌，那虚伪的盛夏，请你告诉我，颈上流不止的渍液，衣上浮现的污浊点斑，遮掩视线使之模糊的是什么？细数旅途的过客——亚细亚的板车夫、悲欣交集的弘一法师、独坐信仰的惠安女、裕昌楼的村民、顺昌楼老妇人、沙坡尾的老厦门人、榕树下的人力三轮车夫、三坊七巷的清道夫，直至今日，曾经细闻他们口中咕哝着人生迷茫的我，还有多少是未来的我所能够记得的呢？又是一阵细雨，我倾听雨水演奏，痛哭着那文化的割舍。雨水淋湿了我的衣着，洗淡了旅人的泪痕。思索眼角所浮现的，是流了满身激昂的青春，还是那割舍不去的泪水呢？紧握着手中那翻云覆雨的心境，自问“一杯茶水究竟能回甘多久呢”？

记录，来自我们共同的回忆；回忆，来自我们共同的文字；文字，来自我们共同的记录。一杯茶水究竟能回甘多久，再喝上一杯，旅行总会遇见的。

逃　离

张喆　厦门第一中学

一

七月份中旬这一段时间里，我天天顶着可以灼伤我的太阳在福建的水泥地和山路上奔波。我过去从来不打遮阳伞，只是这次我怕晒到再黑一万个色号甚至皮肤烧掉，于是就矫情地和女生共撑了一把伞。

头几天我感觉我的世界就像被蓝天盖住的一个大蒸笼，里面湿热的暑气循环流动逃逸不去。有时候看着蓝到让人流泪的天空，都分不清眼角沾满的是泪水还是汗水。我就像是一颗肉包子一样逃脱不了被蒸熟的命运，最后靠藿香正气水拯救蒸熟边缘的我，悻悻地躲到一把遮阳伞下面选择向太阳认输。

我一直想着当初为何要报这个“晒太阳”的海峡两岸青少年共享阅读活动，原本天天在空调房里看电影的日子如今变得异常遥远与奢侈。那里有我最爱的KOI奶茶和“无比滴”，帮助我消解再次创高温纪录的厦门暑气。

现在让我回到学期末的那个下午，那是一个夕阳醉人的下午。在我得知获得参加这次活动机会的消息后，我像一只兴奋的陀螺一样听着《红日》高兴到旋转飞起。直到晚自习的铃声和往常一样敲响，明晃晃的大白灯又一次充斥了整个教室时，我才明白，我还有堆成山一样的作业没写。按英语老师的话说，人有时候是要有“burden”（负担）意识，否则你就会“飘飘无所似的”放飞自我。

所以我还是默默地翻出一套套真题卷，因为高中一轮复习后的市统考即将来临，每个人都在有条不紊地复习。唯独我，天天除了喝奶茶、啃辣条就是玩手机。希冀老天爷能赐予我一次机遇，让我在这次统考中考出奇迹。

但是我并不担心。福建有着“沿海西藏”的“美称”，仅仅是因为这里的高考分数切线跟西藏一样低。厦门的学生可以比较容易地向着他们所心仪的高校迁徙，带着逃离厦门的勇气和自己的梦想。

但是许多老厦门人又不愿意让孩子走出这片海岛。他们认为“其他地方哪有厦门好”。厦门听起来像是一个充满活力的海港城市，但是实际上它的地理位置和发展走向决定了我的理想和文学不可能在此变得宏大。它将局限于一种精致的生活气息，这番气息下所酝酿出的市井生活仅仅是带着小资味道的，它不存在一种宏伟的驱动力来实现我的梦想。

这里就是厦门，有时候你会望着砖红穹顶的厦大出神，有时候你会听着海浪拍打城市中的小岛奏出美妙的《鼓浪屿之波》，你会觉得厦门真好真舒适。但是有时候我也会感受到如海雾一般莫名而来的氤氲的忧伤，因为在厦门体现不出众生百态，有的仅仅是普遍一种世象，人们看似快乐却单调，因单调而乏倦，又因乏倦而感到孤独失落。早上九时起来人们就可以到楼下享受地吃一碗面线糊，在街头巷口侃大山晒太阳。傍晚的时候你可以看到百家村的大叔搓拳喝酒啃着白灼鱿鱼，昏黄的日光灯下映射着一日又一日的舒适生活。

所以我想要逃离厦门，越快越好，越远越好。

二

但其实我并不是一个厦门人。

我是一个地地道道的龙岩人，一个土生土长的闽西人。

两年前我从龙岩到了厦门读书。心里怀揣着户口升级的幸福感，幻想着自己即将成为“高人一等”的厦门公民，连去鼓浪屿都只要八元钱到市民码头，远离像下饺子一般拥挤的游客码头。而现在我必须承认这种虚假的优越感已毒害我很久，以至于侵蚀我对故乡的记忆。

显然那时候我没有任何离开家乡的打算。暑假结束的那天早上，我即将前往两百公里外的学校。那时候家门口的凤爪梨又熟透了，一阵风吹来便一把把地落到地上来。那些凤爪梨每年都会有许多人来采走，味道甚是甘甜。

我随即捡了一把塞到口袋，当作路上的零食吃。

那时许多长辈已在家门口等了许久，等着与我告别。那天太阳很大，

临别赠言留念

我看到干妈脸上化的妆全被汗水弄花了，我看到外公外婆提着一袋袋沉沉的用红色塑料袋包裹的水果，奶奶还在一边抹眼泪。我嚼着凤爪梨发呆，还是像一个痴痴的小孩。

可那时候我突然就发觉自己真的是要离开了，真正地离开生我养我的地方，到一个陌生的城市，到一个陌生的世界去生活学习，就像顿悟了一样。

后来我才发现，回家的高速公路像似绵延了数千里一般，渴望又到不了尽头。每半年才能回一次家，每次回家都带着沉甸甸的行李和心情，这已成为惯性，不过这是后话了。

这就是我十多年来最真实的一次告别，那天的阳光灿烂到虚假而刺眼，一切如梦似幻，就这样迷迷糊糊地离开了家。

不知不觉我已离家两年了。

异乡人，注定是要孤独的，注定是要靠自己的。

就像李健唱的那样："不知不觉把他乡，当作了故乡。只是偶尔难过时，不经意遥望远方。"

我在厦门尽力做到入乡随俗，尽力去感受闽南那与闽西不同的点点滴滴，希望自己能慢慢落于鹭岛，成在厦门。但是我不是厦门人，我是龙岩人。这就好比我最爱的还是龙岩的清汤粉而不是这里的面线糊，我爱的是山区绿树带着清新氧气而不是海岛腥湿自然的海风。虽然有时我会把厦门这个外乡当作故乡。

如今我突然想到，我快毕业那天，我数学老师对我说："你都要出去读书了，怎么可以不会讲龙岩话。"

当我到厦门后，我才知道"乡音"这种神奇的东西是多么珍贵。漳州人听不惯厦门人的闽南话，龙海人听不惯漳州人的闽南腔，我只能在一旁假惺惺地哼上两句刚学的闽南话，三句里两句都是粗口。以至于后来闽南话学得比龙岩话还多，多么可怜。后来为了参加这次共享阅读活动，我特地跑去买了本《闽南话教程》。可是当我从一个个单词学起，给一个个动词标上音标的时候，脑子里忽地漫上浓浓的伤感。我把一个个"我、你、他"标上"wǎ、lì、yí"读了一遍又一遍，读着读着眼泪就掉下来，好像以前那些外公外婆在我身边一直唠叨的龙岩话已成为我死去的记忆，再也回不来了。

所以我开始莫名去回忆外公外婆用龙岩话吵架的日子。有一次我到他们家吃饭，外公外婆就谁开炉灶争了起来，一路乒乒乓乓吵得很凶，迸出的都是一串串我从未听过的龙岩话，最后差点拉去派出所。后来还是好胜的外公争得炉灶……那一顿外公做的啤酒鸭淋着醇香的酱油水，和着啤酒的香气，升腾出诱人的气息，这在厦门是可遇不可求的。

所以如今的我对厦门不带有太大的好感，似乎它正在侵蚀我的故乡和生命。而我需要紧紧地捍卫我自己，捍卫我自己的灵魂。我害怕自己会失去根，失去我的过去，那便会失去我的将来。

三

所以我很庆幸能够拥有一次逃离厦门，和台湾同学交往的机会。

我们度过了破冰的第一天，为了熬过百无聊赖的夜晚，大家只好寻找别的乐子来消遣。还好生活处处有惊喜，“狼人杀”出现了。第二天的晚上我们就开始研究“狼人杀”。“狼人杀”是一种除了“无比滴”之外的解暑神器。深夜闭眼，狼人出刀的丝丝寒气简直比空调调到16℃还凉快刺激。

其实我一开始很鄙视跟新手玩，因为只能和他们打一些基本角色，打来打去都是那一些套路……作为一个老玩家，对这些没难度的操作是嗤之以鼻的，那种升级改良版的狼人杀才是我追求的目标。但是想要凑出一把高端局是很困难的，一种就是和朋友们半夜窝成一群在宿舍里打，还有一种就要到街头的“狼人杀”店铺去约战。

最终我还是将就了，毕竟深夜里每分钟的娱乐时间都是异常宝贵的。我看了看表将近零时，连灰姑娘的南瓜车都也要到零时整才来，再几局也无妨。就这样一个晚上接着一个晚上得熬夜和爆肝，我们一个个到凌晨还是精神得跟发疯一样。斯鹏给我们准备的土楼养肝茶，为我们持续熬夜助力；凌晨的真心话，总能点燃现场所有人八卦好奇的小心脏。

直到最后一天晚上，一整个房间都是人，大家都低着头写着临别祝福。我那时候开始舍不得这些“老玩家”了。刚刚培养出的一代新生“狼人杀”玩家又要离我而去，就感觉养了几十年的闺女送人了一样难受。于是我信誓

旦旦地说，“我明年考完试一定要去台湾找你们打狼人杀！”

这时候致豪说：“来南部，台湾南部我全包了。”

雨依说：“一定来台北找我和昀芳。”

景茵说：“一定要来中部哦。”

舒淮说：“来台北找我玩哦。”

那时候我真的好难过，也好感动。我难过于也许我们的分别可能就是永别，地图上那一条蓝色深浅不一的窄窄带子好像在提供着一种隐喻，一种暗示着悲剧的隐喻。我也感动于我们可以在短短的人世间，一同体会那些有限的、常说常新的东西：友谊、团结、荣光，还有我们的世俗梦想。

如今的我会常常走到厦门的海边，眺望着金门岛，审视它，怀念它，慢慢感受来自彼岸暖湿的海风，仿佛那海风承载着他们越过海峡的情谊。我们似乎一直在尝试证明着什么，竭力去昭示出两岸的冥冥关系。虽然这些不至于沦为徒劳，但在众多差异下的人们心中流淌着的永远是中华大地的血液，所以这块大地和在这块大地上的人们在任何时候都会以最宽阔的胸怀去接纳和彼此拥抱。

四

现在我突然意识到我要逃离的不仅仅是厦门。我要逃离的，是日常的人，日常的事，日常的生活。我渴望未知，因为“未知”承载着我对未来的追求与渴望，承载着追求理想的力量。

我自觉我不仅拥有从一座城逃到另一座城的莽撞，还有深深感受一座城的执着与冷静。海峡两岸青少年共享阅读活动我想能算得上是一个契机，通过它我将更深入地去触及闽越大地的风土人情，深深亲吻脚下这片土地。否则我只可能停留在厦门活色生香的生活本身，包括那些小市民的衣食住，充满着烟火气。

但是我遗憾于我没有能力去改变这一切，所谓医者不自医。我最终还是只能以一个异乡人的姿态，去接受此处即吾乡的这种随遇而安的说法，在厦门的深夜里望着故乡冥冥想象，想象着乡音犹在的伙伴，想象着我挚爱的亲人，想象着我再也回不去的故乡的未来，想象着关于龙岩的一切。

我知道我终将离开这里，离开厦门，离开龙岩，以至于离开福建。但我希望任何我生活过的大地能够宽容地、慈爱地、不离不弃地守护着我，我希望它能如此敞开胸怀，去原谅一个固执出逃的少年。

陌生而熟悉的她

□ 臧雨依　薇阁高级中学（台北市）

◎沉默中，爱上你

面对来自各方的十位同伴，生涩如你们，如何熟识？

如今回忆也觉得可爱，破开沉默的竟然是餐厅外义无反顾倾泻的浓稠艳阳，而非初见的那顿佳肴。遇见巧妈，好一个轻快的店名，踏入店内却是古朴典雅的室内装修，不见巧妈，却见佳人。

一顿饭下来，互不相识的我们在席间除了佳肴在前也配上偶尔试图打断沉默的几句碎语，总有同桌人试着讲些话活络气氛，奈何没有人接下话题。过犹不及，我也未曾错过短暂话语后大家相视而笑的片刻，空气是静的，却有些意外的温暖悄悄流窜在十一个人之间。

现在想起当时的厦门，大概属烈日当空最刻骨铭心了。走向室外，大伙儿立刻被厦门天空的热情照得睁不开眼，若不是一路听着沿途居民们的当地口音，这热度倒与台湾夏季别无二致，放肆、奔放。两旁骑楼的褪黄砖色显示多年下早已习惯的热辣阳光，居民们或躲在商行吃茶，或闭紧门关在家避暑，见到一群穿着黑色营服的大队人马，总有几位可爱的老人家好奇地指着我们，报以微笑。

徒步而行，我竟有些享受滚烫阳光的灼热感，是生活的印记，眼前的沙坡尾变了，变了个新气象便以文创形象招呼来往青年，全然不见曾经的老渔港风貌，老地新貌的每砖每瓦总是鲜明，却掩不了过去的斑痕。史册的扉页也经不起时间的风，终究飘零破碎，更遑论沙坡尾的往昔历经老港边不时刮起的扑面海风？文创区替旧怜新的归属感，在眸光捕捉下，似乎已经被午日阳光冲淡几分。

这天的厦门热得极不真实，缱绻白云四散飘游，若有似无舒缓大家累积的燥热情绪，直到转入厦门大学的涂鸦隧道又是别有一番景致。“我爱你，再见。”斗大红字入眼，不知怎么的对今早才认识的厦门离情不舍，只能傻愣盯着一路延伸的涂鸦叹息。

大隐于厦门，也迎来胡里山炮台的最后一声炮响，那之后一阵无声，除了游客向一场关于遥远曩昔的表演敬意，也是我对厦门土地带来无主角演出的爱，沉默的，向她。

◎一个关于家乡的梦，犹未完成

半倚在航行的渡轮栏杆边不同于其他座位的中规中矩的人们，我想是固执的毛病又犯了，最初知道她，是听闻可以从岛上依稀瞥见台湾。鼓浪屿，跟家乡也许有关联的小岛，怎能不勾起心中的悸动？

登上鼓浪屿，虽不曾期待一片寂静，不自觉地在一片黑压压的人群川流中担心起鼓浪屿，不知她是否能承受如此厚爱。古老榕树的根拖垂几近地面，环视一旁叫不上名字的各式亚热带绿植，这个厦门一隅之岛就此披上了五颜六色的盛装，申遗成功的荣光不乏凡尘人们前来觐见，我复如是，想来这份世界遗产的王冠一旦戴上，必承其重。

为了更深地走近她，一向随性成惯的我也是亦步亦趋、在大队伍的后头贸然闯进曲折小巷，游走地方。此时的东方，云层慢慢地扩散开来，氤成一片稀薄白幕只为今日的她妆点几分姿色，细细波纹的海面，凝滞了一般，在烈阳映衬下，泛着蔚蓝色的光，抬头间晒得有些昏沉，不怨理应生机蓬勃的小岛处处闭门空巷，挑夫的额间满汗，拉着一车货物上坡的碰撞声响不断回荡于耳。

迎着苍天的注视，走了一串无名街巷，路很长，走了许久，我们才走出来，而呈现眼前的，却是古朴的街道，各种餐馆、咖啡馆、酒吧充盈其间，欧式风格的别墅及香榭丽舍点缀其中，此时，它们还在沉睡。街道静悄悄的，谁家猫咪在墙头上跳跃，又是谁家孩子在门边向络绎的陌生访客探头探脑？透过矮小院墙或是栅栏，可以看到一栋栋建筑里满院苍翠、青青石径、斑驳房屋，无不见证这里曾经的风雨。

所谓琴岛，钢琴博物馆内陈列满室老琴，望眼皆是传奇。琴在，能弹出韵味的人倒不复存在，片段旋律流泻随着海风吹远，又回响在这片孕育音乐天才的沃土上，填满外来者的好奇心，不知传得到台湾吗？如若可以，真想分享这一片得来不易的静谧给海岸对面的家人，这博物馆像是一处圣域，来者，皆静。

鼓浪屿西南方的海滩上矗立一块有些突兀的石头，中间有海蚀的洞穴，据说海浪冲击时声响若擂鼓，鼓浪屿也由此得名。此刻，这块鼓浪石孤独地伫立在沙滩上，海水只在远方的脚下，再无海浪的吟咏，希望落寞的它能坚持着守护这座小岛。向下俯视海滩，看到一对母子在沙滩上寻找贝壳，那孩子专注的神情，让我欣然神往，他是不是像我一样，做着关于鼓浪屿从前的梦呢？下次造访，我还有一个未完成的梦。

◎一介凡人，闯入奇境

来之前总会设想，土楼户户相邻的生活景况是不是就像周星驰电影中以包租婆为首的圆楼，这么错综热闹，这么沾染烟火味儿？又一个驱车赶路的日子，直向厦门道别便开往南靖土楼群，一群人，一整日，走过好远一段路，赏遍令人惊艳的一片风景。

田螺坑土楼群，随视角不同费尽心力端详她们的样貌是我们献上虔敬的唯一方法，俯视下虽是“四菜一汤”和“一双筷子”，我愿以为是先人献贡给天地的佳肴化身；远眺上虽是层层圆楼，我愿以为是先祖传承给后辈开启的宝藏福泽。“四菜一汤”只饱眼福，口福亦未曾落下，在山脚的塔下村河岸边古朴小店中，熏风捎来绵绵细雨，和着家常山野菜入口，所谓幸福，不过尔尔。

“东歪西斜”裕昌楼，瞧这多像绝顶高手的名号！一听导游说起不禁莞尔。循着塔下村绕上一圈，有凉荫下摆扇话家常的寻常大妈；有村中大道上铺位整齐的爷爷奶奶们，见到陌生的游客上前，老奶奶非但不害羞反倒热情地招呼、推销手工艺品，打完招呼后，她走向一旁正卖力而专注磨着竹器的老伴儿，拉起板凳，坐在最熟悉的他身边，纵是走入奇景，平凡的爱情总是存在。有回乡发展的青年陪着安坐门口的亲人，有趴在石阶上休憩的土狗。困于水泥丛林的我却无法忽略他们脸上久未于都市人身上显现的舒适与祥和，他们微笑的动力，仅是一间小门面、小栋楼房、不广的小地，与无限强大的生活气息。

土楼，当年一群受战乱所逼而无家可归的百姓修葺的防御建筑，是他们的家，是他们的安身立命之处。这栋圆楼是绝境逢生的一丝希望，虽然土匪仍多，有亲族互助的他们无所畏惧，将客家文化根植在荒芜秘境中，自当茁壮。沿着一地百年来前人踩踏抛光的石头路逛完裕昌楼，默默地，决定走出围墙，过水泥桥到对岸。其余的伙伴都留在土楼内，我却被裕昌楼外层墙皮脱落沧桑的历史质感吸引，此举在过去似乎等同走出保护圈，不过现如今墙外不再是土匪，只有偶尔经过的老人，踏着旁观者的脚步，回家。

这片土地给我最大的惊喜，也许就是那样不加雕琢的面貌，充满着强烈的生命力，一路走来，令人倍感真实。我称她为土地，而非景区，正是因为她和很多渗透强大商业气息的景区不同，走进南靖土楼，是感觉走进了土楼人家的生活。

置身于有些无聊的安详中，在南岭层山、土楼群奇境，她从不亏待任何一位歇脚的远行者，或如我，一介凡人。

STRAITS FORUM
海峡两岸青少年共享阅读

文化·旅行·感悟

□ 宋佳桐　厦门市湖滨中学

余秋雨先生的文化苦旅中有句：“自然的最美处，正在于人的思维和文字难于框范的部分。”我想去游历，我想去感悟，我想用我的眼睛、我的心灵去理解滋养我的这片土地。我很喜欢一句话：“世界是本书，不从旅行获得充足，而是为了心灵获得休息。”于是我启程了。

◎依旧是那海风

仲夏的毒辣阳光下，本是清凉的海风晒得火热，像用炽热的手轻抚我的脸颊，似乎善意地想为我带来一丝清凉，却不知自己是那般滚烫，这使可怜的我更加汗流浃背。与狼狈不堪的我相比，鼓浪屿沿街的骑楼、停泊的船只、石制的拱桥在这异常明媚的阳光照射下释放出更加“耀眼”的光芒。桃红、青蓝、象牙白、柠檬黄……各种明快的颜色相互衬托融合，和谐地绘成一幅活泼又沉稳的新旧融合画卷。这番大自然别具一格的调色，胜过了所有后期的滤镜。随意的定格不加任何修饰，就已是份优秀的摄影作品了。

在这些流露着南洋风情和20世纪韵味的骑楼中，仍保留着大量的居民和店铺。徜徉在骑楼下，没有烈日直射，揩干额头上的汗珠，放慢脚步，聆听街头的吆喝声，细嗅来自宁静市井的古早味。老人在自家门口小桌边挑拣茶叶，怀孕的少妇坐在风扇旁和另一位妇女拉着家常，几个中年男子围在一桌打牌，一群孩童灵活地绕过杂物追逐嬉闹，年轻情侣牵着手卿卿我我。这深邃静好的慢生活还和骑楼崭新时如出一辙。想起去年中秋时节“莫兰蒂”台风来袭，城市被肆虐得满目疮痍，但是厦门人民并没有陷入灾难的惶恐，骰子撞击瓷碗清脆的响声仍充斥这座城市。可能是因为骑楼的庇护才造就了这座城优哉游哉甚至有些散漫的性情吧。

靓丽高大的建筑紧挨着有些古旧的骑楼。没错，是“紧挨着”，没有任何过渡。这种新旧直接拼接也算是沙坡尾独有的风景了。前一秒还在优哉散漫的古早味里，下一秒就是现代化的紧张与喧闹。样式各异的新建筑里有这各种艺术形式，在这里的一切都是潮流。高耸的双子塔让人无法忽视，这城市新地标时刻散发着现代都市气息。即使是异常高大的双子塔，在这个新旧交替融合的地方也不会显得突兀。

沙坡尾不只是老厦门情怀，也不单是文创新区，这是一个新旧文化并存且融合的地方。看似方枘圆凿的两个时代文化却能如此和谐共存，足以体现文化的包容度。这是一个文化交融的时代，是一个信息流通速度极高的时代，是一个日新月异的时代。文化在用它的多元化适应着每个时代。

吹来的海风似乎因为我身处阴凉下而清凉了不少，但这依旧是那海风。

◎一方水土养一方人

国产动画《大鱼海棠》选择了神秘的土楼作为场景原型来为动画披上一层奇幻面纱。新模式宣传古文化，正像我之前所说新旧文化和谐共存。但在这没有钢筋水泥只有竹架土坯的绮丽乡间感受到更多的是淳朴与自然。

踏过土楼历经风霜的门槛，就被热情淳朴的招呼声揽进一家店里了。各式各样的茶叶罐整齐地罗列在不大的小房子里，清新的茶香充盈在整间屋子。热情好客的女主人坐在茶几后，招呼我坐下，给我和其他旅人泡茶。明知道我们不怎么可能购买茶叶但她依旧放不下手中的茶壶，杯子一见底她就连忙续杯，热情得让我有些措手不及。女主人脸上笑容从没一丝退却，看我们一杯接着一杯地喝了她的茶笑容更加灿烂了。她皮肤十分细腻，细腻中又带着

些许岁月留下的褶皱，脸颊被茶香上了一层腮红。和普遍潮流上的美不同，她是自然造就的美，这种淳朴敦厚劳动的美是生活在城市的我们所不常见到的。她的笑容是那般可掬，是那般粲然，那般的原生态。

因为深深陷入女主人的热情质朴和屋子的茶香四溢中都无暇仔细观赏土楼风光，走出来抬头瞻望精美的土楼，透过那东歪西斜的支柱和布满裂痕但仍坚硬的竹板不禁感叹古人的智慧。每家每户都有一口井在屋里，主人都万分热情地邀请旅人进屋免费看井。井水清冽，水源充盈，从古至今一直在使用。用清澈的井水泡自家种植采摘的茶叶，饮用大自然的馈赠，在如此朴实淳厚的滋润下怪不得家家户户都热情好客到极致。土楼淳朴，井水淳朴，人也淳朴，有道是一方水土养一方人。

◎我想跨过海峡去找你

这一路下来有不少媒体来采访询问我们对于这几天的两岸交流有什么感想，每一次的回答我自己都不是很满意，因为这种感受不是一句两句就能表达清楚的，不是我的表达能力太差而是这种令我永生难忘的羁绊无法完全用

中学组文章创作交流会

语言来形容。我尽量竭尽我所能将我的强烈深邃的感受表达出来。

我去过台湾，其实并没有什么特别深刻的印象，因为大致的文化色调和我生活环境几乎相同。这种感觉我的台湾室友也体会到了，走在街上除了简体字从表面上是找不到很标志性的不同的。幸亏那天长途汽车给我们留了很充裕的时间闲聊。因为是同龄人，所以聊的话题也很轻松愉快，但是这让我们更加受益匪浅。我们探讨了两岸对于影视作品书籍画报的译名，竟然会有那么大的误会！台湾同学对于大陆体育中考女生 800 米需要跑到三分二十七秒才能满分感到十分惊讶不解，要知道在台湾女生跑进四分钟之内的都算是运动健将了！以及大陆学生普遍羡慕台湾学生可以自由兼职，实际上兼职在台湾也并不成为主流。两岸的学霸对学习读书甚至处事态度也不尽相同。车厢里大家都疲惫地睡了，只有我们还在滔滔不绝地聊着。我们兴奋地从各种角度寻找两岸差异，越讲越激动，竟毫不在乎会不会打扰到他人休息。浅浅海峡相隔的我们是那么并行不悖又那么大相径庭。我们因感悟中华文化而相遇，却又探索了在磅礴中华文化下映射出的生活细节。

我想再去台湾看看，同样的风土人情但我肯定会有新的感悟。离别那天我们约定好了，我一定会跨过海峡去找你。

我走了很多看到了很多，作为对自己的升华吧，我也感悟了很多。新旧文化碰撞可以释放独特魅力，古韵自然造就了他们淳朴善良。文化烘托了它们，它们组成了文化。文化是什么？这是很难回答的问题，哪怕是专家学者也不见得能回答得上。因为本身文化就是一个极具人文风采的词语。但何必非要知道它是什么呢？智慧是知识凝结的宝石，文化是智慧放出的异彩。该轮到我们用文化的光芒点亮这个时代了。

发现幸福

□ 许博惟　秀峰高级中学（台中市）

自升上高中以后，生活就显得一成不变，日子被数不尽的大小考试填满，也许是现实给了太多期望与压力，抑或每日反复的机械式竞争使人疲乏。于是，我决定出走，参加海峡两岸共享阅读活动，跳脱框架的束缚，期待寻觅未经世俗的桃花源，领略偷得浮生半日闲的趣味。

在厦门的第一天，映入眼帘的是宁静的街道，略显古朴的骑楼，自然融入了西方元素，让人耳目一新，别有一番风趣。行经沙坡尾，早已锈迹斑斑的码头，能看见渔民生活的缩影。在这里，随着文创风潮兴起，浓厚的市井味中，还荡漾着几许文艺气息。悠悠地行走于小巷里，脚下的石板路凹凸不平，没有喧嚣，没有繁华，淳朴的巷弄中，聚集了许多卖手工艺品、明信片的店家，当中还点缀着几家咖啡馆，可以让旅人稍做休息。随着城市快速发展，四周的高楼林立，沙坡尾却仍残存着厦门前世的蛛丝马迹，光阴沉淀的气息扑面而来，不掺和任何杂念，低调平静。这是一种让人相看两不厌的美——平凡，却耐人寻味。

隔日，搭船游赏鼓浪屿。随着船慢慢前进，我们逐渐远离城市喧闹，望向眼前碧绿的海际线之外，是无限的自由与广阔。来到鼓浪屿，空气中弥漫着悠闲的气味，仰头，让疲惫的身躯临受日光洗礼，恣意地慵懒漫步，仿佛时间被调慢了，这里的一切自然洒脱，所有我曾认为重要的烦心琐事，在这一刻都变得不再重要。在这阳光普照的岛屿，我立于天地间，细细品味中西文化的深厚底蕴，尽情享受许久未有的轻松自在。

第三日，搭车前往漳州南靖。车子顺着公路往山里爬升，在蜿蜒曲折的山路旁，有一处观景台让我们停驻歇息，远眺有名的田螺坑土楼群。仰望天边如烟似雾的浮云，俯瞰延绵不绝的田野小径，我竟有种目不暇接的惊叹，尤其是远处躺卧在绿林山野间的土楼群村落，只见四座圆楼簇拥着一座方楼，方楼方正，圆楼则仿若是用圆规精测而成，巧夺天工的建筑，让我叹为观止，果真是名不虚传。

小憩之后，继续搭车前往传说中东歪西斜的奇楼——裕昌楼。走进历史悠久的土楼内，楼上的走道晾着衣服，从屋檐垂吊而下的灯笼，妆点出古色古香的风采，温馨之情自然流泻而出。看似摇摇欲坠的土楼，竟已历经七百年依然屹立不倒，仿佛象征着土楼居民的坚毅。参观完裕昌楼，再往前不远处是如江南水乡般的塔下村。沿岸漫步，两旁的房子错落有致，无论是青砖小楼、跨溪的石拱桥，还是楼前屋后的鹅卵石小径，都洋溢着悠然、幸福的氛围。塔下村是历史名村，也是著名的侨乡，全村都姓张，村里的张氏家庙德远堂是重点文物保护单位。古朴典雅的张氏家庙后面，有着一片眉月形斜坡的草地，草地连着一片青翠蓊郁的树林，树林随着山峰向上延伸，直入云霄。祠堂前有一口半圆形池塘，塘中鱼儿遨游，庙宇疏影，增添不少幽美的意境。池塘边耸立着二十一杆石龙旗杆，如一片石林高耸入云，庄严肃穆。据说科举时代，举凡登科的族人都可竖立功名柱表彰荣耀，文为笔尖、武为刀戟。那一支支石龙旗杆，是村人崇文重教的历史证物，借以激发人们努力向上。如今身临其下，感受到无比的肃穆庄严，不自主地心生敬畏。

两岸学生分享写作心得

回程中，远望山峦与天空交织于彼端的地平线，俯瞰一栋栋高低不一、层次井然的简朴屋舍，不由得眷恋起塔下村的清静与祥和，简简单单的砖瓦，堆砌出一方方单纯温暖的屋檐，居民简单踏实的生活在这山明水秀之地，感受岁月的静好。反观自己在生活中，总是收纳太多无谓的烦恼，忙忙碌碌之下，忽略平凡中最简单的幸福。

经过这趟旅程，我重新检视自己，滤空脑海中混杂的泥沙，让心灵沉淀，回归真实的自我。我想：有时，离开熟悉的环境，到一个新的世界，倾听一段段街坊对话，细览一处处山光水色，才能重拾赤子心，体悟平凡中的趣味，就像是翁森四时读书乐的诗句：“好鸟枝头亦朋友，落花水面皆文章。”我要重整步伐，用心生活，多方学习，细细品尝生活中的美好，珍惜从中得到的养分，不再轻易地让生命在抱怨中流逝。我相信要体现自我价值，就要从珍惜生活中简单的幸福开始，在看似一成不变的节奏中，守住自己的坚持，认真学习，即便有挫折，也要像东歪西斜七百年的裕昌楼一样屹立不摇，验证成功是属于坚持到底的人。

遐 想

□ 叶斯鹏　厦门外国语学校

你迈过门槛，太阳正烈，蝉鸣刺耳，屋外车水马龙；你踏进他的故居，只见两旁树叶轻摇，空气静谧，一抬头，便见他的铜像伫立，正如他就义前一样凛然。

你凝视着，像是在获得他的同意。

你转身，轻轻地走进了这老宅，走近了他的故事。

一进前厅堂，六根红漆柱竖立，向上望去，斑驳的瓦片围出一块四方的天；一低头，两口大缸置于阶下左右，几条红鲤游弋其中，浮萍点缀，看上去惬意安详；走上前厅，左右两排木椅雕刻精细，正中间挂一幅双鹤图栩栩如生，左右楹联镌刻着："立修身志，存忠孝心。"

"真是书香门第。"你在心底这样感慨。

讲解员的声音渐渐模糊了，你像一个独行侠，走向了一旁的展厅。

"辛亥广州起义""林觉民烈士"……灯光微黄，打在这些文字上，你看了不觉得温暖，只发现一股寒意自脊背爬升。你是听过的，在历史课上，可你为什么还是忍不住战栗？

因为愤怒？列强入侵，国将不国矣！然而那些应负大任的官员呢？那些应做出行动的所谓领袖呢？救亡的重担，为何不得不让一个学生来扛？

因为惋惜？照片上的面孔还露着青涩，在他坚毅的眼里，曾经怀揣着多少可能实现的梦想？有多少青春的热血正待挥洒？

可一切转瞬成为血的泡影：因为一群人的懦弱和无能，葬送了一个人的前程和志向。

突然，你握紧的双拳松开了。这难道不是他的选择？这难道不是他的梦想？你深吸一口气，向后厅走去。

拐了几折，走过披房，拱门另一头，你看见他和她的铜像。

林觉民坐在石凳上，手捧书卷，陈意映——他的妻子，就站在他的手边，紧贴着他。

你看见了那四目间的温柔，不自觉地回想起了那段话："窗外疏梅筛月影，依稀掩映；吾与汝并肩携手，低低切切，何事不语？何情不诉？"

何事不语？何情不诉？卧室就在一边，空气在这里缓缓地流动，你几乎可以逆流而上，抓住从前在这里短暂却幸福的时光。

然而斯人已逝，情何以堪；旧时温存之处，而今空余悲凉！

风声从很远的地方传来，你久久地站在原地，像是陷入了遐想幻化成了陈意映。

五月的这个雨夜，格外难熬。

你独自一人坐在前厅的木椅上，呆呆地望着雨从黑色的瓦片淌过，落在鱼缸里，一滴，两滴……水中泛起涟漪，你像水里的鱼儿一样惴惴不安。

觉民被捕的消息传来后，你每一夜都是这样。

"总觉得他有什么事，上次回来就怪怪的，说是放樱花假。"你心不在焉地抚摸着肚子，里面是你和他的第二个孩子，"现在出了事……应该不严重的，很快就能回来吧？"你安慰自己，鼻子却酸了。

雨下大了，在粼粼千瓣的瓦上由远及近，急促地振动好像能传到你的心头——轻轻重重轻轻。

"砰砰砰！"密集的雨点声里传出几声急促地敲击声，你一惊，猛地起身，身旁烛影忽地倒向一边。

"砰砰砰！"又是三声，不多不少。

有人在敲门！你顾不上行动不便，腆着肚子就朝大门走去。

门外只听得见雨声，两封信夹在门缝里。

你把信拿出来，手竟止不住地发抖——你在害怕什么？你蹒跚地走向烛光摇曳的桌旁，从大门到前厅的距离，第一次如此漫长。

“意映卿卿如晤：吾今以此书与汝永别矣！”你猛地一颤，差点打翻蜡烛。

暴雨滂滂沛沛而来，哪个不擅演奏的人在乱弹琵琶？

你强忍着泪水，继续往下读。

“汝体吾此心，于啼泣之余，亦以天下人为念，当亦乐牺牲吾身与汝身之福利，为天下人谋永福也。汝其勿悲！”

“嗟夫！当时余心之悲，盖不能以寸管形容之。”

……只读了一半，你已泪如泉涌。

你知道你的丈夫是个有志向、有才干的人，你也知道为了国家他可以什么都不顾——即便是你。可他真的走了，真真切切地离你而去。尽管就在不久前，他还牵着你的手，在月光下慢慢地走。

“何事不语，何事不诉……你要我今后向谁语，向谁诉？”你哀号。

“从别后，忆相逢，几回魂梦与君同。今宵剩把银釭照，犹恐相逢是梦中。”

人鬼殊途矣！

雨没有停下来的意思，轻轻重重轻轻，那缸中的鱼儿，惊慌失措地游。

他一走，你又怎么活得下去？

“依新已五岁，转眼成人，汝其善抚之，使之肖我。汝腹中之物，吾疑其女也，女必像汝，吾心甚慰。或又是男，则亦教其以父志为志，则吾死后尚有二意洞在也。”

你恨他的善解人意，为什么他总能猜到你在想什么？他知道，你还有孩子，一个才五岁，另一个尚在腹中，就算死，也得生下孩子后再死，可那时，你又怎么忍心抛下他们而去？

“吾灵尚依依旁汝也，汝不必以无侣悲。”这世上哪有什么灵魂！如果有，这一屋子刺骨的空洞和寒冷又是从哪里来？

闭上眼，你又回到了成亲的那一天。

你一身红衣，透过纱巾，你朦胧地瞥见了他的脸。

“桃之夭夭，灼灼其华；之子于归，宜其室家。”他慢慢地读，你轻轻地笑。

你悲恸，跪倒在桌旁，终究打翻了忽明忽暗的蜡烛。你听到急促脚步声由远及近，你听到肆无忌惮的雨声风声雷声由远及近。

“吾今以此书与汝永别矣！”你听到他的声音从很远的地方传来……你渐渐什么也听不到了。

此时我脑海里也完全是林觉民生前的场景。

“诸位静一静！”你提高了音量。

深夜，香港滨江楼。烛光跳跃，人影闪烁。广州起义策划了将近半年，今夜是最后一夜。

“诸位，此举若成，革命胜利在望；此举若败……”你顿了顿，每个人都注视着你，“死者必多，定能感动同胞。”

空气仿佛凝固了，每个人脸上，是决绝的肃穆。

你感到手在颤抖：“诸位尽早休息吧。”

回到房间，坐在椅子上，你还是久久不能平复。

是害怕吗？

你不得不承认，起义军不论是人数还是武器装备，都不占优势。况且队伍临时组建，鱼龙混杂，什么职业都有——大多是学生。没有经过训练，也不及那些心狠手辣的士兵。“那我们有什么？”你痛苦地想。

忽然，一个微弱声音在你心底响起，你试着去辨认，接着你听清楚了。

“不忘初心。”

是啊，林觉民，你的初心呢？

你从小便好读书，也曾梦想为官从政，造福百姓。可是当你发觉在许多人眼中，学习不过是为了考取功名，考取功名不过是为了满足自己的私欲，而那些食不果腹、衣不蔽体的流民无人理睬，那些满腔爱国热血的革命志士被残忍迫害，而整个国家，早已病入膏肓。谁来救国，谁来唤醒沉睡的国民？多少个夜晚，你辗转反侧难以入眠。

13 岁那年的科举考试，试题还未答一半，一股怒火从你心头燃起：这样的考试，有什么意义？

“少年不望万户侯”，你在考卷上写下这七个字，旋即离开考场。

看着那些诧异的脸庞，你只觉得浑身轻松。

你与腐化的教育为敌，和几个同学一起创办私学，你与封建礼教为敌，相信男女平等，说服家中女眷大胆求学，放开缠在脚上和心上的束缚。

记得那一晚在锦巷，你把你的所见所闻所思所想，写成讲稿，对着三坊七巷的乡亲们说出来、喊出来、吼出来！

“挽救垂危之中国！”讲到动情处，你拍案捶胸，声泪俱下。

然而这一切远远不够。你求学日本，加入同盟会，真正地成为革命军的一员。那一年，你 21 岁。

一路走来，你遭遇了多少质疑，遇到了多少困难，自己也数不清了吧？然而你走过来了，而明天，你将要实现你的梦想——救国。

救国！你猛地起身，目光坚定。此刻你终于明白，这是一场非打不可的仗，与输赢无关。

然而，你真的就没有牵挂了吗？

你的目光暗了，“意映！”

是啊，你最放心不下的，就是意映，你的妻。

你瞒了她多久了？你所做的一切，她还什么都不知道。

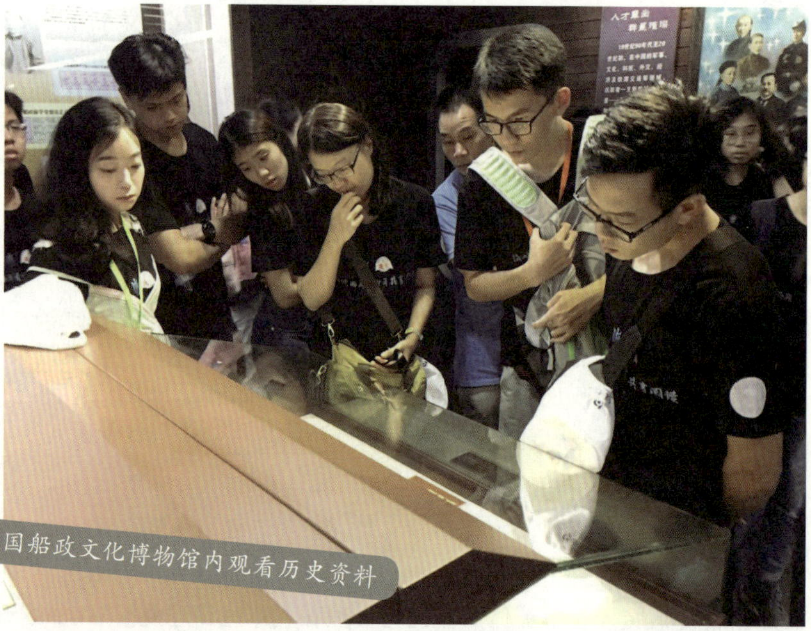

中国船政文化博物馆内观看历史资料

你爱她，但你是个不合格的丈夫。

婚后一个月，你为了革命，只留一封家书便离家出走，父亲为寻你，走遍了大街小巷；你于心不忍，三天后回到家，看见意映红着眼，像是几夜没合眼，你忍不住鼻酸。

“望今后有远行，必以告妾，妾愿随君行。”她泪眼婆娑，你心如刀绞。

几周前，你突然回家，她格外地惊喜，拉着你问长问短。你一一回答，不知不觉撒了许多谎；她向你抱怨，说她有多么想你，可你只能一边说着实现不了的安慰话，一边把愧疚藏在苦笑里。

你知道相聚的时光短暂，你也知道此去广州，或许将是永别。你想把一切都对她说明白，你想获得她的认可和支持——你知道她会的，因为她总是那样善解人意——可你怕她担心，她怀着孩子，怎么经得起这样的消息？

多少次欲言又止后，你待她睡下，独自一人在月下独酌？

那月光，是同今天一般清冷。你望向窗外，若有所思。

“不能再瞒着她了！”你走向书桌，坐定，拿出笔墨。

“意映卿卿如晤……”

你停住了手中的笔。

风吹过，月光倾泻在江上，潺潺流动。

“吾今以此书与汝永别矣！”你颤抖地写下这几个字，笔似千斤重。

你恨自己的残忍，恨自己要让娇弱的妻子承受这生离死别——你曾许诺不先她而死，如今，你又食言了。

“前十余日回家，即欲乘便以此行之事语汝，及与汝相对，又不能启口，且以汝之有身也，更恐不胜悲，故惟日日呼酒买醉。嗟夫！当时余心之悲，盖不能以寸管形容之。”

你像是在为自己的隐瞒开脱，其实你怎么会不知道，她看这封信时的悲痛，胜过你千千万万倍？

你突然想把一切抛到脑后，回到那个温暖的家，和她一起再看一次月光，尽一回丈夫的责任。

可你不能，不是吗？

从你选择走上这一条路开始，所有的儿女情长，都化为一杯苦酒待你品尝。

“天下人不当死而死与不愿离而离者，不可数计，钟情如我辈者，能忍之乎？此吾所以敢率性就死不顾汝也。吾今死无余憾。”

原谅我的自私，意映，请你原谅我。

你一字一句地写，一笔一画地划在心头，不知不觉，蜡烛将尽，四周有鼾声响起。

“家中诸母皆通文，有不解处，望请其指教，当尽吾意为幸。”

放下笔，一阵晕眩袭来，恍惚间你听见意映的声音从很远的地方传来。

她在哭，撕心裂肺地哭。

你望向窗外，夜空黑得深邃，却依旧晴朗。

你正要迈出门槛，踏在僵硬的水泥地上。

你知道门外的车水马龙会再一次淹没你，而这座老宅依旧会静静地等待旅人前来。

你在担心什么？

你在担心这一切会因时间的潮起潮落而淡化，会被历史的风尘所掩盖，而他们的故事，会渐渐被人们遗忘。

会吗？

你转身，你回到了现实中的自己，凝视那座铜像，像是在等待他的回答。

“吾今死无余憾，国事成不成自有同志者在！”夜深人静，烛光昏黄，你听到他坚定而有力的回答。

“汝等鼠辈，吾今日登仙矣！”霜刃起处，寒气逼人，你听到他轻蔑地大笑。

有人在放声悲恸，有人在扼腕叹息，有人目光如炬，蓄势待发！

诚既勇兮又以武，终刚强兮不可凌。生既死兮神以灵，魂魄毅兮为鬼雄！

“浩气长存！”

你猛然想起展厅里的四个大字。

人群从你身边走过，熙熙攘攘。你站在原地，陷入了遐想。

遇 见

□刘志英 厦门第二中学

说实在的，我现在可以算是个没有味蕾的家伙吧，直接点就是个不谙世事的毛头小子，尝不出老文化的味道，吐不出一言称赞这迷人光景。倘若真要我来品尝一二，我也愿意与你分享三四。让我用这笨拙的笔为这故事先起个头。

一

毫不过分地说，厦门是个蒸笼吧。身处其中的“小笼包”被这烈日烤出腾腾热气，我也不愿撑伞戴帽，难得的机会，好好沐浴一下沙坡尾的馈赠吧。我们一行人顺着沙坡尾的路，走走停停。

避风坞的这片海域，退役的25艘渔船静静地躺着。我不知道它们待了多久，但想必很孤独吧。

参与了一段血腥的曾经，如今蜕变成一件鲜艳的文物，供人观赏的历史。很晚才意识到一个问题，没有鱼腥味的海域，是招人喜爱的吗？以保护的名义将历史打造得富丽堂皇，繁华的商业街与来来往往的年轻游客们毫无违和感。嗅不到过去的味道，也触不到过去的风韵。真的有必要吗？

二

早起的年轻人追赶着早晨七八时的太阳，我毫不吝啬地一睹厦门初醒的模样。

说起鼓浪屿，还得数鼓浪屿的海最迷人。起风时，海又活了，随着海浪的涌动，空中忽闪着一道道银光，将厦门搞得虚幻不定、扑朔迷离。船推着水行走着，船头与船尾“噗噗噗”跳出了水花，似孩童欢笑。

鼓浪屿我先前是来过很多次的，中考结束时我站在海边的护栏旁，闭眼感受这无际的大海，不禁默念起陈子昂的《登幽州台歌》。是啊，人是多么的渺小啊。凉风在耳畔轻轻念着，下一次相见会是几时？是今日。在老榕树下蹭凉，感受海风拂过脸颊的温度，真想用发髻别起老树垂下的落发，予它重返年轻岁月的机会。

听导游老调重弹这里过去的故事，我只是悠悠地走着。累了歇一会，有精神了就跟在导游后边“抢”前排福利。导游轻说，还好我们是走居民船，三丘田码头那都挤成一锅粥了。我只是淡淡笑了笑。同为旅人，可能心情会因此而异吧。

说心里话，我对于钢琴是畏惧的。自从前年的校园合唱比赛，本人不仅按自我路线寻出别番“红旗飘飘”，还凭借惊人大嗓门，将全班带跑调后，就已自觉贴上“音痴”这“个性标签”了。直白些，钢琴这么优雅的东西与我这一世俗人沾不来边。可当一首《鼓浪屿之波》重新在耳畔回响，脑中回播着一个画面，初一时我们班一群“小土包”在台上声嘶力竭、面红耳赤，最终荣获校合唱比赛二等奖。虽说那是一段不堪回首的过去，但也是一段回不去的过往了。

一位导师提到，把书请进一幢老房子是对文化的当然尊重。是吧？我想是的。但是如果因此恶意哄抬价格，提出“消费入座”的主张，我便不会如此觉得了。

“看一茎弱草，端举群山。”

三

早晨的天灰蒙蒙的，竟下了雨。原先像一口巨大蒸笼的大地，一夜之间散去了滚滚涌动的热气。世界万物，从暑热造成的大喘气中，慢慢平静下来。雨点打在车窗上，听不见雨声，心里却默默下着雨。

我们在漳州大山里兜兜转转，偶遇一间陋室，并不是什么高洁尚士归隐山林的圣地，只是山中人家劳务农耕的落脚点。农家的狗一下见了这么多生人，竟不是狂吠，像是开启了机关，不住地甩动尾巴，两眉弯成一座桥，调皮地吐露大红舌头，以示友好。这反应着实令我意外，可能孤独的狗心存善性，害怕失去吧。可我们也只得朝它挥挥手，让它目送我们的离去。

经历山路一百八十弯，一睹传闻中“上看一朵花，下看布达拉”的“四菜一汤”，却没有达到意想中的那份欣喜。我以为会是旅客驻足于此，闭目嗅清风，眺望远山上飘荡着的虚幻的青烟，沉醉于这撩人的美景。只是声声“茄子”入耳，让我有些猝不及防了。

要说最喜爱的，还得数南靖县书洋镇塔下村。此地真是当之无愧的“枯藤老树昏鸦，小桥流水人家”，虽说没看到昏鸦吧，但起码有野鸭。我姓刘，我喜欢刘，也有幸看到一个刘氏小型桃花源。

干净的长亭与朴实的井，有趣的导游与憨厚的卖饼者，慵懒的野鸭与狰狞的八哥，这不大的圆形土楼，是财富也是智慧。

泥泞土路旁是洁净的荷花，急湍旁是黝黑的垂钓者在谈笑风生。喝一口观音茶，品出苦涩的味道。

在张氏家庙的块石铺成的圆形地面上转了四圈，据说第一圈是财源滚滚，第二圈是状元及第，第三圈桃花盛开。至于那四圈是什么？只是娱乐罢了。

我在这个海拔900米左右的地方嗅到了“真”。

四

要我谈福州的三坊七巷，我觉得偏向于“老瓶装新酒”吧，古老建筑内是新潮商品，是步行街，是繁华的商业街。

历史总会被揭成半信半疑的模样。游走在古人的豪宅，听导游毫无感情色彩地讲解，我觉得有些枯燥乏味。我还是喜欢走一个人的路，敲模糊的石洞，试图听听过去的故事。

历史总是很奇妙。我想主人从没有想象过会有人将自己的阴凉处视为珍宝。在那个年代，过完看似平凡的一生，由后人来为他们的痕迹裱上金框，进行伟大文化的传承。

五

相遇即是缘分，我们在一起的时光，必将成为最美的回忆之一。让我理理笔墨，叙说关于我们的故事。

这个地方，没有小团队的高谈阔论，只有不同的人向对方做着不同的自我介绍，漫步在林荫道上，讲述自己的故事。走到哪，哪是伴。

后来才意识到，我们也都是一群普通人。会聚在房间里通宵玩游戏；一起在微信群恶搞，当个幼稚的人，让一句简单的“大家晚安”刷满整个屏幕；我们也不高冷，一个简单的笑话，也能笑一路；我们喜欢悬疑的东西，聚在一块进行刺激的探讨；喜欢八卦，在“真心话大冒险”的游戏中，既害怕轮到自己，又期待轮到自己。年少的我们是年少的模样，怀揣着一颗颗年少的心。

我们中，还存在着不普通的人，会玩也能玩，交流过程中才华显露，熠熠生辉。

一位组员坦言很期待我写的文章，我不解。他说以往学弟学妹的文章总有一种淳朴真诚的感觉，很喜欢。我反驳怕是要失望了。我没有风格，想到哪写到哪，爱咋咋就咋咋。

六

从上文不难看出我是个不喜欢拍照的人。是的，尤其是拍人吧。毕竟现在的自己还没有蜕变，爱美之心人皆有之，何必自己来制造未来的笑点呢？

我还是能避则避吧。

行程临近尾声。细想我这几天最大的遗憾，却是没能好好拍照，拍好多照。

人总是很矛盾的。

轻言“我会牢牢记住你的脸”，可什么是经得住岁月的打磨？脑海中的回忆终究只能成为回忆，最实在的不过是一张张手机里的照片。

夜是凄凉的味道，是即将分离的苦涩味道。

在福建，遇见你——为你抒情

□ 陈茵　厦门外国语学校

手机插着耳机线，身子随着车左右晃动着，望向窗外，厦门的海随风浮动着。下了车，拉着行李箱，到“海峡两岸共享阅读活动”处集合，开始七天的福建之旅。那时的我不曾想过，我多么幸运，在福建遇见你。

◎厦门和你

得知台湾伙伴已经乘船赶来厦门，岸这边的我想着在岸那边的你，竟有些紧张，不知你会是什么样。见到你的时候，你扑闪的大眼正看着四处，嘴角微微上翘，皮肤有些黑，正是我印象中的台湾同胞的样子，有种莫名的亲切。

海风懒懒地吹着沙坡尾，大家步行在其中的木栈道上。你静静地走在后面，摆弄着手中的相机，拍下一张张照片。被粉刷得五颜六色的集装箱是一间间创意十足的奶茶店和文创店，但没想到在这现代化的地方深处蕴含着闽南风俗，你似乎特别惊讶。当一位当地的老人为我们道来这个避风港的历史，并为我们展示那艘杉木制成的王船时，你好像对这个很感兴趣，抬起头来仔细瞧着那艘船的彩绘，听着老人喃喃的闽南语，你仿佛静止了。我想你应是在想象着，古时的王船被人们推上海滩，乩童以纸钱引火，不一会儿，火光冲天，王船船身传来“噼噼啪啪”的焚烧声音。在场的渔民和信众纷纷跪地，虔诚地祈求上苍能将平安、好运和吉祥赐予自己。而火借风势，船只渐渐消失在熊熊大火之中，王船彻底化为灰烬……你突然开口说这民俗源于台湾，我一愣，原来是忆起家乡了，难怪那么痴迷。

因着你这句有魔力的话语，我们渐渐畅谈了起来，我说厦门的闽南腔，你谈台湾的台湾腔；我奇台湾的繁体字，你问大陆的简体字……轻轻的笑声随风飘荡在窄窄的小巷里。

清晨，乘船踏入鼓浪屿。绿荫将晴朗的天碎成一点点，西方的哥特式建筑中参差着中式的骑楼建筑，逛进菽庄花园，走出钢琴博物馆，耳边回荡着用布鲁斯纳演奏的《鼓浪屿之波》，街边小猫探出头来，阳光将我和你的影子映射在旁边的礁石，你入迷地望着那只和海浪玩耍的白鹭，仿佛你也是一只多情的白鹭……

午后，来到中山路，同伴拉着我们去吃小吃。你看到四果汤便激动地跑去买，趴在店里的台子上，眼睛直盯着，说来之前就想了很久。但不知怎的，你突然被忽悠着吃下了厦门特色小吃土笋冻，你一边大口嚼着，一边含糊地问了句："挺不错的，这是什么做的呀？"一旁的我们捂着嘴憋笑着，有个人弱弱地说了一句："沙虫。"你强吞了一下口水，眼睛瞪大，"沙虫？！"我们像是约定好似的大笑起来，那碗土笋冻糅进了笑声，变得更加晶莹剔透。

远方，云彩被阳光染得金黄，你不由得放慢脚步，沉醉在这怡人的厦门小岛上。我知道，你以一种本色走进了厦门，走进了我的记忆，走进了我的抒情。

◎土楼和你

驶离厦门前往漳州，穿过隧道，车窗上不知何时浸满了雨滴，无际的海也切换成低矮的土房，绿荫田野中隐隐约约露出土楼的影子。下了车，雨便停了。环绕山路，随着一条小河，踏着石板路进入客家土楼里。

我绕着在土楼的圆形房檐下走，见你佝偻着腰，手上不知在忙活着些什么，便走近前瞧看。你忽然抬起眼来，那双眼睛里承载着亘古岁月，饱历沧桑，古铜色皮肤上的皱纹很深，见我在看你，便朝我笑，因为嘴里没几颗牙了，嘴唇瘪了进去。我蹲在你坐的台阶前，问你这是在做什么，你憨憨地笑着说："这没什么，就是自家做的用具，可以装些零散的东西。"用绿叶调成的泥在你手上被琢成一个个玲珑的瓶罐，我心生敬佩。你说是因为继承了祖先的优良品质。你的祖先在西晋末年，为了避免战乱而南徙渡江，来到福建这一带。你们每到一个地方都是以客人的身份，带着风尘漂泊的艰辛，步履匆匆渴望找到归宿。你们的脚步在穿行中踏破星辰和闪电，挖石头，挑黄土，由原先的方形土房转换为便于居住和防御的圆形土楼，五湖四海的客家人紧紧凝聚在一起，吃苦耐劳，坚持不懈地找寻生命的那份厚重。终于在这富有古典情怀的土楼里，把自己的心扎根于这片红壤上。

你紧握着手中的罐，抬头望向被土楼圈成圆形的天，眼神更显得沧桑，我也顺着你的目光望去，楼上的木窗小门轻掩，几只不知名的小鸟在瓦檐上互相啄着羽毛，楼下熙熙攘攘的游客竟难得地没有打破这宁静。我想你那颗浸染着多少圆与圆之间的古典风情的心，正如这灰黄色的土，那样单纯，不被任何装饰也无须装饰。你的抒情诗毫无别致，是一首疏影横斜的小令。

◎寺庙和你

夜晚群星璀璨，云黑如墨，土楼人家点起灯，浸没在渐远的山峦里。车悄悄驶入泉州，这座城市与漳州的动人之处有所不同。随处可见的庙宇蔓延着醇厚的沉香，老人骑着破旧的单车经过，随后绕进一个小巷，而另一边则是车水马龙，琳琅满目的商品店与其格格不入，却又觉得这多元的文化融合在一起也成了另一种和谐。

早晨，出了酒店没走几步就有古寺庙，一天逛下来有雕塑精美的开元寺，古老精致的东西塔，庄重神圣的清净寺，风姿独特的古大厝还有府文庙，这些风格迥异的信仰竟能相安无事。不知不觉便到下午，一座古庙又出现在眼前，这座寺庙比较热闹，叫关岳庙，供奉“关帝爷”。关岳庙内外时时香火缭绕，连主殿的梁柱、牌匾都被信众的香火熏得全部变黑。我驻足在庙外，倏忽看见你虔诚的背影，双膝跪地，轻握三炷清香，高举至额头，手轻微颤抖着，嘴里碎念，然后三拜。你将佛像一一拜过，最后在庙外的香炉里插入已燃了一半的香，往后退半步，双手合十，闭上眼，再次弯下身子，祈求孩子平安，事事如意。黑发中的几缕白发被风吹散。

你出了庙，走在街的这边，在黄昏的微光下留下一个长长的影子，一旁的庙宇静立着。你穿过马路，走到街的那边，路人提着公文包匆匆而过，瘦

瞧，这对双胞胎姐妹

弱的背影埋没在一旁的高楼中。两街中间的公路伸向染得金黄的天。

我当然知道，这只是泉州寺庙的一角，这里还有伊斯兰教的圆顶、基督教的十字架……他们共同组成了一朵务必奇葩的丝绸之花，若刺桐，傲然绽放。

匆匆几日，遇到了许许多多的人，或是大大咧咧，或是沉默寡言，或是幽默风趣，或是温文尔雅，这些厦门人，漳州人，泉州人，福州人还有台湾同胞都在这清新福建与我相遇，而你们构成了我心中的那个福建印象，纯粹而美好。手机插着耳机线，身子随着车左右晃动着，望向窗外，厦门的海依旧是平日般的蓝。

这一刻，我想为你抒情——只因，在福建，遇见特别的你们！

《寻觅中华》阅读分享会

后 记

“海峡两岸青少年共享阅读活动”是第九届海峡论坛的重要活动，由国家新闻出版广电总局、福建省人民政府主办，福建省新闻出版广电局承办，厦门市文化广电新闻出版局、福建省出版物发行业协会、台湾中华青年交流协会协办，厦门外图集团有限公司执行，外图（厦门）文化传播有限公司具体策划运作。活动以“中华经典·照亮未来”为主题，以共享阅读、结对交流的方式，组织两岸42名大中学生在共读著名作家余秋雨先生的《寻觅中华》（台湾出版的《新文化苦旅》上半部分）和著名中国古典文学专家叶嘉莹女士的《人间词话七讲》两本书的基础上，结伴考察福建省厦门市、漳州市、泉州市、福州市等地方的名胜古迹和相关文化场所，共同分享读书心得体会，深刻感受中华传统文化的博大精深，重点体味闽台文化的历史渊源，领略福建省经济快速发展的新面貌。活动结束后，两岸青少年学生都以独特的视角，用细腻的笔法写出一篇篇描述亲身经历和见闻感受的文章。这42篇文章是这次活动的精彩剪影，记录了两岸青少年学生思想碰撞的心路历程，我们将它汇集出版，以飨读者。

为了办好这个活动，主办、承办、协办单位和策划执行机构做了大量的组织协调工作，特别是台湾中华青年交流协会运筹帷幄、精心策划和组织，台湾青少年学生从北到南，报名踊跃，但因名额受限，数百名台湾热心学生被挡在活动之外，不能共襄盛举，此乃一大憾事。

参加这次活动的台湾学生，他们对大陆既陌生又亲切，很多同学是怀着好奇的心情进行这次大陆首旅。大陆的学生也经过精挑细选，来自多个省份，他们视台湾学生为兄弟姐妹，关爱备至。俗话说百闻不如一见，两岸学生相见恨晚，一见如故，牵手走进厦门大学、中山路老街、鼓浪屿，漳州南靖土楼，泉州开元寺、东西街、关岳庙、泉州博物馆、闽台缘博物馆，福州三坊七巷、中国船政文化博物馆等著名文化景点，沿着老城市的历史轨迹，从文物记载和历史典故中近距离感受中华传统文化的魅力，追逐中华民族崛起的奋斗历程。同学们互帮互助，质朴而情深，活动很接地气，达到了预期目的，取得意想不到的硕果。

阅读是中华民族的希望，交流是从陌生通向友谊的桥梁。两岸青年迫切需要互相了解，建立互信，增进友情，才能肩负起民族振兴的重任。我们将在全民阅读的浪潮下，组织更多的两岸青少年学生深入两岸各地，体悟中华民族的勤劳和智慧，在两岸青少年中孕育伟大的中国梦！